2022
长沙统计年鉴
CHANGSHA STATISTICAL YEARBOOK

长　沙　市　统　计　局
国家统计局长沙调查队　编

图书在版编目（CIP）数据

长沙统计年鉴. 2022 = Changsha Statistical Yearbook 2022 / 长沙市统计局，国家统计局长沙调查队编. —北京：中国统计出版社，2022.12
ISBN 978-7-5230-0068-7

Ⅰ. ①长… Ⅱ. ①长… ②国… Ⅲ. ①统计资料—长沙—2022—年鉴 Ⅳ. ①C832.641-54

中国版本图书馆CIP数据核字(2022)第225911号

长沙统计年鉴2022

作　　者 / 长沙市统计局　国家统计局长沙调查队
责任编辑 / 钟　钰
校　　对 / 王成亮
装帧设计 / 孔江陵
出版发行 / 中国统计出版社有限公司
地　　址 / 北京市丰台区西三环南路甲6号
邮政编码 / 100073
电　　话 / 邮购(010)63376909　书店(010)68783171
网　　址 / http://www.zgtjcbs.com
印　　刷 / 长沙市雅高彩印有限公司
经　　销 / 新华书店
开　　本 / 890×1240毫米 1/16
字　　数 / 432千字
印　　张 / 22.5　　彩页0.75
印　　数 / 1500册
版　　别 / 2022年12月第1版
版　　次 / 2022年12月第1次印刷
定　　价 / 280.00元

如有印装差错，由本社发行部负责调换。

《长沙统计年鉴2022》

编委会和编辑工作人员

编者说明

一、《长沙统计年鉴2022 》是一部全面反映长沙市国民经济和社会发展情况的资料性年刊。收录了全市及各区、县（市）2021年经济和社会发展方面的大量统计数据，以及重要历史年份的主要统计数据，还包括全国三十五个直辖市、省会和副省级城市主要经济社会指标对比资料，是一本社会各界全面、深入了解研究长沙的重要工具书。

二、《长沙统计年鉴2022》首卷为特载一《长沙市2021年国民经济和社会发展统计公报》及特载二《主要经济社会指标统计图》。本年鉴正文内容分为18个篇章，即：1. 综合；2. 国民经济核算；3. 人口、就业和职工工资；4. 固定资产投资、建筑业；5. 财政、金融、保险；6. 物价指数；7. 人民生活；8. 城市建设、环境保护；9. 农业；10. 工业；11. 运输和邮电；12. 国内外贸易、对外经济和旅游；13. 服务业；14. 教育和科技；15. 文化、体育、卫生；16. 区县（市）主要经济和社会指标；17. 全国三十五个直辖市、省会和副省级城市主要经济社会指标；18. 国民经济主要指标解释及计算方法。

三、本年鉴中2021年的统计数据主要源于统计年报（或年快报），部分来自抽样调查或部门统计。全国其他城市数据取自相关资料，最终数据以各地统计局发布为准。

四、本年鉴部分数据合计数或相对数由于单位取舍不同及四舍五入处理所产生的计算误差均未作机械调整。

五、本年鉴按照《中国统计年鉴》的大体框架和规范要求编辑。统一使用《中国统计年鉴》指标解释，统一采用国际度量标准计量单位。

六、本年鉴中特载《2021年长沙市国民经济和社会发展统计公报》使用的数据为快报数或初步统计数。

七、本年鉴中的符号使用说明：“#”表示其中的主要项；“空格”表示指标数据无该项统计数据或无法收集到该项数据或数据不足最小计量单位；其他符号在表下有注解。

八、本年鉴编辑中如有不足之处，恳请广大读者批评指正。

目　　录

一、综　　合

二、国民经济核算

三、人口、就业和职工工资

四、固定资产投资、建筑业

五、财政、金融、保险

六、物价指数

七、人民生活

八、城市建设、环境保护

九、农　　业

十、工 业

十一、运输和邮电

十二、国内外贸易、对外经济和旅游

十三、服务业

十四、教育和科技

十五、文化、体育、卫生

十六、区县(市)主要经济和社会指标

十七、全国三十五个直辖市、省会和副省级城市主要经济社会指标

十八、国民经济主要指标解释及计算方法

特载一

2021年长沙市国民经济和社会发展统计公报

长沙统计年鉴

2021 年长沙市国民经济和社会发展统计公报

2021 年，是长沙发展进程中极不平凡、极不容易的一年。面对严峻复杂的国内外环境以及疫情的多重冲击，在市委、市政府的坚强领导下，全市上下以习近平新时代中国特色社会主义思想为指导，深入贯彻习近平总书记考察湖南重要讲话指示精神，深入实施"三高四新"战略，统筹推进疫情防控和经济社会发展，全年经济社会高质量发展取得新成效，实现了"十四五"良好开局。

一、综　　合

初步核算，全年地区生产总值 13270.70 亿元，比上年增长 7.5%。分产业看，第一产业增加值 425.56 亿元，增长 9.1%；第二产业增加值 5251.30 亿元，增长 5.2%；第三产业增加值 7593.85 亿元，增长 8.9%。第一、二、三产业对经济增长的贡献率分别为 4.2%、27.6% 和 68.2%。第一、二、三产业增加值占地区生产总值的比重分别为 3.2%、39.6% 和 57.2%。

全年一般公共预算收入 1775.04 亿元，比上年增长 8.0%，其中地方一般公共预算收入 1188.31 亿元，增长 8.0 %。一般公共预算支出 1541.59 亿元，增长 2.7%。

图 1　2017 - 2021 年一般公共预算收入和地方一般公共预算收入

全年居民消费价格比上年上涨 1.1%，涨幅回落 0.7 个百分点；商品零售价格上涨 2.0%，涨幅增加 1.2 个百分点。

表 1　2021 年居民消费价格比上年涨跌幅度

指　　标	比上年上涨(%)
居民消费价格	1.1
食品烟酒	-0.8
食品	-2.3
# 粮食	2.8
食用油	0.8
菜及食用菌	4.7
畜肉类	-20.1
水产品	13.6
蛋类	7.6
衣着	1.2
居住	1.9
生活用品及服务	0.5
交通通信	4.7
教育文化娱乐	1.2
医疗保健	0.7
其他用及服务	-1.1

全年新增城镇就业人员 14.71 万人，年末城镇登记失业率为 1.74%。

二、农　　业

全年实现农林牧渔业增加值 452.49 亿元，比上年增长 8.9%。其中，农林牧渔专业及辅助性活动增加值 26.94 亿元，增长 6.3%。

图 2　2017 - 2021 年农林牧渔业增加值

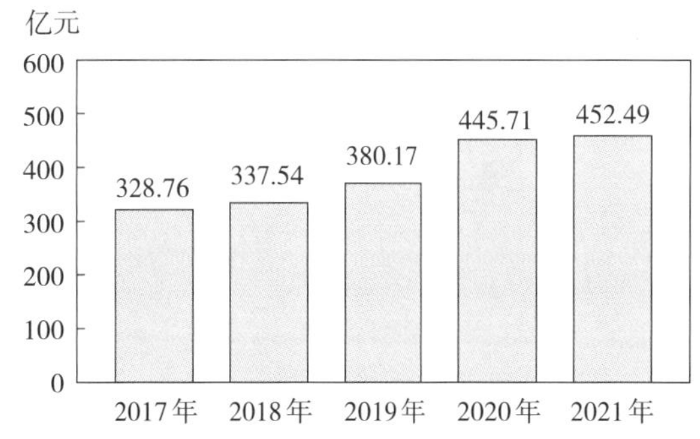

全年粮食播种面积 31.34 万公顷，比上年增长 0.2%，其中稻谷播种面积 28.65 万公顷，增长

0.1%；蔬菜播种面积16.36万公顷，增长3.2%；油料种植面积5.75万公顷，下降3.7%；出栏肉猪361.91万头，增长31.4%。

表2　2021年主要农产品产量及其增长速度

产品名称	计量单位	产　量	比上年增长(%)
粮　食	万吨	216.04	2.0
油　料	万吨	10.41	-5.5
茶　叶	万吨	4.71	7.7
蔬　菜	万吨	574.64	3.9
禽　蛋	万吨	4.83	5.5
水产品	万吨	12.07	6.2
出栏肉猪	万头	361.91	31.4
牛　奶	万吨	0.42	2.4

年末农民专业合作社13323家，入社农户34.1万户，参与农户47.6万户。

全年农业机械总动力623.30万千瓦，水稻耕种收综合机械化水平为83.5%。

推进各项重点水利工程建设，全年完成重点水利建设项目76个，完成投资15.56亿元。

三、工业和建筑业

全年全部工业增加值比上年增长6.9%，其中规模以上工业增加值增长7.2%；工业增加值占GDP的比重为28.8%，比上年提升0.5个百分点。在规模以上工业中，分经济类型看，国有企业增加值增长5.8%，股份制企业增长7.7%，外商及港澳台商投资企业增长8.9%。分门类看，采矿业下降8.3%，制造业增长7.1%，电力、热力、燃气及水生产和供应业增长10.6%。

图3　2017－2021年全部工业增加值增长速度

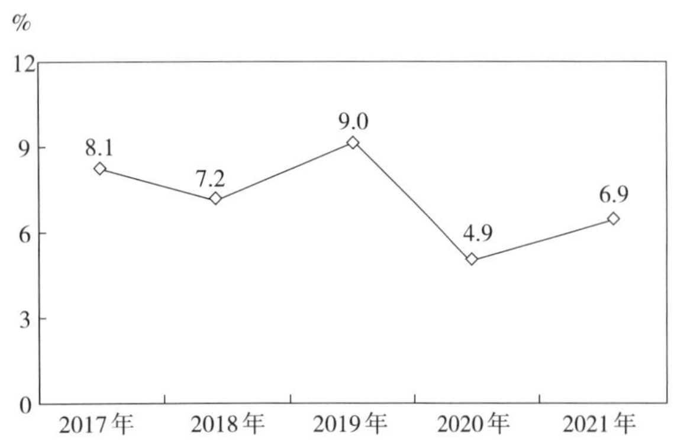

全年规模以上工业中，高技术制造业增加值增长15.2%，装备制造业增长8.9%；计算机、通信和其他电子设备制造业增长19.6%，烟草制品业增长3.9%，汽车制造业增长7.2%，电力、热力生产和供应业增长13.2%，电气机械和器材制造业增长24.5%。省级及以上产业园区增加值比上年增长11.7%，占规模以上工业的比重为69.2%。

表3　2021年规模以上工业主要产品产量及其增长速度

产品名称	计量单位	产　量	比上年增长(%)
饲料	万吨	229.21	16.9
精制食用植物油	万吨	23.13	1.0
酱油	万吨	20.44	-11.9
乳制品	万吨	35.25	28.7
精制茶	万吨	2.38	-30.6
服装	万件	2368.35	-14.7
化学药品原药	万吨	4.29	46.8
化学试剂	万吨	24.88	7.7
家具	万件	160.60	14.9
水泥	万吨	673.45	-1.6
商品混凝土	万立方米	2745.61	4.9
建筑工程用机械	万台	8.64	61.0
挖掘机	万台	1.36	42.1
混凝土机械	万台	3.16	-11.2
环境污染防治专用设备	万台	7.24	21.2
工业机器人	套	6757	49.7
汽车	万辆	34.09	-5.1
光电子器件	亿只	137.65	55.9
移动通信手持机	万台	1678.87	31.5
自来水生产量	万立方米	131958.08	5.7

全年规模以上工业企业营业收入8867.05亿元，比上年增长6.8%。分门类看，采矿业营业收入26.93亿元，比上年下降16.0%；制造业8585.10亿元，增长6.8%；电力、热力、燃气及水生产和供应业255.01亿元，增长10.0%。全年规模以上工业企业利润656.35亿元，比上年下降6.2%。分门类看，采矿业利润1.18亿元，比上年增长59.1%；制造业622.09亿元，下降6.6%；电力、热力、燃气及水生产

和供应业 33.08 亿元，增长 0.5%。

全年建筑业增加值 1437.36 亿元，比上年增长 1.1%。全年具有建筑业资质等级的独立核算企业完成建筑业总产值 6823.54 亿元，比上年增长 12.6%；房屋竣工面积 9812.84 万平方米，增长 22.4%。

四、固定资产投资

全年固定资产投资比上年增长 8.2%。其中，民间投资增长 6.8%。分投资方向看，工业投资增长 11.5%，基础设施投资下降 3.6%，高新技术产业投资增长 6.1%。

表 4　2021 年固定资产投资增长速度

指　　标	比上年增长（%）
固定资产投资（不含农户）	8.2
第一产业	-0.5
第二产业	11.1
其中：采矿业	-33.4
制造业	11.5
电力、热力、燃气及水生产和供应业	16.0
建筑业	-79.2
第三产业	6.7
其中：交通运输、仓储和邮政业	3.9
信息传输、软件和信息技术服务业	20.8
批发和零售业	-43.5
住宿和餐饮业	15.2
金融业	83.3
房地产业	15.1
租赁和商务服务业	7.9
科学研究和技术服务业	-6.3
水利、环境和公共设施管理业	-4.1
居民服务、修理和其他服务业	8.5
教育	11.6
卫生和社会工作	-23.2
文化、体育和娱乐业	-11.3
公共管理、社会保障和社会组织	21.1

全年房地产开发投资 2236.12 亿元，比上年增长 19.7%。全年商品房销售面积 2605.79 万平方米，增长 9.5%；商品房销售额 2620.32 亿元，增长 19.3%。

五、国内贸易

全年社会消费品零售总额 5111.57 亿元，比上年增长 14.4%，剔除物价因素实际增长 12.2%。按经营单位所在地分，城镇消费品零售额 4538.99 亿元，增长 14.4%；乡村消费品零售额 572.58 亿元，增长 14.1%。按消费类型分，餐饮收入 475.29 亿元，增长 16.6%；商品零售 4636.29 亿元，增长 14.1%。

表 5　2021 年社会消费品零售总额及其增长速度

指　　标	零售额（亿元）	比上年增长（%）
社会消费品零售总额	5111.57	14.4
按经营单位所在地分：		
城镇	4538.99	14.4
其中：城区	3397.50	14.7
乡村	572.58	14.1
按行业分：		
批发业	615.39	11.8
零售业	4016.64	14.5
住宿业	51.99	14.0
餐饮业	427.56	17.0
按消费类型分：		
餐饮收入	475.29	16.6
商品零售	4636.29	14.1

限额以上单位商品零售额比上年增长 10.5%，分类别看，粮油、食品类零售额增长 11.2%；服装、鞋帽、针纺织品类增长 5.7%；化妆品类增长 11.1%；金银珠宝类增长 13.7%；日用品类增长 11.7%；书报杂志类增长 12.0%；家用电器和音像器材类增长 23.7%；中西药品类下降 1.5%；文化办公用品类增长 3.1%；石油及制品类增长 25.5%；汽车类增长 9.2%。

六、交通和邮电

全年电信业务总量 152.84 亿元（2020 年不变

价)，比上年增长31.0%；邮政业务总量130.85亿元(2020年不变价)，增长33.7%。邮电业务收入246.13亿元，增长16.3%，其中电信业务收入132.89亿元，增长13.8%；邮政业务收入113.24亿元，增长19.4%。年末本地固定电话用户144.54万户，下降3.7%；移动电话用户1368.98万户，增长3.6%；年末互联网宽带用户488.95万户，增长12.5%。

七、对外经济

全市进出口总额(海关口径)2780.28亿元人民币(折合430.37万美元)，比上年增长18.2%。其中，出口总额1977.46亿元，增长27.7%；进口总额802.82亿元，下降0.2%。在出口总额中，机电产品898.14亿元，占比45.4%；高新技术产品301.1亿元，占比15.2%。在进口总额中，机电产品330.28亿元，占比41.1%；高新技术产品249.07亿元，占比31.0%

图4　2017－2021年进出口总额

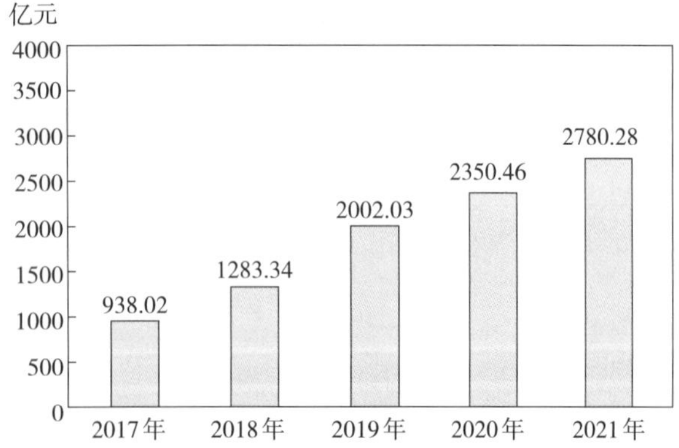

全年实际利用外资金额20.07亿美元，比上年增长88.1%。全年实际到位省外境内资金2028.01亿元，增长34.5%。

八、金　　融

年末金融机构各项存款余额(本外币合计，下同)25348.50亿元，比年初增加2031.70亿元，其中住户存款余额8311.19亿元，比年初增加739.01亿元。年末金融机构各项贷款余额27235.11亿元，比年初增加2973.85亿元，其中短期贷款余额5279.13亿元，比年初增加254.36亿元；中长期贷款余额20837.64亿元，比年初增加2422.12亿元。

全年保险公司原保险保费收入522.75亿元，比上年增长5.3%，其中财产保险公司原保险保费收入184.54亿元，下降0.4%；人身保险公司原保险保费收入338.22亿元，增长8.6%。赔付支出181.12亿元，增长20.9%。

九、教育和科学技术

年末全市有普通高校52所，普通高中106所，初中学校259所，普通小学923所。在学研究生8.35万人，比上年末增长5.8%；普通高校在校学生72.68万人，增长4.2%；普通高中在校学生17.55万人，增长9.8%；普通初中在校学生29.63万人，增长5.2%；普通小学在校学生76.13万人，增长7.2%；幼儿园在园幼儿42.9万人，增长5.3%。小学适龄儿童入学率100%，小学升初中入学率103.8%。全年共投入学生免费入学和资助经费18.37亿元，全市所有义务教育阶段205.4万人次学生全部享受了免杂费入学，执行公办教育收费标准的191.3万人次学生全部享受了“一费制”(含课本费、教辅资料费和作业本费)全免入学，在长沙市就读的17.9万名外来务工人员子女，全部享受免杂费、免“一费制”入学。全年补助了9.59万人次农村家庭经济困难寄宿学生生活费。

图5　2017－2021年高等学校、普通中学在校学生数

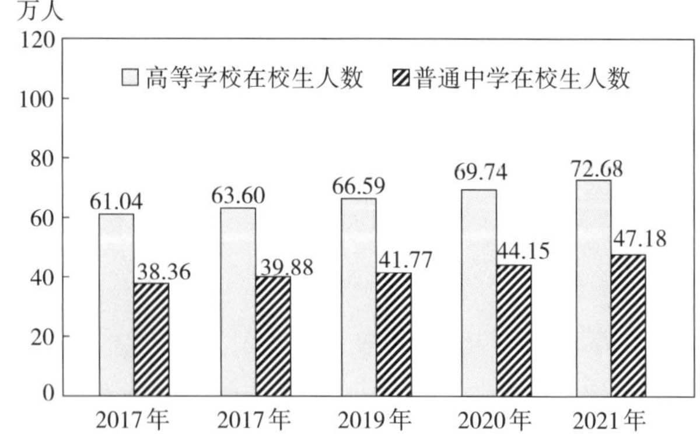

全年授权专利44574件，比上年增长35.0%；签订技术合同10593项，成交金额533.71亿元。高新技术产业增加值增长15.3%。

十、文化、卫生和体育

年末全市有艺术表演团体11个，文化馆10个，公共图书馆12个，博物馆（纪念馆）15个，档案馆14个。

年末全市有卫生机构（含村卫生室）4925个，其中医院、卫生院334个；卫生防疫、防治机构14个；妇幼保健机构11个。卫生技术人员9.46万人，比上年增加0.66万人，其中执业医师、执业助理医师3.54万人，增加0.26万人；注册护士4.61万人，增加0.34万人。卫生机构床位8.72万张，增加0.40万张，其中医院、卫生院7.88万张，增加0.27万张。

图6　2017－2021年卫生技术人员数

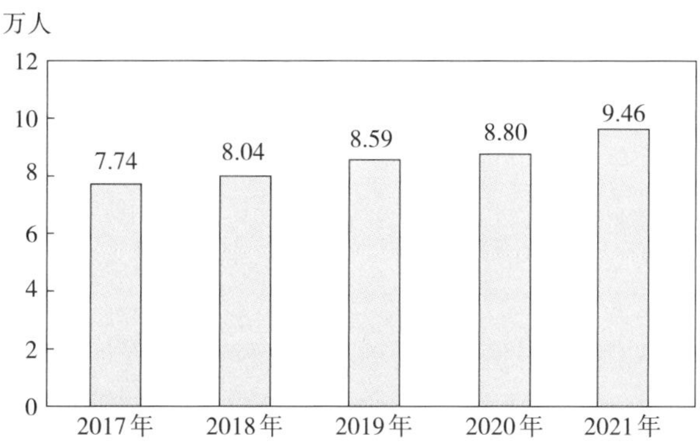

全年开展全民健身项目216项次（市级、区县、乡镇街道三级），全民健身运动参加人数达720万人。年末拥有各级健身辅导站947个，公共体育场地3001个。

十一、环境、节能和安全生产

全市32个国、省控考核断面平均水质优良率为100%，其中Ⅰ类水质断面2个，占6.2%；Ⅱ类水质断面27个，占84.4%；Ⅲ类水质断面3个，占9.4%；无Ⅳ类、Ⅴ类、劣Ⅴ类水质断面。

初步核算，全年规模以上工业综合能源消费量比上年增长8.1%。重点耗能工业企业的单位产品能耗中，吨水泥综合能耗下降6.3%，电厂火力发电标准煤耗下降0.2%。

全年生产安全事故死亡人数238人，比上年下降3.3%；亿元GDP各类安全事故死亡人数0.0179人，下降11.8%；道路交通事故死亡人数475人，下降10.7%；万车死亡人数1.48人，下降17.1%。

十二、人民生活和社会保障

年末全市常住总人口1023.93万人，比上年增长1.8%。城镇化率为83.16%，比上年提高0.56个百分点。按户籍人口计算，人口出生率为8.53‰，死亡率为8.45‰，自然增长率为0.08‰。

全年城镇居民人均可支配收入62145元，比上年增长7.2%。其中，人均工资性收入34834元，增长7.0%；人均经营净收入8094元，增长6.9%；人均财产净收入7846元，增长5.7%；人均转移净收入11372元，增长8.9%；城镇居民人均消费支出41324元，增长5.6%。在城镇居民消费分类中，食品烟酒人均消费11076元，增长4.8%；衣着人均消费2623元，增长4.0%；居住人均消费7754元，增长2.5%；生活用品及服务人均消费2992元，增长3.5%；交通通信人均消费4516元，下降2.4%；教育文化娱乐人均消费8523元，增长18.7%；医疗保健人均消费2904元，下降0.6%；其他用品和服务人均消费936元，增长9.3%。城镇居民平均每百户家庭拥有家用汽车67.7台，空调261.1台，计算机96.1台，接入互联网的计算机89.1台。城镇居民人均自有现住房建筑面积40.9平方米。

全年农村居民人均可支配收入38195元，比上年增长9.9%。农民人均消费支出27676元，增长13.3%。农村居民平均每百户家庭拥有家用汽车55.9台，计算机42.9台，移动电话机314.5台。农村居民人均自有现住房建筑面积60.5平方米。

年末全市有社会福利院、敬老院、养老院等202所。各类收养性社会福利单位收养人员1.83万人。城镇各种社区服务设施4532处，其中综合性社区服务中心749个。接受社会捐赠11958万元。发放居民最低生活保障金8.85亿元，居民得到政府最低生活保障人数为11.77万人（包括城镇和农村）。

年末参加全市劳动保障部门城镇职工基本养老

保险的人数达 469.57 万人,比上年末增长 12.9%,基本养老金社会化发放率达 100 %;参加城镇居民养老保险人数为 10.35 万人,参加新型农村养老保险人数为 247.69 万人;参加城镇职工基本医疗保险人数为 340.93 万人,增长 11.6%。参加失业保险职工人数为 207.27 万人,增长 13.4%,领取失业保险金人数为 9.33 万人;参加工伤保险职工人数为 180.62 万人,增长 5.5%;参加生育保险人数为 229.52 万人,增长 5.3 %;参加城乡居民医疗保险人数为 489.96 万人。

说明:1. 本公报部分数据为初步统计数,部分数据因四舍五入的原因,存在与分项合计不等的情况。

2. 地区生产总值、三次产业及相关行业增加值绝对值按现价计算,增长速度按不变价计算;

3. 根据 2020 年年报,对 2020 年地区生产总值总量进行了调整。

4. 2021 年实际利用外资使用商务部统计口径,与往年不可比。

5. 因银保监会统计口径调整,从 2021 年 6 月起,保险数据统计口径不包含处于风险处置阶段的保险机构。

特载二

主要经济社会指标统计图

户籍总人口（万人）

地区生产总值及增长速度（亿元、%）

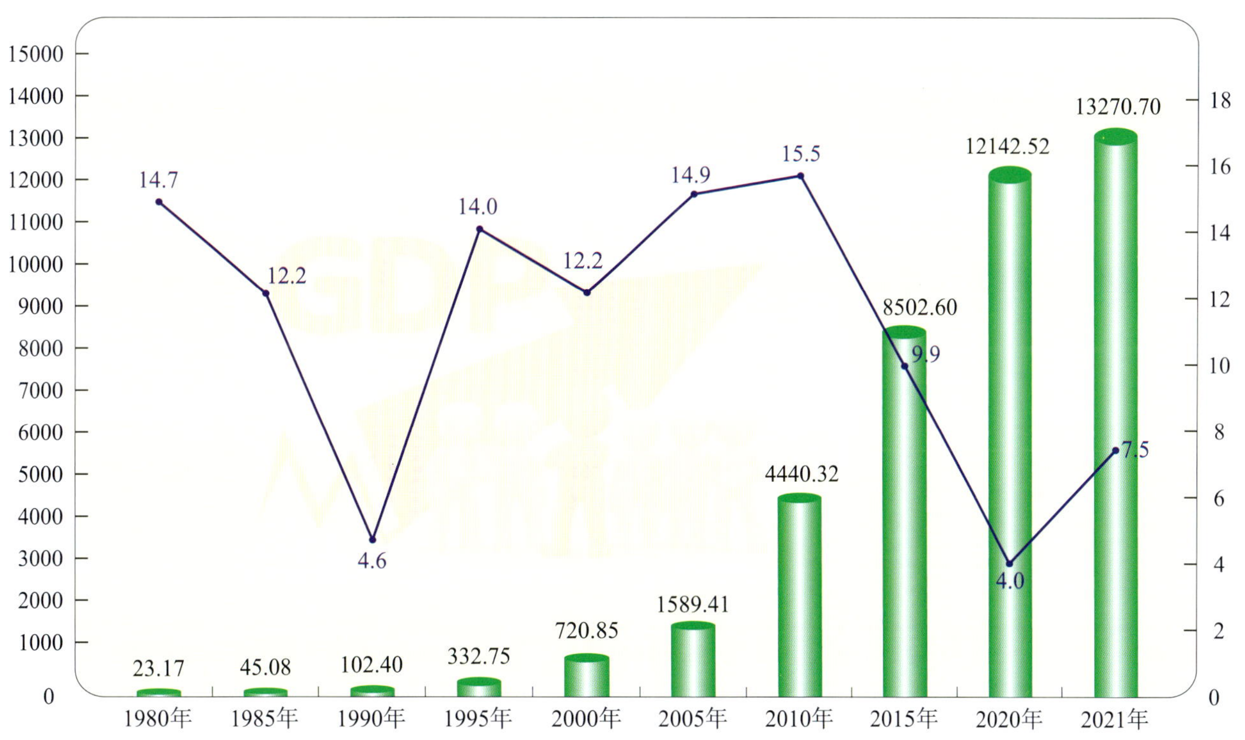

人均地区生产总值（元/人）

注：2000年以前人均地区生产总值按户籍人口计算，2000年以后按常住人口计算。

三次产业增加值（亿元）

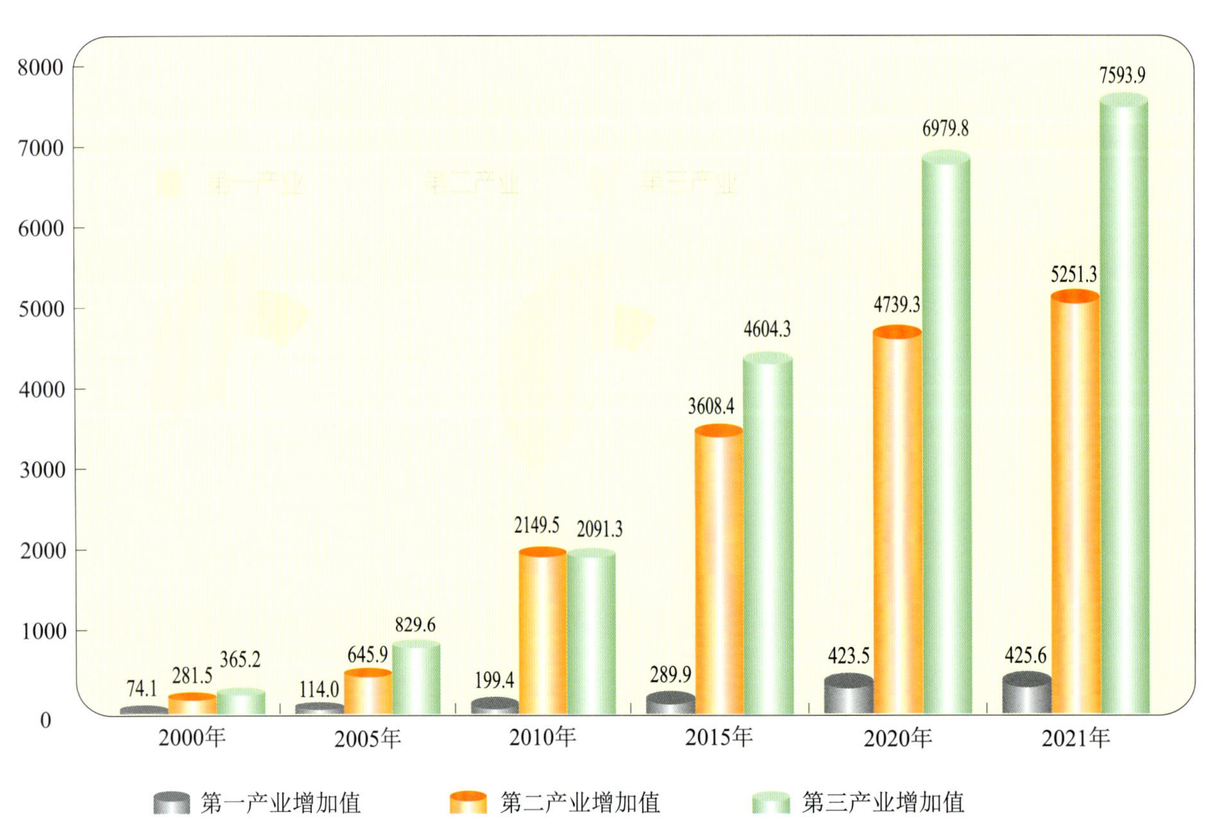

三次产业构成

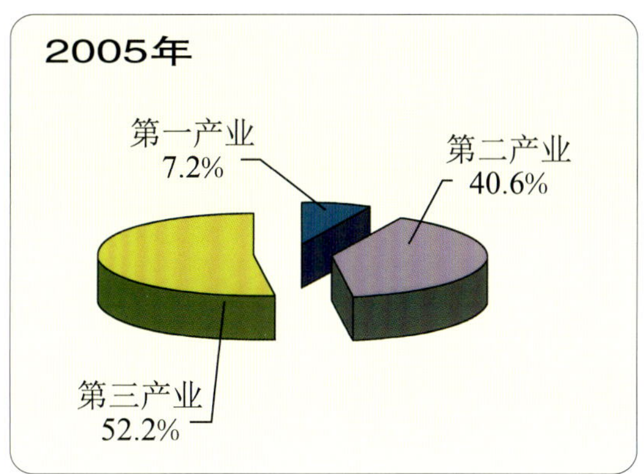

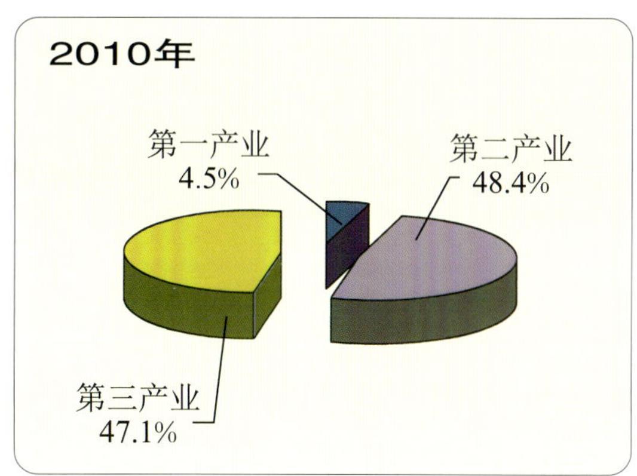

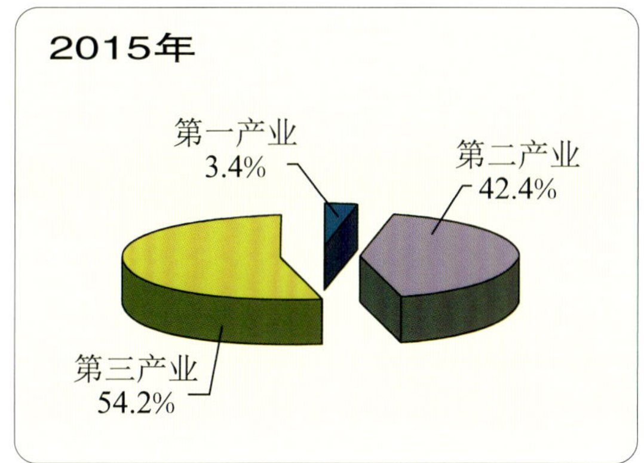

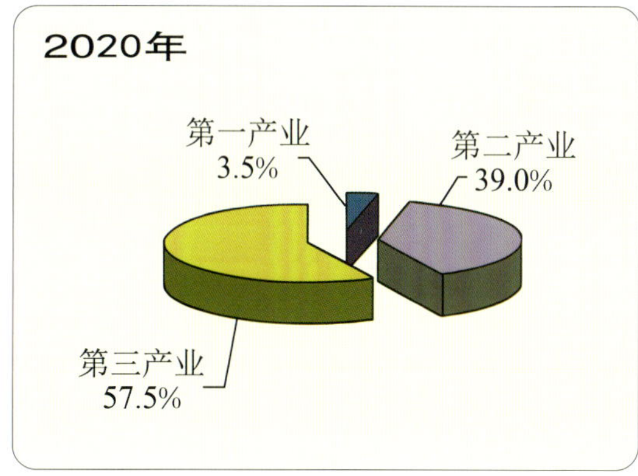

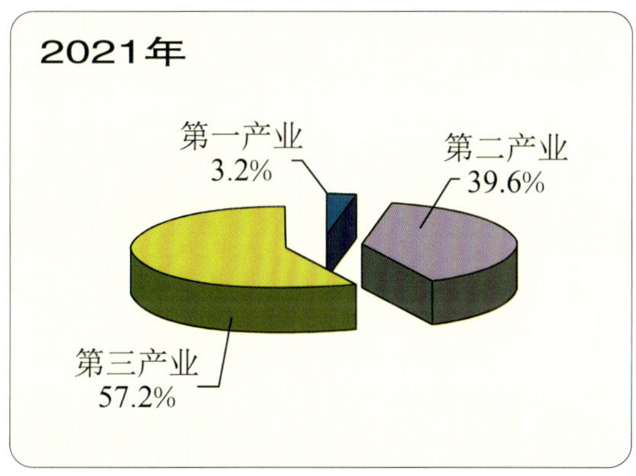

第一产业　第二产业　第三产业

农林牧渔业总产值（亿元）

规模以上工业增加值增速（%）

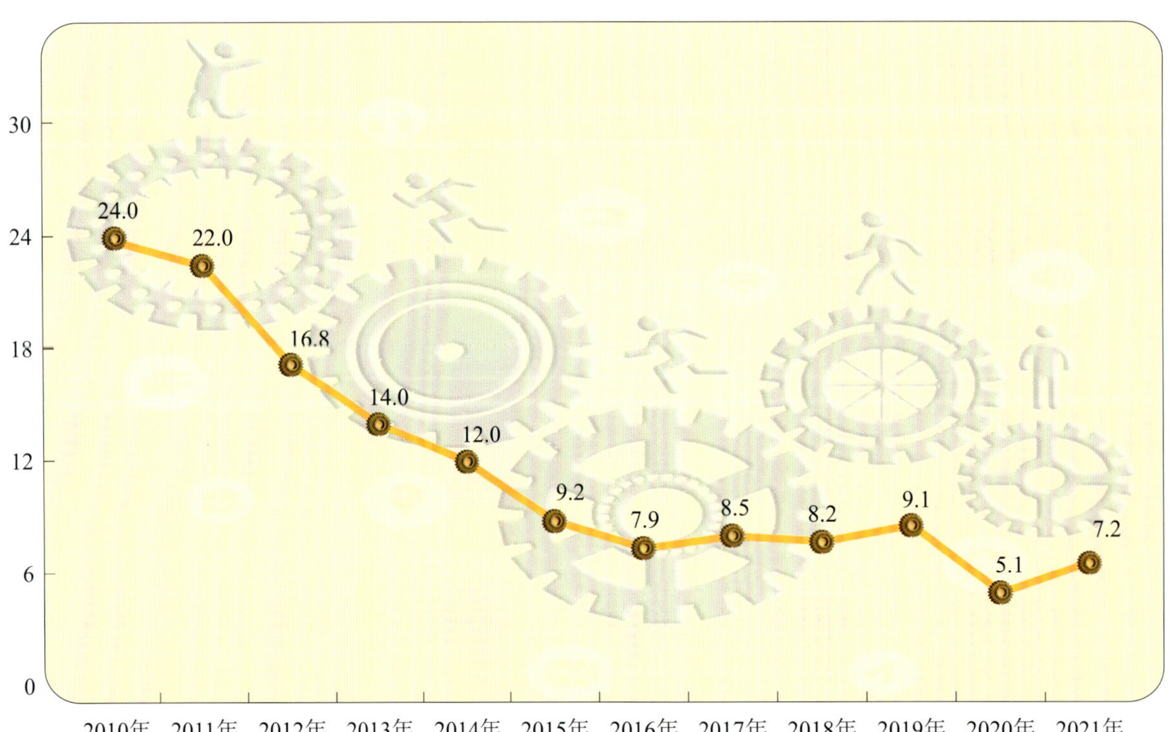

固定资产投资增速（%）

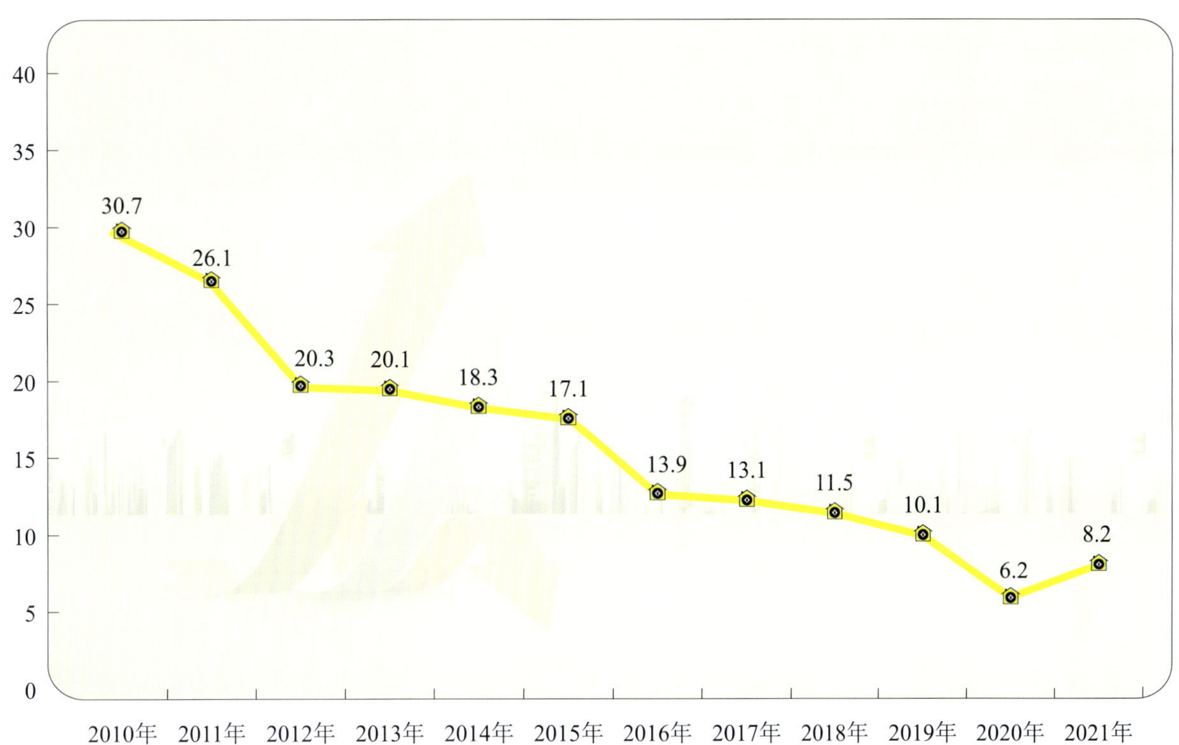

社会消费品零售总额（亿元）

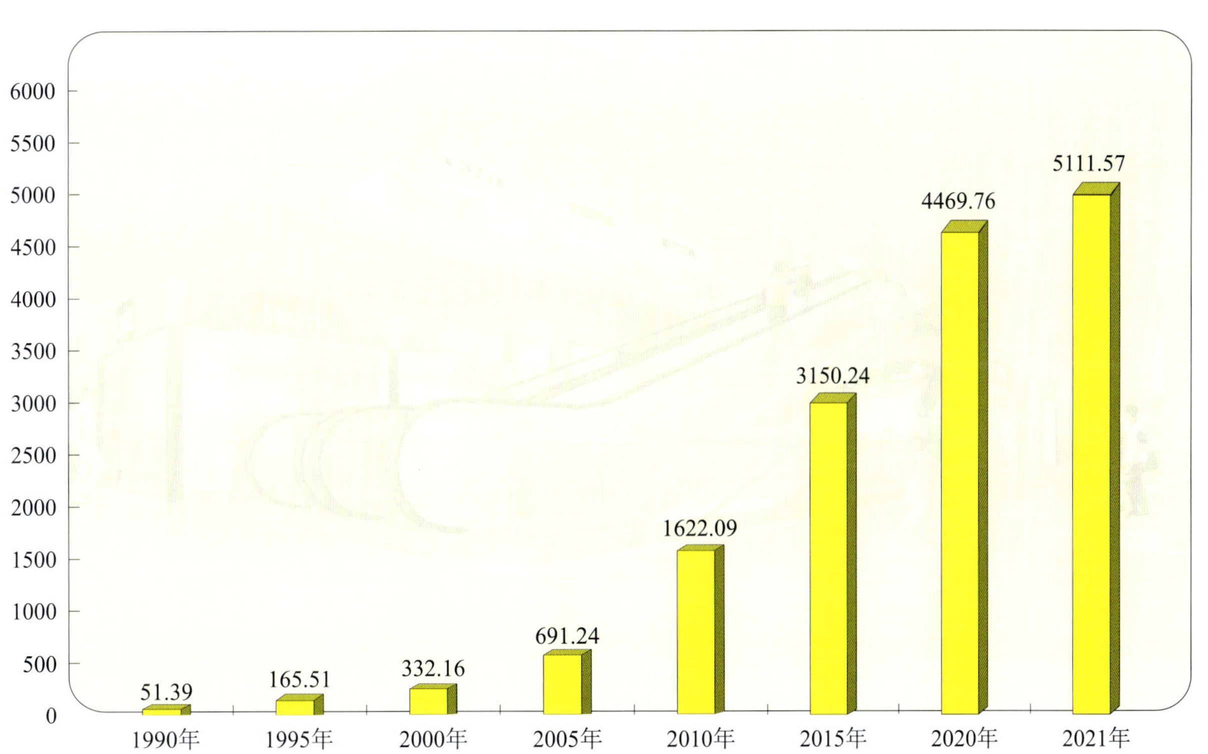

实际使用外商直接投资（亿美元）

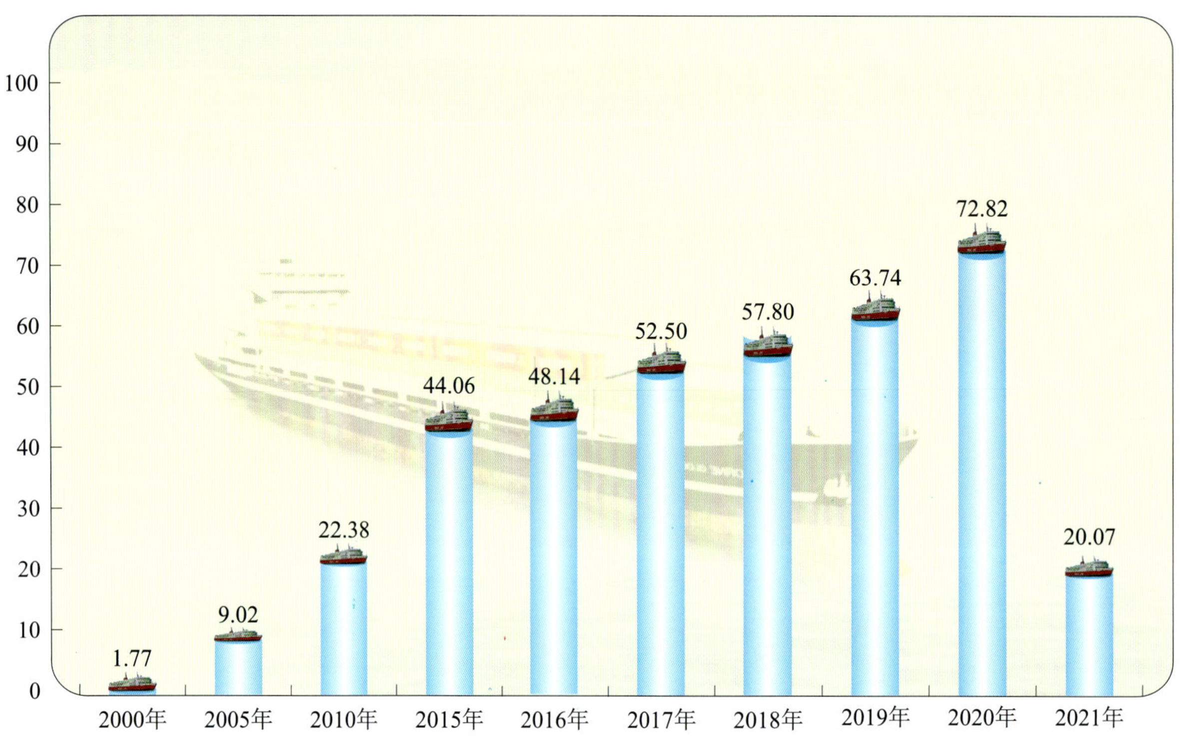

注：2021年实际利用外资数据使用商务部统计口径，与往年不可比。

进出口总额（亿美元）

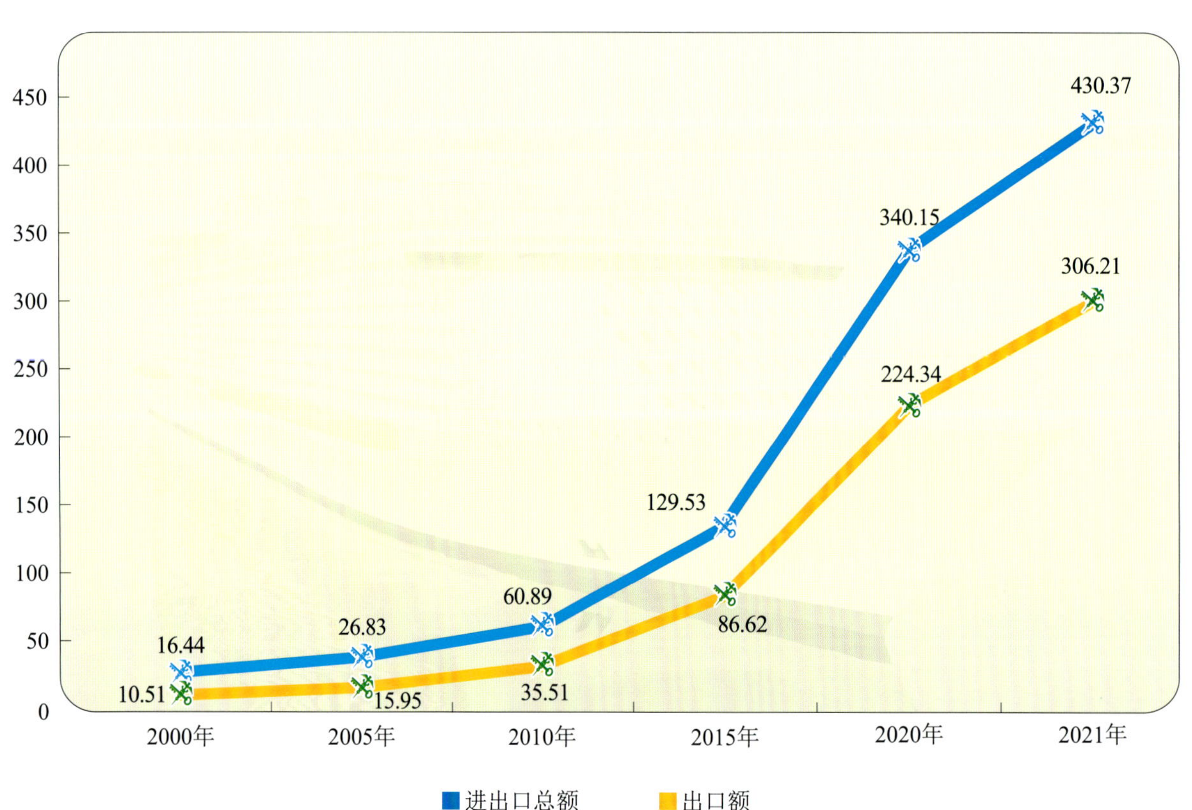

城乡居民储蓄余额（亿元）

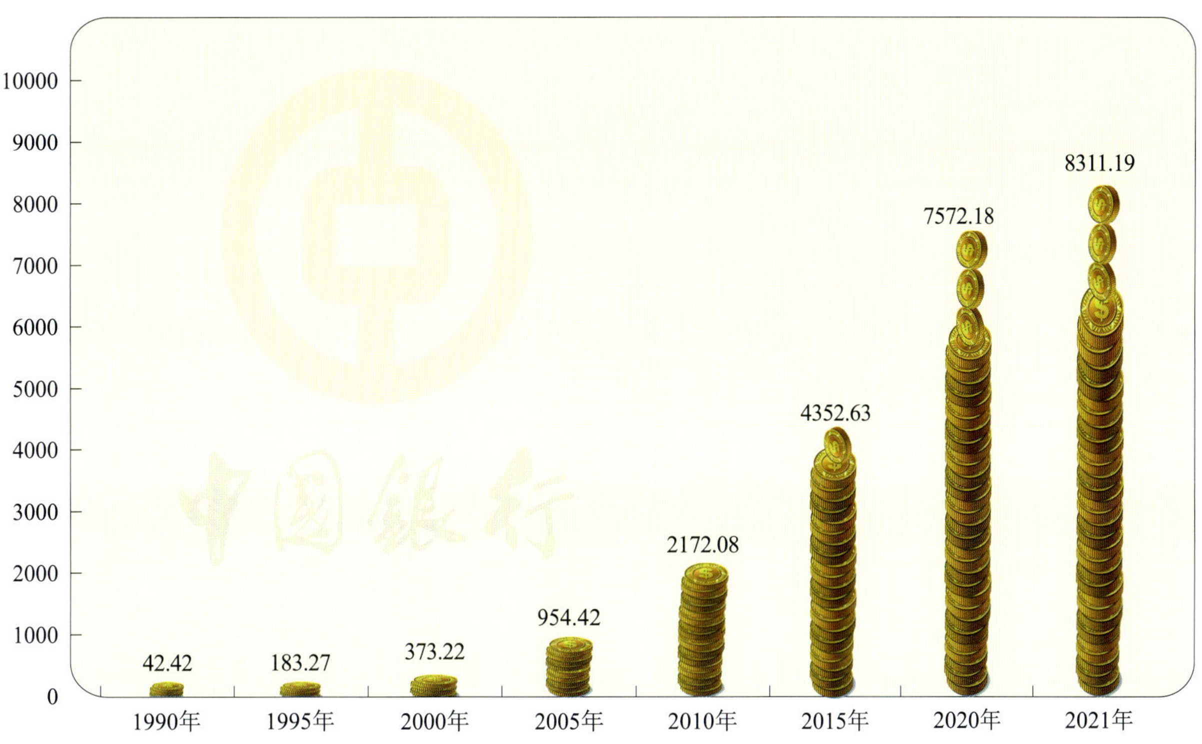

财政收入（亿元）

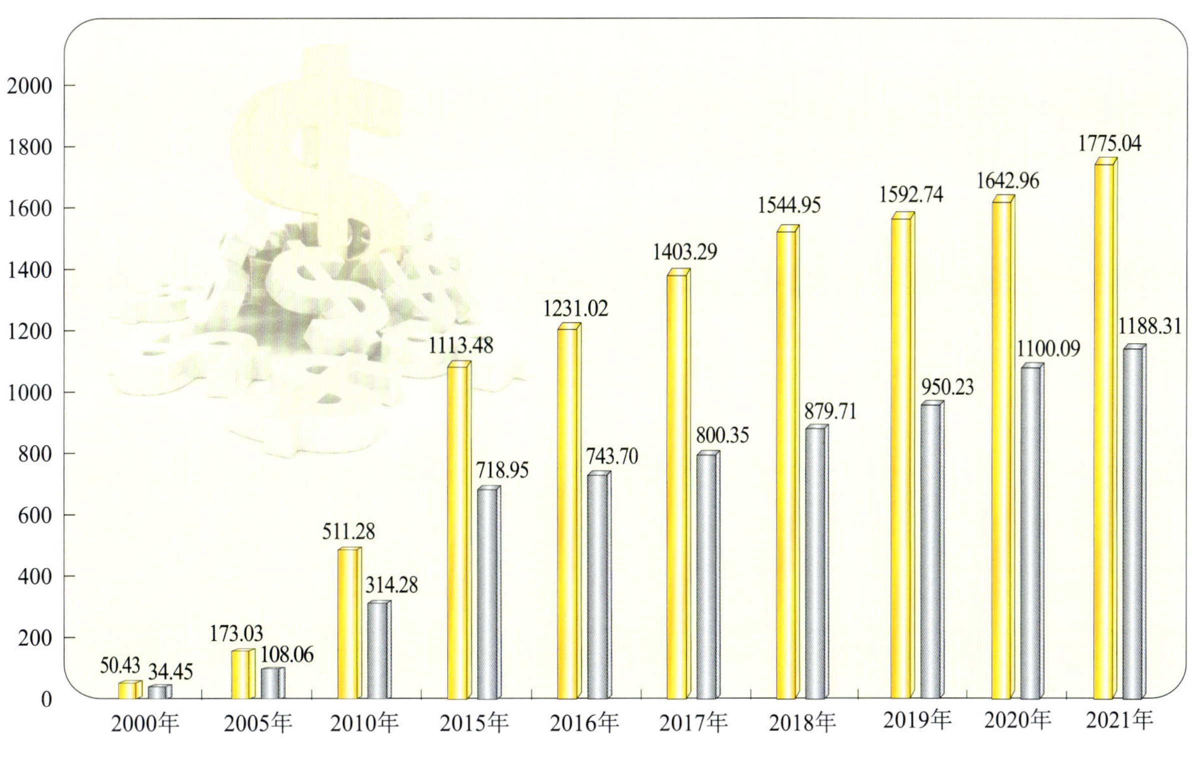

城镇居民人均可支配收入（元）

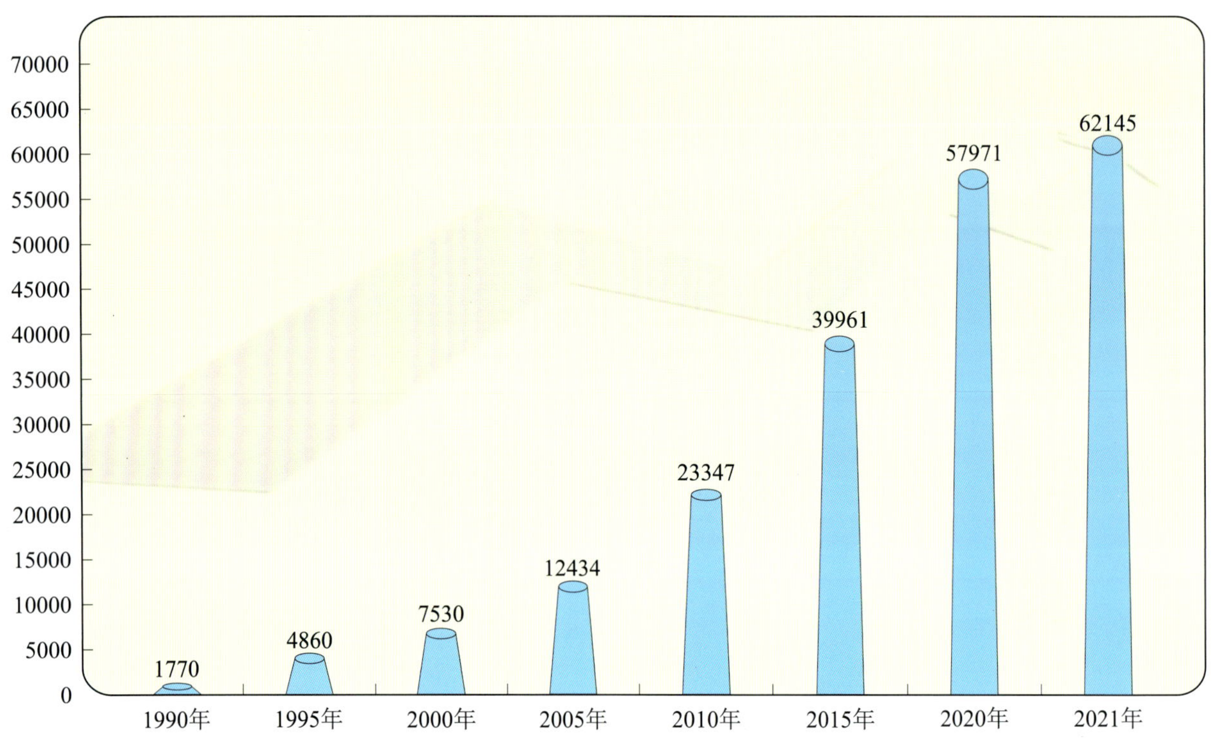

注：2012年以前为城市居民人均可支配收入，2013年开始为城镇居民人均可支配收入。

农村居民人均可支配收入（元）

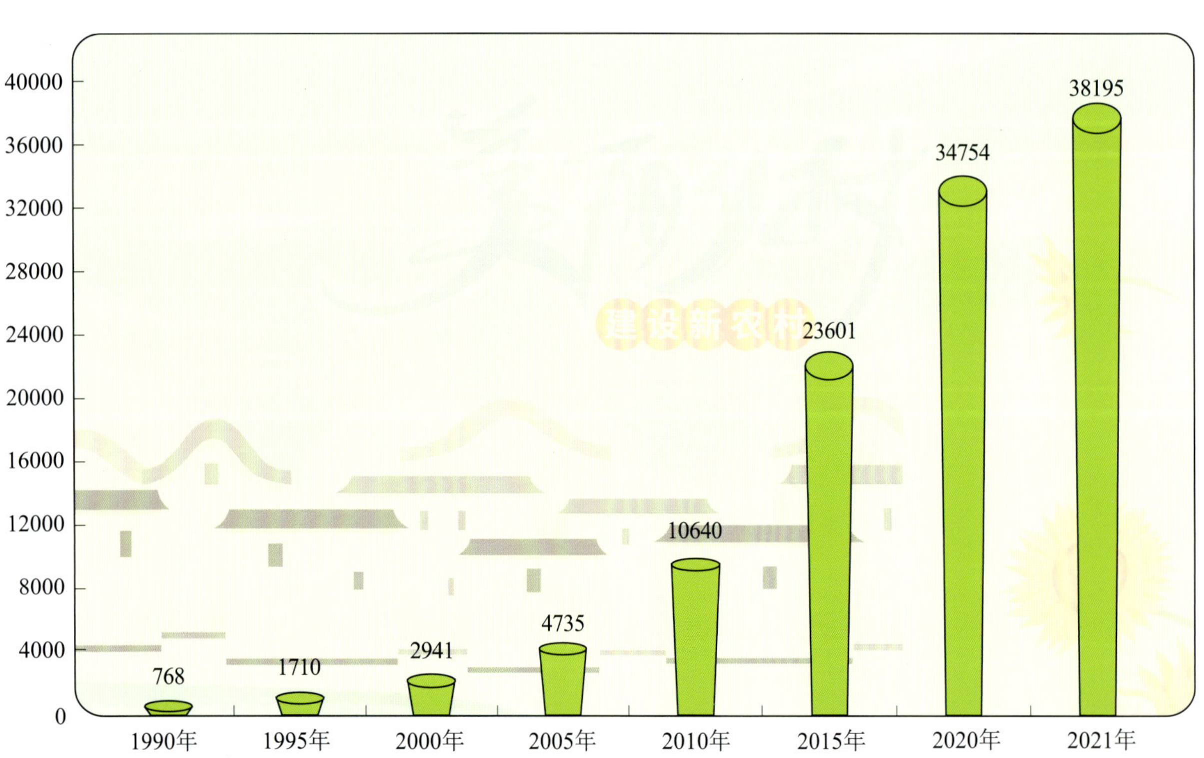

高等学校在校学生数（万人）

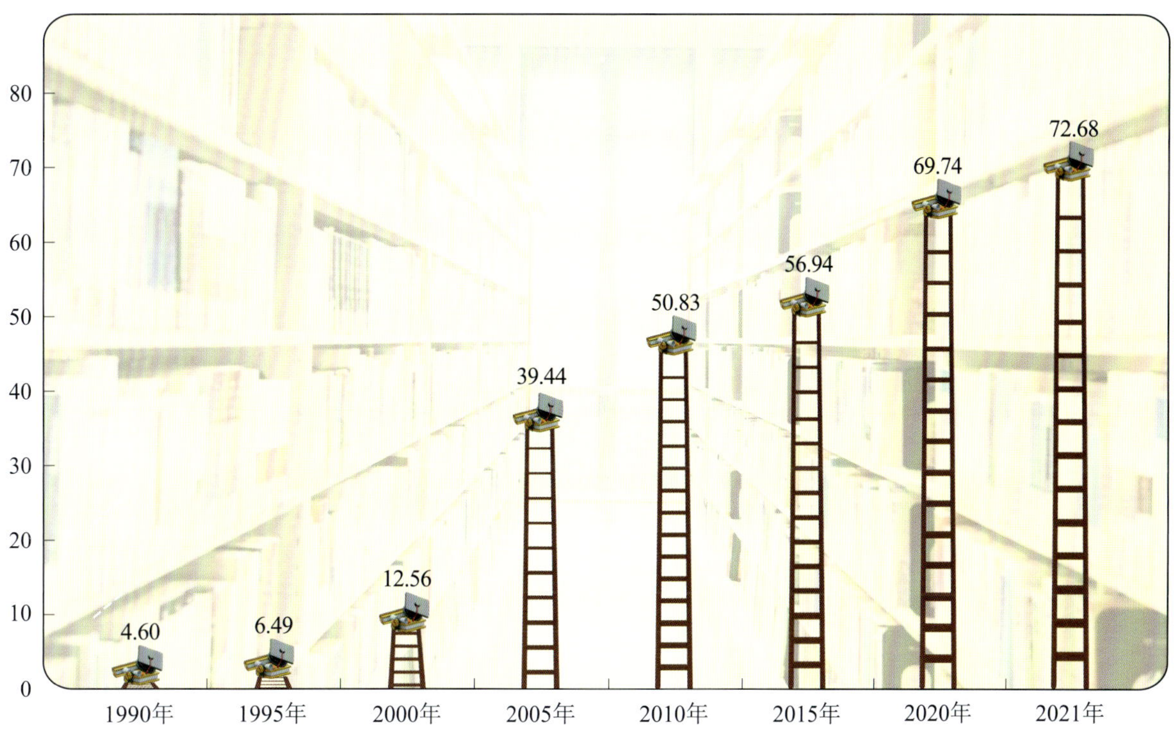

普通中学在校学生数（万人）

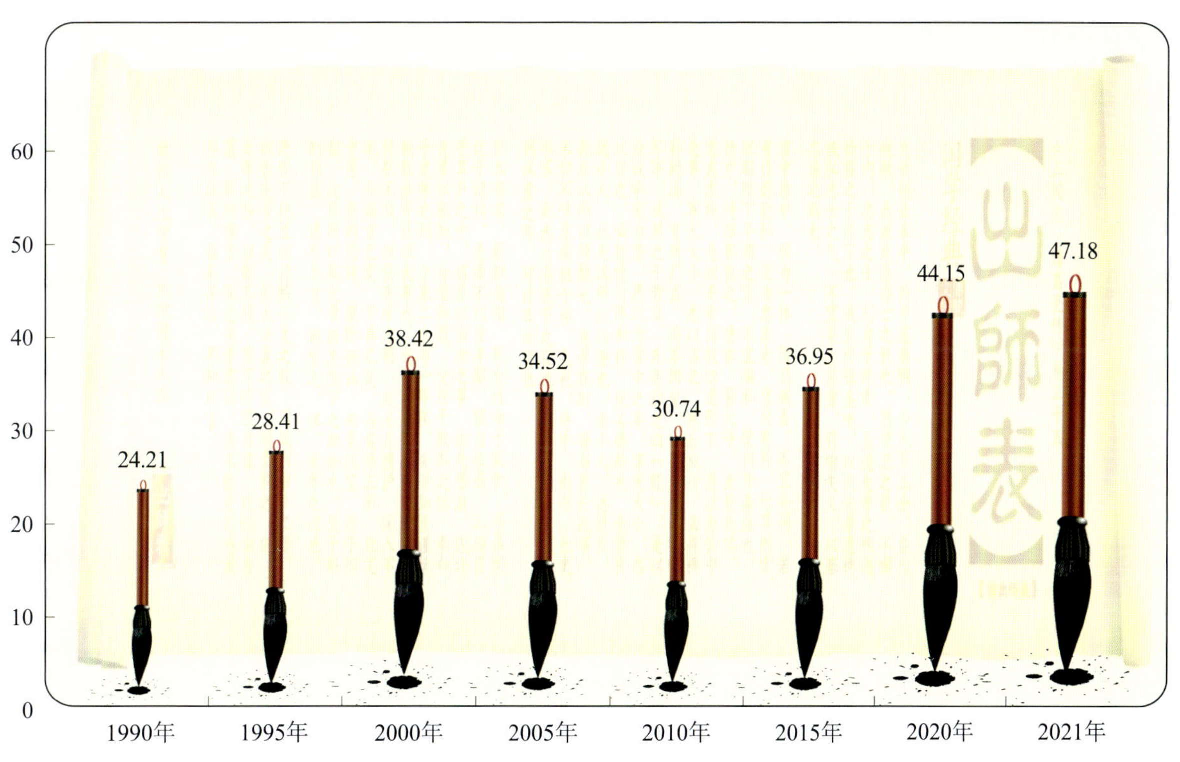

卫生技术人员（万人）

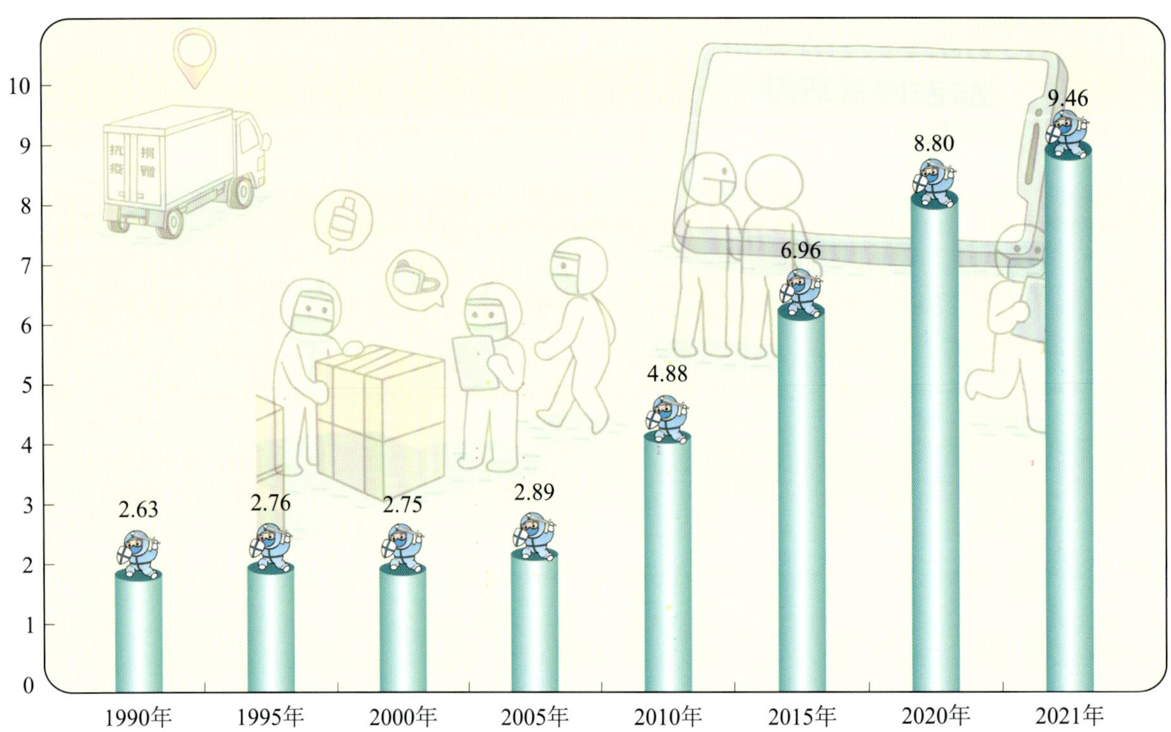

医疗病床数（万张）

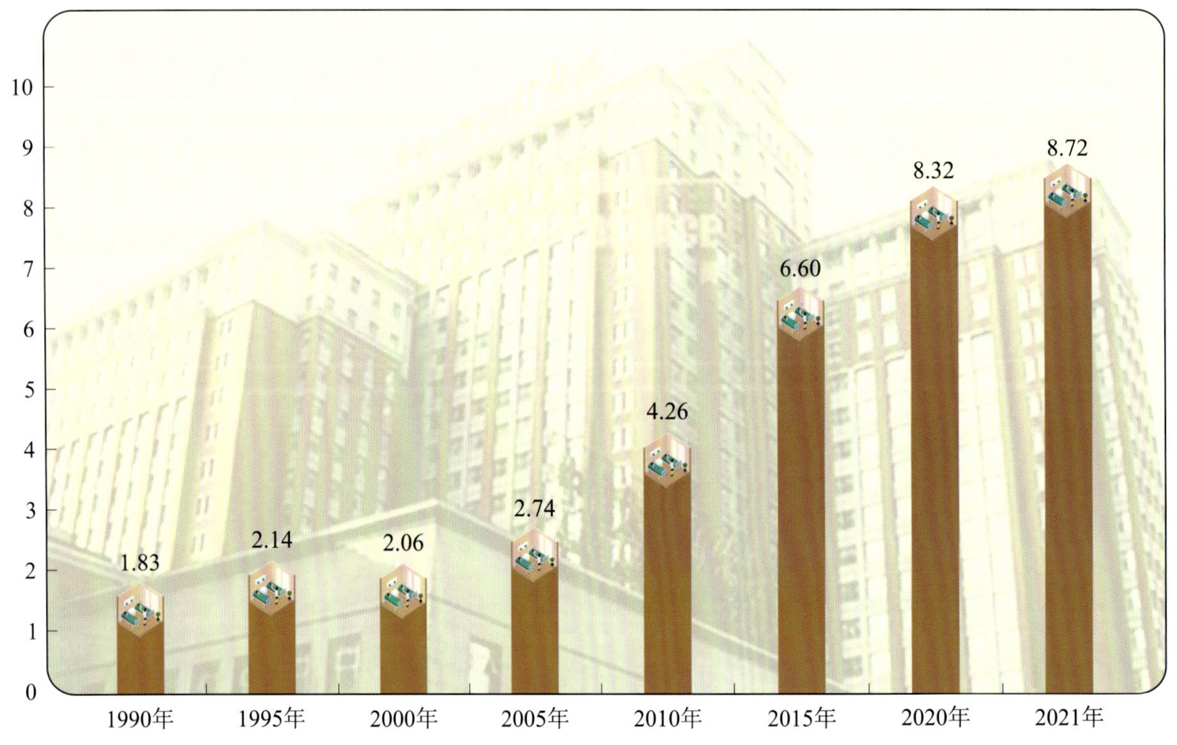

1 综　合

长沙统计年鉴

1-1 自 然 环 境

位置：

长沙位于中国东南部，湖南省东部偏北，湘江下游和长浏盆地西缘。地域范围为东经111°53′~114°15′，北纬27°51′~28°41′。东临江西省宜春市和萍乡市，南接株洲、湘潭两市，西连娄底、益阳两市，北抵岳阳、益阳两市。

地貌：

长沙地形复杂，湘江两岸形成地势低平的冲积平原，其东西两侧及东南面为地势较高的低山、丘陵。东有属于湘赣边雁阵式山系的大围山，其主峰七星岭，海拔1607.9米，为全市最高处，望城区乔口镇西侧湛湖海拔23.5米，为全市最低处。

面积：

长沙东西长约230公里，南北宽约88公里。2021年全市土地面积11816.0平方公里，其中市区面积2150.9平方公里，建成区面积572.0平方公里。

河流：

长沙市区属湘江水系。湘江自湘潭昭山流经天心区西南边境，然后由南向北纵贯市区，经望城区乔口出境。经过市境的长度有74公里，其间流入湘江的支流有15条，其中较大的有浏阳河、捞刀河、靳江、沩水。

气候：

长沙属亚热带季风气候。由于位居盆地内部，距海较远，受冬夏季风转换，地势向北倾斜等因素的影响，气候温和，四季分明。2021年长沙市年平均气温18.9℃，极端最高温度为40.0℃，极端最低温度为零下5.4℃，降雨量1390.8毫米，总日照时数为1553.1小时。

自然资源：

长沙市地下矿藏种类多，以非金属矿具特色。已查明的有铁、锰、钒、铜、铅、锌、硫、磷、海泡石、重晶石、菊花石、煤等50余种，矿点300多处。植被以亚热带常绿阔叶林为主，有自然生长和引进栽培树102科、977种，其中常绿树462种，落叶树515种，乔木457种，灌木414种，竹藤类106种。主要林木有松、杉、栎、樟、楠、椿、茶、油茶、柑橘、毛竹等。1985年市八届人大常委会通过，市人民政府公布香樟为市树，杜鹃花为市花。

1-2 行 政 区 划

年份地区	市辖区数	市辖县（市）数	土地面积（平方公里）	镇 数
1949	5	112		
1965	4	1	3995	
1978	5	2	3995	7
1990	5	4	11818.5	21
2000	5	4	11819.46	75
2001	5	4	11819.46	76
2002	5	4	11819.46	79
2003	5	4	11819.46	81
2004	5	4	11819.46	81
2005	5	4	11819.46	79
2006	5	4	11819.46	80
2007	5	4	11819.46	83
2008	5	4	11819.46	84
2009	5	4	11819.46	86
2010	5	4	11815.96	85
2011	6	3	11815.96	88
2012	6	3	11815.96	82
2013	6	3	11815.96	79
2014	6	3	11815.96	80
2015	6	3	11815.96	67
2016	6	3	11815.96	68
2017	6	3	11815.96	68
2018	6	3	11815.96	69
2019	6	3	11815.96	69
2020	6	3	11815.96	69
2021	6	3	11815.96	69
芙蓉区	1		42.68	
天心区	1		137.4	
岳麓区	1		538.83	2
开福区	1		188.73	
雨花区	1		292.2	1
望城区	1		951.06	5
长沙县		1	1755.62	13
浏阳市		1	4997.35	27
宁乡市		1	2912.09	21

单位:个

街道办事处数	居民委员会数	乡 数	村民委员会数
59	18	11	
25	201	60	1145
39	329	84	1096
35	535	210	2987
50	763	46	3111
52	542	44	2786
54	568	39	2727
54	523	38	2677
54	560	38	1276
55	569	37	1281
55	571	34	1271
53	566	31	1258
53	568	30	1243
57	578	27	1236
59	590	26	1226
62	638	22	1187
82	689	19	1170
94	714	15	1169
94	715	14	1169
94	719	7	1165
94	724	6	765
95	651	6	891
96	683	5	884
96	705	5	878
96	735	5	876
96	749	5	875
13	75		5
14	88		12
17	137		51
16	105		9
12	138		28
11	40		117
5	103		114
4	25	1	299
4	38	4	240

1-3 国民经济主要综合指标

指 标	单 位	1949 年	1965 年	1978 年	1990 年	1995 年
一、土地面积	平方公里	112	3995	3995	11818	11819.5
# 市区	平方公里	112	177.07	352	367	556.33
# 建成区	平方公里	6.7	20.9	53.0	101.0	115.0
二、年末户籍总人口	万人	309.24	365.73	458.23	550.05	562.82
年末常住总人口	万人					
三、地区生产总值	亿元	2.87△	7.02	16.85	102.4	332.75
第一产业	亿元			5.61	24.38	45.58
第二产业	亿元			7.44	40.58	140.34
# 工业	亿元			6.37	34.34	106.57
第三产业	亿元			3.79	37.44	146.83
人均地区生产总值	元/人	89△	194	370	1871	5930
四、工业总产值	亿元	0.58	7.97	23.85	117.7	407.95
五、农林牧渔业总产值	亿元	1.7	2.98	7.38	36.52	86.84
# 农业	亿元	1.51	2.43			42.66
六、粮食产量	万吨	74.3	101.01	189.81	264.13	244.8
七、耕地面积	千公顷	274.27	265.87	255.91	247.93	245.77
八、固定资产投资	亿元	0.05△	0.54	2.41	18.12	104.95
# 城镇及以上固定资产投资	亿元					
新增固定资产	亿元	0.05※	0.46	1.32	8.25	49.37
竣工房屋面积	万平方米	7.02※	34.28	81.41	109.77	314.55
# 住宅	万平方米	1.19※	13.09	41.17	91.95	168.87
九、货物运输量	万吨				6165	6419
货物周转量	亿吨公里				26.26	60.13
旅客运输量	万人					8935
旅客周转量	亿人公里					34.9
十、邮电业务总量	万元	121	451	704	13870	89069
十一、社会消费品零售总额	亿元	0.92	3.52	7.72	51.39	165.51
十二、进出口总额	亿美元/亿元					
# 出口	亿美元/亿元					

2000 年	2005 年	2010 年	2015 年	2020 年	2021 年	2021 年比 2020 年 ± %
11819.5	11819.5	11816	11816	11816	11816	持平
556.33	556.33	958.8	1909.86	2150.9	2150.9	持平
118.8	167.7	272.4	363.7	557.0	572.0	2.7
583.19	620.92	650.12	680.36	747.29	760.04	1.7
613.87	639.3	704.07	828.27	1006.08	1023.93	1.8
720.85	1589.41	4440.32	8502.60	12142.52	13270.70	7.5
74.11	113.98	199.43	289.86	423.46	425.56	9.1
281.5	645.86	2149.55	3608.39	4739.27	5251.30	5.2
226.48	437.47	1687.05	2731.44	3465.88	3816.25	6.9
365.24	829.58	2091.34	4604.34	6979.79	7593.85	8.9
11789	25064	64903	103603	123297	130745	4.3
620.49	1300.62	5487.74	11174.62			
116.79	187.13	323.64	537.13	722.19	731.52	10.1
62.8	92.64	173.59	317.39	425.17	451.67	4.6
262.33	262.28	209.05	236.83	211.78	216.04	2.0
242.32	246.9	276.79	271.97			
202.32	881.42	3192.57	6363.29			8.2
153.34	791.16	2909.83				
88.34	343.72	1471.5	4094.82			
343.54	931.57	1741.56	1432.02			
198.51	612.26	1184.42	964.28			
5910	10991	22947	33932			
140.48	100.38	219.25	386.19			
9052	10895	33983	13078			
34.83	99.57	194.55	243.69			
349844	802762	846295	2511522			
332.16	691.24	1622.09	3150.24	4469.76	5111.57	14.4
16.44	26.83	60.89	805.55	2350.46	2780.28	18.2
10.51	15.95	35.51	537.42	1548.72	1977.46	27.7

1－3 续表

指 标	单 位	1949年	1965年	1978年	1990年	1995年
十三、实际使用外商直接投资金额	亿美元					
十四、全市居民消费价格指数	上年为100	109.6◆	97.7	99.6	101.5	117.1
全市商品零售价格指数	上年为100	105.6★	97.9	99.9	100.2	114
十五、地方一般公共预算收入	亿元					17.99
一般公共预算支出	亿元					21.6
十六、高等学校数	所	2	9	8	21	21
高等学校在校学生数	万人	0.27	1.94	1.89	4.6	6.49
中等职业学校数	所	16	21	23	40	42
中等职业学校在校学生数	万人	0.23	0.78	0.98	2.56	5.54
普通中学在校学生数	万人	1.13	7.54	33.11	24.21	28.41
小学在校学生数	万人	14.71	59.37	68.01	57.07	62.37
十七、艺术表演团体	个	9	19	13	12	12
十八、图书出版量	万册	1626△	2549	1983	32135	33677
杂志出版量	万份	245△	221	2680	5144	7636
报纸出版量	万份	6786△	17000	30057	40325	55721
十九、卫生机构数	个	34	1035	1195	1346	1100
# 医院、卫生院	个	14	138	248	297	205
医疗病床数	张	747	8454	12976	18349	21378
卫生技术人员	人	1253	8779	16068	26307	27553
# 执业医师和执业助理医师	人			7247	12423	12107
二十、城市居民人均可支配收入	元	131△	216	327	1770	4860
农村居民人均可支配收入	元	41	96	127	768	1710
农民人均纯收入	元	48△	103	143	820	1737
二十一、年末金融机构本外币存款余额	亿元					306
# 城乡居民储蓄余额	亿元	0.0073※	0.27	1.14	42.42	183
年末金融机构本外币贷款余额	亿元					241

注：1. 土地面积按当年实际情况整理。

2. ※为1950年数，★为1951年数，△为1952年数，◆为1953年数。

3. 工、农业总产值1990年以前按不变价格计算；1990年以后按现行价格计算。

4. 邮电业务总量1949－1978年按1970年不变价格计算；1990－2001年按1990年不变价格计算；2002－2009年按2000年不变价格计算，2010年以后按2010年不变价格计算。

5. 2003年开始因教育制度改革，现行中等职业学校包括普通中专、职业高中，2002年以前年份的数据是中等专业学校数据。

6. 人均地区生产总值2000年以前按户籍人口计算，2000年以后按常住人口计算。

7. 2005－2008年的地区生产总值、社会消费品零售总额、2008年工业总产值按第二次经济普查数据修正。

8. 根据国家抽样调查情况，全省统一对2010年粮食产量数据进行了调整。

9. 从2011年起，原全社会固定资产投资指标改名为固定资产投资，固定资产投资统计起点由50万元提高到500万元及以上。

10. 因统计方法制度改革，从2013年开始取消农民人均纯收入统计指标，城市居民人均可支配收入调整为城镇统计口径，2012年以前为城市统计口径，与往年数据不具可比性。

2000 年	2005 年	2010 年	2015 年	2020 年	2021 年	2021 年比 2020 年 ± %
1.77	9.02	22.38	44.06	72.82	20.07	88.1
101.7	101.9	102.9	101.1	101.8	101.1	
100.7	100.4	103.8	99.6	100.8	102.0	
34.45	108.06	314.28	718.95	1100.09	1188.31	8.0
41.43	133.05	403.33	925	1501.23	1541.59	2.7
23	45	48	51	52	52	持平
12.56	39.44	50.83	56.94	69.74	72.68	4.2
40	104	67	50	57	59	3.5
8.41	11.27	11.37	9.15	11.46	11.48	0.2
38.42	34.52	30.74	36.95	44.15	47.18	6.9
46.65	33.87	41.35	50.94	71.02	76.13	7.2
13	12	12	12	12	12	持平
24844	30483	31109	48494	48269	50893	5.4
10404	10925	12540	13918	9414	9116	-3.2
62354	75309	101861	105635	48754	45129	-7.4
1036	1519	2655	4661	4681	4925	5.2
263	260	255	284	339	334	-1.5
20590	27395	42629	66036	83180	87161	4.8
27460	28943	48791	69634	87987	94633	7.6
12345	12088	18258	25599	32785	35435	8.1
7530	12434	23347	39961	57971	62145	7.2
2941	4735	10640	23601	34754	38195	9.9
3005	4908	11206				
826	2322	6428	14066	23317	25349	8.7
373	954	2172	4353	7572	8311	9.8
632	2055	6354	12324	24261	27235	12.3

11. 2014 年货物、旅客运输量及周转量统计口径发生变化，与以前年度数据不具可比性。
12. 2014 年邮电业务总量测算方法发生变化，与以前年度数据不具可比性。
13. 因统计制度变化，从 2014 年起居民消费价格指数和商品零售价格数取消全年统计口径数据。
14. 2016 年，将部分研发支出计入 GDP，并对历史数据进行了调整。
15. 图书出版印数 2000 年以前按“书籍”统计，2000 年以后按“图书”统计。
16. 2017 年开始电信业务总量使用 2015 年不变价，而邮政业务总量仍使用 2010 年不变价格，故两者 2017 年不能合计。
17. 进出口总额数据 2015 年以前计量单位为亿美元，2015 年开始计量单位为亿元。
18. 2020 年，水运沿海部分的货运周转量数据省局不再分市州；疫情期间，高速公路免费通行，无法获取客货运数据；全省铁路相关数据未分市州。
19. 2021 年，实际利用外资数据使用商务部统计口径。
20. 建成区面积 2020 年至 2021 年数据按照国土空间规划相关数据重新核算调整。

1－4　国民经济主要指标平均递增速度

单位:%

指　　标	1949－1965年	1965－1978年	1949－2021年	1978－2021年	2000－2021年	2010－2021年
一、年末户籍总人口	1.1	1.7	1.3	1.2	1.3	1.4
二、地区生产总值	4.3	5.1	9.1	12.3	12.1	9.6
第一产业				5.1	4.7	4.0
第二产业				13.5	13.2	9.3
# 工业				14.1	14.8	10.1
第三产业				13.8	12.1	10.0
人均地区生产总值				10.3	9.4	5.7
三、工业总产值	18.3	9.9				
四、农林牧渔业总产值	3.2	3.6	4.5	5.0	5.0	4.2
# 农业	2.8	4.4	3.8	4.2	4.9	5.3
五、粮食产量	1.9	5.0	1.5	0.3	-0.9	0.3
六、固定资产投资						14.9
新增固定资产	23.4※	3.4				
竣工房屋面积	19.5※	1.8				
# 住宅	25.5※	1.2				
七、社会消费品零售总额	9.1	6.8	12.7	16.3	13.6	9.9
八、地方一般公共预算收入					18.4	12.9
一般公共预算支出					18.8	13.0

1－4 续表 单位:%

指 标	1949－1965年	1965－1978年	1949－2021年	1978－2021年	2000－2021年	2010－2021年
九、高等学校数	9.9	－0.9	4.6	4.4	4.0	0.7
高等学校在校学生数	13.2	－0.2	8.1	8.9	8.7	3.3
普通中学在校学生数	12.6	12.1	5.3	0.8	1.0	4.0
小学在校学生数	9.1	1.1	2.3	0.3	2.4	5.7
十、艺术表演团体	4.8	－2.9	0.4	－0.2	－0.4	0.0
十一、图书出版量	3.5△	－1.9	4.9△	7.8	3.5	4.6
杂志出版量	－1.1△	21.6	5.2△	2.9	－0.6	－2.9
报纸出版量	7.3△	4.5	2.7△	0.9	－1.5	－7.1
十二、卫生机构数	23.8	1.1	7.2	3.3	7.7	5.8
# 医院、卫生院	15.4	4.6	4.5	0.7	1.1	2.5
医疗病床数	16.4	3.4	6.8	4.5	7.1	6.7
卫生技术人员	12.9	4.8	6.2	4.2	6.1	6.2
# 执业医师和执业助理医师				3.8	5.1	6.2
十三、城市居民人均可支配收入	3.9△	4.1				
农民人均纯收入	6.0△	2.6				
城乡居民储蓄余额	27.2※	10.1	21.4※	23.0	15.9	13.0

注:※表示以1950年为基期,△表示以1952年为基期。

1-5 主要指标日均水平

指　　标	单位	1949 年	1965 年	1978 年	1990 年	1995 年
一、地区生产总值	万元	78.53△	192.44	461.52	2805	9116
二、工业总产值	万元	15.87	218.33	627.18	3196	9341
三、地方一般公共预算收入	万元					493
四、农林牧渔业总产值	万元	46.63	81.64	267.56	1001	2479
五、粮食总产量	吨	2036	2767	5200	7236	6707
六、固定资产投资	万元	5.60△	14.89	66.13	496	2875
竣工房屋面积	平方米	192※	939	2230	3007	8618
# 住宅	平方米	33※	359	1128	1265	4622
七、邮电:函件	万件	1.65※	5.28	5.88	17.68	30.52
八、社会消费品零售总额	万元	25	96	252	1408	4535
九、城市生活用水	万吨	0.1	4.33	12.81	34.15	47.23
十、城市公共汽车乘客人数	万人次	1.65	11.29	45.06	72.76	64.77
十一、出生	人		352	193	242	113
死亡	人		94	83	103	101
结婚	对				140	110
离婚	对				14	20
十二、出版报纸	万份	18.59△	46.58	82.35	110.48	150.38
出版杂志	万份	0.67△	0.58	7.34	14.09	20.92
出版图书	万册	4.45△	6.98	5.43	88.04	92.27

注:1. ※为 1950 年数,△为 1952 年数。

2. 1949 年、1965 年工农业总产值按不变价格计算,其他年份按现价计算。

2000 年	2005 年	2010 年	2015 年	2020 年	2021 年
19749	43546	121653	232948	332672	363581
17000	35633	150349	306154		
944	2960	8610	19697	30139	32556
3200	5127	8867	14716	19786	20042
7187	7186	5727	6488	5802	5919
5543	24149	87468	174337		
9412	25522	47715	39233		
5439	16774	32449	26419		
23.01	10.74	11.64	4.30	3.34	4.05
9100	18938	44441	86308	122459	140043
58.21	86.41	72.91	96.27	66.6	77.02
92.64	214.14	197.87	203.63	113.31	132.06
170	185	196	268	206	176
114	117	100	89	176	174
110	125	190	159	130	111
17	28	46	60	73	54
170.83	206.33	279.07	289.41	133.57	123.64
28.5	29.93	34.36	38.13	25.79	24.98
68.07	83.52	85.23	132.86	132.24	139.43

1-6 主要指标人均水平

指标	单位	1949年	1965年	1978年	1990年	1995年	2000年
一、地区生产总值	元	89△	194	370	1871	5930	12368
二、工业总产值	元	19	221	503	2132	6811	10464
三、农林牧渔业总产值	元	55	82	215	667	1548	2004
四、粮食产量	公斤	240	280	417	480	435	450
五、固定资产投资完成额	元	6.34△	15.04	53.02	331	1870	3471
竣工房屋面积	平方米	0.02※	0.09	0.18	0.2	0.56	0.59
六、社会消费品零售总额	元	30	96	201	934	2950	5699
七、职工工资	元	439△	585	601	2135	5319	10137
八、人民生活							
农村居民人均可支配收入	元	48△	103	143	721	1737	3005
城镇居民人均可支配收入	元	131△	216	327	1770	4860	7530
城市居民人均购买主要商品:							
粮食	公斤				134.1	106.8	95.9
油脂类	公斤				7.8	7.7	9.8
鲜菜	公斤				134.9	115.5	115.4
猪肉	公斤				24.2	19.2	17.9
鲜蛋	公斤				5.6	7.8	7.3
煤炭	公斤				159.2	37.4	20.3
液化气	公斤				22.2	29.7	35.4
管道煤气	立方米					1.3	15.3
电	度(千瓦时)					169.2	307.3
九、城市住房建筑面积	平方米						18.6
十、城乡居民储蓄余额	元			25	771	3266	6400
十一、年末医疗病床数	张/千人	0.24	2.34	2.85	3.34	3.8	3.53

注:1. ※为1950年数,△为1952年数。
2. 1949年、1965年工农业总产值按不变价格计算。
3. 1999年以后职工工资均为在岗职工平均工资。
4. 2003年以前的除城乡居民调查指标、职工工资、城市住宅居住面积以外的指标按户籍人口计算。
5. 从2013年开始,农村居民人均可支配收入开始统计,2012年及以前为农民纯收入统计口径,城镇居民人均可支配收入2012年以前为城市统计口径。

2005年		2010年		2015年		2020年		2021年	
按户籍人口计算	按常住人口计算	按户籍人口计算	按常住人口计算	按户籍人口计算	按常住人口计算	按户籍人口计算	按常住人口计算	按户籍人口计算	按常住人口计算
25817	25064	68473	64903	125799	108652	163477	123297	176082	130745
21126	20510	84625	80193	165333	136161				
3040	2951	4991	4729	7947	6545	9723	7333	9706	7207
426	414	322	306	350	289	285	215	287	213
14317	13900	49232	46654	94148	77536				
1.51	1.47	2.69	2.55	2.12	1.74				
11228	10900	25014	23704	46609	38385	60177	45387	67823	50360
21499	21499	38338	38338	67266	67266	105603	105603	114805	114805
4908	4908	11206	11206	23601	23601	34754	34754	38195	38195
12434	12434	23347	23347	39961	39961	57971	57971	62145	62145
95.6	95.6	71.8	71.8	55.7	55.7	72.2	72.2	89.39	89.39
13.6	13.6	13.9	13.9	15.5	15.5	14.9	14.9	15.34	15.34
121.7	121.7	143	143	93.1	93.1	146.1	146.1	102.67	102.67
24.8	24.8	24.8	24.8	23.6	23.6	29.5	29.5	37.19	37.19
7.2	7.2	8.3	8.3	7.5	7.5	9.6	9.6	9.14	9.14
38.4	38.4	4.3	4.3	13.7	13.7	2.8	2.8	3.38	3.38
40	40	19.7	19.7	16.8	16.8	6.6	6.6	5.63	5.63
35.5	35.5	3.6	3.6	1.1	1.1	3.5	3.5	3.68	3.68
626.9	626.9	988.8	988.8	1041.4	1041.4	1296.4	1296.4	1066.6	1066.6
27.2	27.2	30.9	30.9	45.3	45.3	41.2	41.2	40.9	40.9
15503	15050	33495	31741	64399	52607	103227	91511	113301	100442
4.45	4.32	6.57	6.23	9.77	7.24	11.34	10.05	11.88	10.53

1-7 长沙市主要经济指标占湖南省的比重(2021年)

指　　标	单　　位	湖南省	长沙市	长沙市占湖南省的比重(%)
一、地区生产总值	亿元	46063.09	13270.70	28.8
第一产业	亿元	4322.92	425.56	9.8
第二产业	亿元	18126.09	5251.30	29.0
第三产业	亿元	23614.08	7593.85	32.2
人均地区生产总值	元	69440	130745	(比全省高)61305
二、工业增加值	亿元	14162.34	3816.25	26.9
三、粮食产量	万吨	3074.4	216.0	7.0
四、社会消费品零售总额	亿元	18596.85	5111.57	27.5
五、地方一般公共预算收入	亿元	3250.69	1188.31	36.6
六、进出口总额	亿元	5988.56	2780.28	46.4
# 出口	亿元	4212.71	1977.46	46.9
七、实际利用外资金额	亿美元	24.15	20.07	83.1
八、年末金融机构本外币存款余额	亿元	62891.04	25348.5	40.3
# 住户存款	亿元	35531.4	8311.19	23.4
年末金融机构本外币贷款余额	亿元	55845.04	27235.11	48.8
九、城镇居民人均可支配收入	元	44866	62145	(比全省高)17279
城镇居民人均消费性支出	元	28294	41324	(比全省高)13030
农村居民人均可支配收入	元	18295	38195	(比全省高)19900
农村居民人均生活消费支出	元	16951	27676	(比全省高)10725

2 国民经济核算

长沙统计年鉴

2-1 历年地区生产总值

（按当年价格计算）

年份	地区生产总值（GDP）	第一产业	第二产业	工业	建筑业
1978	168453	56092	74436	63735	10701
1979	213830	66329	100585	87584	13001
1980	231716	65819	111424	96623	14801
1981	257289	70974	123181	106641	16540
1982	286247	77973	135101	112880	22221
1983	323103	91952	146343	120864	25479
1984	364037	100688	161664	129822	31842
1985	450774	120844	197301	155838	41463
1986	514749	131395	222520	174528	47992
1987	634135	147543	275363	214193	61170
1988	825712	194304	356294	288687	67607
1989	932540	212031	393832	330194	63638
1990	1023956	243772	405796	343378	62418
1991	1189012	241941	484759	410114	74645
1992	1498739	266151	626843	522893	103950
1993	1935420	301613	830974	687474	143500
1994	2609009	358777	1132512	937517	194995
1995	3327521	455780	1403433	1065652	337781
1996	4157722	583757	1731447	1369267	362180
1997	5037611	687320	2056865	1671931	384934
1998	5709136	707519	2336161	1877559	458602
1999	6280205	713285	2521526	2042102	479424
2000	7208461	741104	2814982	2264823	550159
2001	8159971	783636	3172774	2448587	724187
2002	9069159	791826	3551725	2659644	892081
2003	10625279	832886	4382509	3249686	1132823

年份	地区生产总值（GDP）	第一产业	第二产业	工业	建筑业
2004	12839927	1045950	5024366	3554390	1469976
2005	15894133	1139776	6458577	4374672	2083905
2006	19185845	1163200	8188304	5878122	2310182
2007	24905268	1329500	10771691	8161739	2609952
2008	31676002	1721126	15043711	11884656	3159055
2009	36014512	1757560	16851323	13275266	3576057
2010	44403211	1994291	21495472	16870515	4624957
2011	54764223	2390566	26786837	21198422	5588415
2012	61979451	2617244	28546245	22216715	6329530
2013	69022679	2652021	30383833	23296922	7102886
2014	75346767	2712187	32915220	24932653	7999493
2015	85025984	2898634	36083905	27314366	8788533
2016	91664027	3063635	37650910	28246655	9425226
2017	100501981	3120052	39912911	29191260	10744693
2018	104056317	3187298	40900938	29652625	11270307
2019	115527308	3598132	45300172	33197674	12127122
2020	121425166	4234631	47392678	34658760	12759312
2021	132707012	4255584	52512954	38162540	14373596

注：1. 2004 年开始行业分类按《国民经济行业分类》GB/T4754－2002 标准执行；2014 年执行新的《三次产业划分规定》，第一产业不含农、林、牧、渔服务业，划入第三产业；第二产业不含开采辅助活动，金属制品、机械和设备修理划入第三产业。本章节数据相应调整。

2. 2000 年以前人均地区生产总值按户籍人口计算，2000 年以后按常住人口计算。

3. 根据第四次全国经济普查结果对历史数据进行了修订。

4. 根据第七次人口普查数据对人均地区生产总值历史数据进行了修订。

单位:万元

第三产业	运输邮电业	批零餐饮业	金融保险业	房地产业	其他服务业	人均地区生产总值(元/人)
37925	8417	13427	4090	1978	10013	370
46916	9002	19072	5811	2807	10224	464
54473	9939	23967	6211	3061	11295	496
63134	10267	25976	7797	3843	15251	544
73173	11802	27438	11609	5730	16594	596
84808	12058	31188	11826	5827	23909	662
101685	16537	37443	12074	7091	28540	737
132629	19833	48934	16764	8339	38759	900
160834	24937	54039	27907	8795	45156	1012
211229	29992	64834	37992	9294	69117	1227
275114	37180	85372	50596	10035	91931	1526
326677	43006	93404	66579	10983	112705	1718
374388	48991	112377	69000	12647	131373	1871
462312	62071	153974	71596	15994	158677	2155
605745	80035	209877	93536	18534	203763	2703
802833	105875	274691	117513	27024	277730	3485
1117720	126546	366270	178916	35650	410338	4680
1468308	184223	516085	224019	49846	494135	5930
1842518	257171	617100	270892	63915	633440	7356
2293426	337992	749793	306628	74623	824390	8842
2665456	382181	852130	336268	90688	1004189	9939
3045394	417239	952207	362988	103562	1209398	10834
3652375	525950	1086770	389800	159062	1490793	11789
4203561	584865	1215367	400167	223285	1779877	13226
4725608	649131	1390327	403000	286847	1996303	14546
5409884	709677	1565903	430689	337988	2365627	16930

第三产业	运输仓储邮政业	批发零售业	住宿餐饮业	金融保险业	房地产业	其他服务业	人均地区生产总值(元/人)
6769611	573726	1636632	387900	541361	784196	2845796	20424
8295780	746103	1960406	632588	929457	1312252	2714974	25064
9834341	863178	2300807	766399	1065051	1597439	3241467	29843
12804077	1072842	2844875	899435	1339300	2030779	4616846	38333
14911165	1291599	3345963	1104883	1551378	1991179	5626163	48306
17405629	1449110	4014241	1211250	1921361	2641254	6168413	54453
20913448	1727990	5034265	1384265	2148082	2975928	7642918	64903
25586820	2122587	6023419	1712546	2662812	3434688	9630768	75828
30815962	2466947	6935869	1820383	3132754	3853980	12606029	82281
35986825	2665575	7953215	1997318	3805906	4689646	14777637	88853
39719360	2812303	8773788	2180882	4555057	4533996	16749450	94149
46043445	3182705	9347611	2400312	5453763	5254268	20267413	103603
50949482	3403353	10128293	2613972	6274246	6301204	22059724	108652
57469018	3543910	11062235	2810858	7069470	6955549	25836378	114078
59968081	3890942	11347813	3034337	7602511	7198073	26684314	113664
66629004	4173415	12564364	3502598	8304725	7613577	30240816	122150
69797857	4092038	12566976	3112733	9203155	7889449	32685608	123297
75938475	4353399	14172429	3385066	9734998	8050614	35949425	130745

2-2 历年地区生产总值构成

单位:%

年 份	地区生产总值(GDP)	第一产业	第二产业	工 业	建筑业	第三产业	运输邮电业	批零餐饮业	金融保险业	房地产业	其他服务业
1978	100	33.3	44.2	37.8	6.4	22.5	5.0	8.0	2.4	1.2	5.9
1979	100	31.0	47.1	41.0	6.1	21.9	4.2	8.9	2.7	1.3	4.8
1980	100	28.4	48.1	41.7	6.4	23.5	4.3	10.3	2.7	1.3	4.9
1981	100	27.6	47.9	41.4	6.5	24.5	4.0	10.1	3.0	1.5	5.9
1982	100	27.2	47.2	39.4	7.8	25.6	4.1	9.6	4.1	2.0	5.8
1983	100	28.5	45.3	37.4	7.9	26.2	3.7	9.7	3.7	1.8	7.3
1984	100	27.7	44.4	35.7	8.7	27.9	4.5	10.3	3.3	1.9	7.9
1985	100	26.8	43.8	34.6	9.2	29.4	4.4	10.9	3.7	1.8	8.6
1986	100	25.5	43.2	33.9	9.3	31.3	4.8	10.5	5.4	1.7	8.9
1987	100	23.3	43.4	33.8	9.6	33.3	4.7	10.2	6.0	1.5	10.9
1988	100	23.5	43.2	35.0	8.2	33.3	4.5	10.3	6.1	1.2	11.2
1989	100	22.8	42.2	35.4	6.8	35.0	4.6	10.0	7.1	1.2	12.1
1990	100	23.8	39.6	33.5	6.1	36.6	4.8	11.0	6.7	1.2	12.9
1991	100	20.3	40.8	34.5	6.3	38.9	5.2	13.0	6.0	1.3	13.4
1992	100	17.8	41.8	34.9	6.9	40.4	5.3	14.1	6.2	1.2	13.6
1993	100	15.6	42.9	35.5	7.4	41.5	5.5	14.2	6.1	1.4	14.3
1994	100	13.8	43.4	35.9	7.5	42.8	4.9	14.0	6.9	1.4	15.6
1995	100	13.7	42.2	32.0	10.2	44.1	5.5	15.5	6.7	1.5	14.9
1996	100	14.0	41.6	32.9	8.7	44.4	6.2	14.9	6.5	1.5	15.3
1997	100	13.6	40.8	33.2	7.6	45.6	6.7	14.9	6.1	1.5	16.4
1998	100	12.4	40.9	32.9	8.0	46.7	6.7	14.9	5.9	1.6	17.6
1999	100	11.4	40.2	32.5	7.7	48.4	6.6	15.2	5.8	1.6	19.2
2000	100	10.3	39.0	31.4	7.6	50.7	7.3	15.1	5.4	2.2	20.7
2001	100	9.6	38.9	30.0	8.9	51.5	7.2	14.9	4.9	2.7	21.8
2002	100	8.7	39.2	29.3	9.8	52.1	7.2	15.3	4.4	3.2	22.0
2003	100	7.8	41.3	30.6	10.7	50.9	6.7	14.7	4.1	3.2	22.3

年 份	地区生产总值(GDP)	第一产业	第二产业	工 业	建筑业	第三产业	运输仓储邮政业	批发零售业	住宿餐饮业	金融保险业	房地产业	其他服务业
2004	100	8.2	39.1	27.7	11.4	52.7	4.5	12.7	3.0	4.2	6.1	22.2
2005	100	7.2	40.6	27.5	13.1	52.2	4.7	12.3	4.0	5.8	8.3	17.1
2006	100	6.1	42.7	30.6	12.0	51.2	4.5	12.0	4.0	5.6	8.3	16.9
2007	100	5.3	43.3	32.8	10.5	51.4	4.3	11.4	3.6	5.4	8.2	18.5
2008	100	5.4	47.5	37.5	10.0	47.1	4.1	10.6	3.5	4.9	6.3	17.8
2009	100	4.9	46.8	36.9	9.9	48.3	4.0	11.1	3.4	5.3	7.3	17.1
2010	100	4.5	48.4	38.0	10.4	47.1	3.9	11.3	3.1	4.8	6.7	17.2
2011	100	4.4	48.9	38.7	10.2	46.7	3.9	11.0	3.1	4.9	6.3	17.6
2012	100	4.2	46.1	35.8	10.2	49.7	4.0	11.2	2.9	5.1	6.2	20.3
2013	100	3.9	44.0	33.8	10.3	52.1	3.9	11.5	2.9	5.5	6.8	21.4
2014	100	3.6	43.7	33.1	10.6	52.7	3.7	11.6	2.9	6.0	6.0	22.2
2015	100	3.4	42.4	32.1	10.3	54.2	3.7	11.0	2.8	6.4	6.2	23.8
2016	100	3.3	41.1	30.8	10.3	55.6	3.7	11.0	2.9	6.8	6.9	24.1
2017	100	3.1	39.7	29.0	10.7	57.2	3.5	11.0	2.8	7.0	6.9	25.7
2018	100	3.1	39.3	28.5	10.8	57.6	3.7	10.9	2.9	7.3	6.9	25.6
2019	100	3.1	39.2	28.7	10.5	57.7	3.6	10.9	3.0	7.2	6.6	26.2
2020	100	3.5	39.0	28.5	10.5	57.5	3.4	10.3	2.6	7.6	6.5	26.9
2021	100	3.2	39.6	28.8	10.8	57.2	3.3	10.7	2.6	7.3	6.1	27.1

2－3 历年地区生产总值环比指数

（按可比价格计算，以上年为100）

单位：%

年份	地区生产总值(GDP)	第一产业	第二产业			第三产业						人均地区生产总值
				工业	建筑业		运输邮电业	批零餐饮业	金融保险业	房地产业	其他服务业	
1978												
1979	115.4	110.0	120.0	120.0	120.0	117.2	123.2	109.4	118.1	141.9	128.9	114.3
1980	114.7	110.1	121.3	120.7	127.4	111.3	121.7	108.1	108.3	109.1	113.8	113.1
1981	111.2	109.5	110.0	110.0	110.0	115.9	121.5	109.8	127.8	123.4	116.9	109.9
1982	112.4	109.5	110.0	107.7	131.7	120.6	114.4	106.3	138.5	146.6	139.7	110.6
1983	114.2	109.5	110.0	109.7	112.3	126.9	109.7	120.5	110.7	112.1	164.9	112.3
1984	112.3	109.8	110.0	105.6	143.1	118.2	119.5	110.9	131.8	117.4	121.2	111.4
1985	112.2	109.2	109.9	109.0	115.0	118.3	112.6	115.7	137.1	104.8	117.6	110.4
1986	109.4	105.5	111.6	109.4	122.8	110.8	112.7	105.0	124.1	103.5	110.5	107.7
1987	110.4	100.5	115.4	115.6	114.9	114.1	113.6	108.7	116.3	102.8	120.5	108.7
1988	113.7	103.3	117.1	118.3	111.2	118.4	107.6	116.9	126.0	106.7	121.7	108.8
1989	104.5	102.0	108.4	112.3	88.7	102.0	100.2	105.2	97.1	94.5	103.5	104.0
1990	104.6	103.8	102.9	103.6	98.5	107.3	112.2	102.3	103.4	104.1	112.6	103.7
1991	108.7	94.1	113.9	113.9	113.9	112.9	113.0	120.0	107.5	112.0	109.6	107.8
1992	117.2	101.7	122.6	120.6	135.9	120.0	117.5	128.7	110.3	113.8	118.3	116.6
1993	118.2	105.6	120.7	120.7	120.6	121.5	120.5	119.2	115.9	126.0	126.4	118.0
1994	113.4	105.0	116.4	117.3	110.9	113.6	101.8	108.4	118.8	107.2	121.3	113.0
1995	114.0	104.9	115.4	110.6	145.5	116.0	127.9	122.4	110.6	124.9	108.4	113.3
1996	114.0	108.0	115.4	117.7	104.7	114.5	119.9	116.0	110.9	118.3	112.3	113.2
1997	115.9	108.2	116.5	119.1	102.8	117.7	124.2	114.9	107.5	110.7	123.2	115.0
1998	113.9	102.5	114.5	113.9	118.3	116.8	121.2	113.6	108.4	120.1	121.0	113.0
1999	111.5	103.4	110.7	111.2	108.2	114.7	111.0	115.6	107.7	123.1	116.9	110.5
2000	112.2	104.0	112.5	112.6	112.0	113.9	117.0	113.3	105.7	126.0	114.6	110.7
2001	113.7	104.9	113.6	121.4	119.0	115.7	110.7	113.9	104.4	128.4	119.4	112.7
2002	114.5	101.8	114.6	116.8	119.4	116.7	113.0	117.6	102.6	129.8	118.5	113.3
2003	115.3	104.8	120.8	122.8	106.4	112.9	108.2	112.6	105.8	118.4	115.0	114.6

年份	地区生产总值(GDP)	第一产业	第二产业			第三产业							人均地区生产总值
				工业	建筑业		运输仓储邮政业	批发零售业	住宿餐饮业	金融保险业	房地产业	其他服务业	
2004	116.1	107.0	120.8	121.4	119.0	113.7	109.2	114.5	116.9	104.6	122.1	114.2	115.9
2005	114.9	106.7	117.4	116.8	119.4	114.0	107.6	113.3	115.7	107.3	108.9	116.9	113.9
2006	115.0	105.7	118.1	122.8	106.4	113.8	109.0	113.5	122.2	112.1	117.9	113.5	113.4
2007	115.3	106.5	115.7	119.7	104.2	116.1	120.1	115.8	112.3	118.8	116.2	116.5	114.1
2008	114.6	106.8	118.2	121.8	106.3	112.7	113.6	115.3	118.7	110.8	95.5	119.7	113.6
2009	115.1	106.5	115.8	117.0	111.3	115.4	109.9	119.6	106.0	120.7	130.0	109.0	114.1
2010	115.0	104.5	120.4	121.4	116.5	111.6	119.0	113.9	113.2	108.0	105.7	112.2	111.2
2011	114.1	104.0	117.8	120.4	108.1	111.2	113.7	112.8	112.1	110.5	98.5	114.8	108.1
2012	112.9	104.0	114.2	115.7	108.1	112.3	113.9	111.3	108.7	111.8	107.6	115.0	108.3
2013	112.0	103.0	112.1	113.0	108.3	112.8	108.5	111.3	104.9	117.9	112.5	114.0	108.6
2014	110.2	104.4	111.3	111.4	111.1	109.5	109.8	109.5	106.3	113.9	93.7	113.5	107.0
2015	109.9	103.6	108.4	108.3	108.9	112.0	107.4	107.9	105.8	124.0	112.5	112.8	107.2
2016	109.3	103.0	107.3	107.5	106.5	111.4	106.7	108.1	106.0	105.8	115.0	114.8	106.4
2017	109.0	103.0	107.6	108.1	105.9	110.4	110.8	108.6	108.3	108.7	97.8	115.0	104.3
2018	108.5	103.3	106.6	107.2	104.5	110.3	108.6	106.3	106.0	104.2	106.5	114.8	104.4
2019	108.1	103.2	107.9	109.1	103.7	108.4	110.2	106.2	104.1	109.2	103.4	110.4	104.6
2020	104.0	104.0	105.0	104.9	105.2	103.3	99.6	101.3	91.9	108.6	103.0	104.4	99.9
2021	107.5	109.1	105.2	106.9	101.1	108.9	108.4	108.8	112.6	105.7	105.4	110.3	104.3

2-4 历年地区生产总值定基指数

（按可比价格计算，以1978年为100）

年 份	地区生产总值（GDP）	第一产业	第二产业		
				工 业	建筑业
1978	100	100	100	100	100
1979	115.4	110.0	120.0	120.0	120.0
1980	132.4	121.1	145.6	144.8	152.9
1981	147.2	132.6	160.2	159.3	168.2
1982	165.5	145.2	176.2	171.6	221.5
1983	189.0	159.0	193.8	188.2	248.7
1984	212.2	174.6	213.2	198.7	355.9
1985	238.1	190.7	234.3	216.6	409.3
1986	260.5	201.2	261.5	237.0	502.6
1987	287.6	202.2	301.8	274.0	577.5
1988	327.0	208.9	353.4	324.1	642.2
1989	341.7	213.1	383.1	364.0	569.6
1990	357.4	221.2	394.2	377.1	561.1
1991	388.5	208.1	449.0	429.5	639.1
1992	455.3	211.6	550.5	518.0	868.5
1993	538.2	223.4	664.5	625.2	1047.4
1994	610.3	234.6	773.5	733.4	1161.6
1995	695.7	246.1	892.6	811.1	1690.1
1996	793.1	265.8	1030.1	954.7	1769.5
1997	919.2	287.6	1200.1	1137.0	1819.0
1998	1047.0	294.8	1374.1	1295.0	2151.9
1999	1167.4	304.8	1521.1	1440.0	2328.4
2000	1309.8	317.0	1711.2	1621.4	2607.8
2001	1489.2	332.5	1943.9	1968.4	3103.3
2002	1705.2	338.5	2227.7	2299.1	3705.3
2003	1966.1	354.8	2691.1	2823.3	3942.5
2004	2282.6	379.6	3250.9	3427.4	4691.5
2005	2622.7	405.0	3816.5	4003.2	5601.7
2006	3016.1	428.1	4507.3	4916.0	5960.2
2007	3477.6	455.9	5214.9	5884.4	6210.5
2008	3985.3	487.0	6164.1	7167.2	6601.8
2009	4587.1	518.6	7138.0	8385.7	7347.8
2010	5275.2	541.9	8594.1	10180.2	8560.2
2011	6019.0	563.6	10123.9	12257.0	9253.5
2012	6795.4	586.2	11561.5	14181.3	10003.1
2013	7610.9	603.8	12960.4	16024.9	10833.3
2014	8387.2	630.3	14424.9	17851.7	12035.8
2015	9217.5	653.0	15636.6	19333.4	13107.0
2016	10074.8	672.6	16778.1	20783.4	13959.0
2017	10981.5	692.8	18053.2	22466.8	14782.6
2018	11914.9	715.6	19244.7	24084.5	15447.8
2019	12880.0	738.5	20765.1	26276.1	16019.3
2020	13395.2	768.1	21803.3	27563.7	16852.3
2021	14399.8	838.0	22937.1	29465.6	17037.7

单位:%

第三产业	运输邮电业	批零餐饮业	金融保险业	房地产业	其他服务业	人均地区生产总值
100	100	100	100	100	100	100
117.2	123.2	109.4	118.1	141.9	128.9	114.3
130.4	149.9	118.3	127.9	154.8	146.7	129.3
151.1	182.1	129.9	163.5	191.0	171.5	142.1
182.2	208.3	138.1	226.4	280.0	239.6	157.2
231.2	228.5	166.4	250.6	313.9	395.1	176.5
273.3	273.1	184.5	330.3	368.5	478.9	196.6
323.3	307.5	213.5	452.8	386.2	563.2	217.0
358.2	346.6	224.2	561.9	399.7	622.3	233.7
408.7	393.7	243.7	653.5	410.9	749.9	254.0
483.9	423.6	284.9	823.4	438.4	912.6	276.4
493.6	424.4	299.7	799.5	414.3	944.5	287.5
529.6	476.2	306.6	826.7	431.3	1063.5	298.1
597.9	538.1	367.9	888.7	483.1	1165.6	321.4
717.5	632.3	473.5	980.2	549.8	1378.9	374.8
871.8	761.9	564.4	1136.1	692.7	1742.9	442.3
990.4	775.6	611.8	1349.7	742.6	2114.1	499.8
1148.9	992.0	748.8	1492.8	927.5	2291.7	566.3
1315.5	1189.4	868.6	1655.5	1097.2	2573.6	641.1
1548.3	1477.2	998.0	1779.7	1214.6	3170.7	737.3
1808.4	1790.4	1133.7	1929.2	1458.7	3836.5	833.1
2074.2	1987.3	1310.6	2077.7	1795.7	4484.9	920.6
2362.5	2325.1	1484.9	2196.1	2262.6	5139.7	1019.1
2733.4	2573.9	1691.3	2292.7	2905.2	6136.8	1148.5
3189.9	2908.5	1989.0	2352.3	3770.9	7272.1	1301.3
3601.4	3147.0	2239.6	2488.8	4464.8	8362.9	1491.3

第三产业	运输仓储邮政业	批发零售业	住宿餐饮业	金融保险业	房地产业	其他服务业	人均地区生产总值
4181.2	3436.5	2564.3	2618.1	2603.3	5451.5	9550.5	1728.4
4766.6	3697.7	2905.4	3029.1	2793.3	5936.7	11164.5	1968.6
5424.4	4030.5	3297.6	3701.6	3131.3	6999.3	12671.7	2232.4
6297.7	4840.6	3818.6	4156.9	3720.0	8133.2	14762.5	2547.2
7097.5	5498.9	4402.9	4934.2	4121.7	7767.2	17670.7	2893.6
8190.5	6043.3	5265.8	5230.2	4974.9	10097.4	19261.1	3301.6
9140.6	7191.5	5997.8	5920.6	5372.9	10672.9	21611.0	3671.4
10164.4	8176.8	6765.5	6637.0	5937.1	10512.9	24809.4	3968.8
11414.6	9313.4	7530.0	7214.5	6637.6	11311.8	28530.8	4298.2
12875.6	10105.0	8380.9	7568.0	7825.8	12725.8	32525.1	4667.8
14098.8	11095.3	9177.1	8044.7	8913.6	11924.1	36916.0	4994.6
15790.7	11916.3	9902.1	8511.3	11052.8	13414.6	41641.2	5354.2
17590.8	12714.7	10704.1	9022.0	11693.9	15426.8	47804.2	5696.8
19420.3	14087.9	11624.7	9770.9	12711.3	15087.4	54974.8	5941.8
21420.6	15299.5	12357.0	10357.1	13245.1	16068.1	63111.0	6203.2
23219.9	16860.0	13123.2	10781.7	14463.7	16614.4	69674.6	6488.6
23986.2	16792.6	13293.8	9908.4	15707.6	17112.8	72740.3	6482.1
26121.0	18203.2	14463.7	11156.9	16602.9	18036.9	80232.6	6760.8

3 人口、就业和职工工资

3－1 历 年 人 口 数

单位：人

年 份	年末总人口		年末总人口性别		总人口中非农业人口
		#市 区	男	女	
1949	3092437	383480	1627510	1464927	
1950	3145165	413635	1651036	1494129	541516
1951	3196041	457535	1689104	1506937	541220
1952	3258889	516649	1765075	1493814	594811
1953	3303293	553645	1751683	1551610	613308
1954	3387651	611273	1787749	1599902	677017
1955	3424900	616425	1797081	1627819	681060
1956	3495470	672224	1850703	1644767	735358
1957	3503470	673291	1854666	1648804	751649
1958	3483494	663049	1825598	1657896	794300
1959	3492082	722762	1838482	1653600	871173
1960	3424156	761761	1795656	1628500	898527
1961	3377929	726486	1768523	1609406	853456
1962	3389151	721271	1776645	1612506	800737
1963	3495649	748797	1822271	1673378	826516
1964	3569849	764357	1861086	1708763	835599
1965	3657335	767725	1906015	1751320	838458
1966	3738916	770835	1950918	1787998	833097
1967	3810119	786500	1986179	1823940	826945
1968	3905884	763400	2030386	1875498	812115
1969	4001407	749700	2079936	1921471	792368
1970	4056467	742284	2105841	1950626	759390
1971	4130870	759730	2147639	1983231	819740
1972	4203286	779922	2183495	2019791	830731
1973	4290576	799715	2234648	2055928	857908
1974	4366094	824109	2270621	2095473	882576
1975	4433412	827874	2308774	2124638	886884
1976	4481192	827582	2331700	2149492	894068
1977	4521943	823848	2353927	2168016	891943
1978	4582271	948305	2387967	2194304	940265
1979	4643351	992761	2420686	2222665	1003276
1980	4700086	1019438	2449155	2250931	1039452
1981	4766041	1046890	2489027	2277014	1072702
1982	4844868	1072350	2527992	2316876	1105302
1983	4913280	1097558	2562729	2350551	1135401
1984	4969539	1123923	2593427	2376112	1247495
1985	5042168	1157176	2631652	2410516	1292901

3－1 续表

单位:人

年　份	年末总人口		年末总人口性别		总人口中非农业人口
		#市　区	男	女	
1986	5127298	1192667	2680097	2447201	1276052
1987	5212346	1226819	2721147	2491199	1317406
1988	5346897	1263481	2790048	2556849	1373221
1989	5444511	1301171	2838683	2605828	1401767
1990	5500533	1326825	2861410	2639123	1429440
1991	5535603	1349865	2881298	2654305	1449901
1992	5553843	1372749	2888636	2665207	1480589
1993	5554172	1387087	2887752	2666600	1511184
1994	5594385	1422651	2912803	2681582	1556040
1995	5628222	1454461	2919369	2708853	1601864
1996	5675339	1603804	2950934	2724405	1673328
1997	5719062	1634412	2960697	2758365	1709754
1998	5768787	1669081	2987038	2781749	1736934
1999	5824692	1714606	3011434	2813258	1809828
2000	5831894	1754142	3015303	2816591	1864206
2001	5870933	1807670	3030648	2840285	1918942
2002	5954592	1889773	3065775	2888817	1991046
2003	6017624	1962561	3093901	2923723	2058257
2004	6103844	2024646	3137629	2966215	2125741
2005	6209248	2086476	3186039	3023209	2180688
2006	6309958	2146096	3231737	3078221	2256477
2007	6373561	2187488	3258991	3114570	2305611
2008	6417367	2370643	3274848	3142519	2332132
2009	6468350	2391675	3292771	3175579	2347616
2010	6501248	2395348	3300191	3201057	2377815
2011	6566185	2967851	3326741	3239444	2418105
2012	6606166	2979005	3340494	3265672	2455126
2013	6628122	2992513	3346546	3281576	2495548
2014	6714121	3035103	3384823	3329298	2566387
2015	6803579	3184995	3423948	3379631	
2016	6959998	3283293	3494672	3465326	
2017	7087939	3397749	3542794	3545145	
2018	7288583	3557549	3630733	3657850	
2019	7382401	3643794	3669820	3712581	
2020	7472869	3737939	3702675	3770194	
2021	7600387	3870861	3752916	3847471	

注:历年人口数为公安户籍人口。因户籍制度改革,2015 年取消非农业人口统计指标。

3-2 历年城镇化率

年份	常住人口(万人)	# 城镇人口	城镇化率(%)
2002	626.88	294.01	46.90
2003	628.34	308.89	49.16
2004	629.00	321.99	51.19
2005	639.30	344.39	53.87
2006	646.50	365.27	56.50
2007	652.92	393.06	60.20
2008	658.56	403.37	61.25
2009	664.22	416.00	62.63
2010	704.07	476.58	67.69
2011	740.36	508.05	68.62
2012	766.18	528.62	68.99
2013	787.46	555.55	70.55
2014	813.11	589.09	72.45
2015	828.27	624.84	75.44
2016	859.03	666.23	77.56
2017	902.94	721.07	79.86
2018	928.00	760.34	81.93
2019	963.56	794.51	82.46
2020	1006.08	830.98	82.60
2021	1023.93	851.53	83.16

注:2011－2020 年为全国第七次人口普查修订后的数据。

3-3 历年人口自然变动情况

年份	年内出生人数（人）	出生率（‰）	年内死亡人数（人）	死亡率（‰）	年内自然增长人数（人）	自然增长率（‰）
1954	131963	39.45	55897	16.71	76066	22.74
1956	105956	30.62	38032	10.99	67924	19.63
1957	115144	32.90	35906	10.26	79238	22.64
1958	102730	29.41	67454	19.31	35276	10.10
1960	74321	21.49	94529	27.34	-20208	-5.84
1961	43524	12.80	71606	21.05	-28082	-8.26
1962	111205	32.87	39432	11.65	71773	21.21
1963	159097	46.22	32012	9.30	127085	36.92
1965	126297	35.50	34359	9.51	93938	26.00
1971	99124	24.21	31826	7.77	67298	16.44
1973	100011	23.55	31069	7.32	68942	16.23
1974	91174	21.06	34589	7.99	56585	13.07
1975	91494	20.80	33273	7.56	58221	13.23
1976	78301	17.57	32546	7.30	45755	10.27
1977	76402	16.97	33773	7.50	42629	9.47
1978	70593	15.51	30800	6.77	39793	8.74
1979	72294	15.67	31970	6.93	40324	8.74
1980	66900	14.32	31670	6.78	35230	7.54
1981	73936	15.62	30853	6.52	43083	9.10
1982	87006	18.11	31928	6.64	55078	11.46
1983	78950	16.18	33772	6.92	45178	9.26
1984	72092	14.59	33442	6.77	38650	7.82
1985	76747	15.33	33236	6.64	43511	8.69
1986	83611	16.44	32137	6.32	51474	10.12
1987	89952	17.40	33857	6.55	56095	10.85
1988	87708	16.61	35382	6.70	52326	9.91
1989	100791	18.70	36904	6.80	63887	11.80
1990	88309	16.10	37683	6.80	50626	9.30

3-3 续表

年　份	年内出生人数（人）	出生率（‰）	年内死亡人数（人）	死亡率（‰）	年内自然增长人数（人）	自然增长率（‰）
1991	59771	10.83	36717	6.65	23054	4.18
1992	42654	7.69	37281	6.72	5373	0.97
1993	33420	6.02	36436	6.56	-3016	-0.54
1994	35592	6.39	35621	6.39	-29	-0.01
1995	41370	7.37	36742	6.55	4628	0.82
1996	47944	8.48	35842	6.34	12102	2.14
1997	49607	8.71	34933	6.13	14674	2.58
1998	52969	9.22	37124	6.46	15845	2.76
1999	55873	9.64	38162	6.58	17711	3.06
2000	62026	10.64	41506	7.12	20520	3.52
2001	53994	9.23	31587	5.40	22407	3.83
2002	53746	9.09	36363	6.15	17383	2.94
2003	49683	8.30	40064	6.69	9619	1.61
2004	56062	9.25	37273	6.15	18789	3.10
2005	67537	10.97	42788	6.95	24749	4.02
2006	62960	10.06	31607	5.05	31353	5.01
2007	64312	10.14	37565	5.92	26747	4.22
2008	71118	11.12	38565	6.03	32553	5.09
2009	69777	10.83	34983	5.43	34794	5.40
2010	71677	11.05	36567	5.64	35110	5.41
2011	75825	11.61	30895	4.73	44930	6.88
2012	82741	12.56	42575	6.46	40166	6.10
2013	83357	12.60	52090	7.87	31267	4.73
2014	101938	15.28	35379	5.30	66559	9.98
2015	97861	14.48	32626	4.83	65235	9.65
2016	103484	15.04	30347	4.41	73137	10.63
2017	115691	16.47	129736	18.47	-14045	-2.00
2018	98260	13.67	48647	6.77	49613	6.90
2019	91202	12.43	57928	7.90	33274	4.53
2020	75123	10.11	64308	8.66	10815	1.46
2021	64259	8.53	63682	8.45	577	0.08

3-4 历年市区人口自然变动情况

年份	年内出生人数（人）	出生率（‰）	年内死亡人数（人）	死亡率（‰）	年内自然增长人数（人）	自然增长率（‰）
1950	10356	25.98	5256	13.19	5100	12.79
1952	20076	41.22	6552	13.45	13524	27.77
1954	26861	46.12	6981	11.99	19880	34.13
1956	25303	39.27	6426	9.97	18877	29.30
1957	30306	45.05	6250	9.29	24056	35.76
1958	21682	32.45	7231	10.82	14451	21.63
1960	19431	26.18	8555	11.53	10876	14.65
1961	12814	17.22	10876	14.62	1938	2.60
1962	22248	30.73	7382	10.20	14866	20.54
1963	28618	37.88	6091	8.05	22527	29.78
1965	14028	18.31	4704	6.14	9324	12.17
1971	10638	14.16	5139	6.84	5499	7.32
1972	9739	12.65	5196	6.75	4543	5.90
1973	9795	12.40	4939	6.25	4856	6.15
1974	9476	11.67	5443	6.70	4033	4.97
1975	10737	13.00	5297	6.41	5440	6.59
1976	9384	11.34	5503	6.65	3881	4.69
1977	10416	12.61	5907	7.15	4509	5.46
1978	11600	13.09	5981	6.75	5619	6.34
1979	12502	12.88	5755	5.93	6747	6.95
1980	10098	10.04	6005	5.97	4093	4.07
1981	14382	13.92	6639	6.43	7743	7.49
1982	17287	16.31	6673	6.30	10614	10.01
1983	15576	14.36	6879	6.34	8697	8.02
1984	14139	12.73	6783	6.11	7356	6.62
1985	14546	12.75	7258	6.36	7288	6.39
1986	14359	12.23	6677	5.53	7682	6.54
1987	17779	14.70	7244	5.99	10535	8.71
1988	16962	13.62	8019	6.44	8943	7.18
1989	15966	12.50	7818	6.10	8148	6.40
1990	14920	11.40	7822	6.00	7098	5.40

3-4 续表

年　　份	年内出生人　　数（人）	出生率（‰）	年内死亡人　　数（人）	死亡率（‰）	年内自然增长人数（人）	自然增长率（‰）
1991	10801	8.07	7599	5.68	3202	2.39
1992	9245	6.79	7993	5.87	1252	0.92
1993	8490	6.15	7504	5.44	986	0.71
1994	9760	6.95	7070	5.03	2690	1.91
1995	9799	6.81	7510	5.22	2289	1.59
1996	12508	8.18	7697	5.03	4811	3.15
1997	10400	6.42	7259	4.48	3141	1.94
1998	11631	7.04	8428	5.10	3203	1.94
1999	12775	7.55	10211	6.04	2564	1.52
2000	16533	9.53	10581	6.10	5952	3.43
2001	13735	7.71	5948	3.34	7787	4.37
2002	12286	6.65	7284	3.94	5002	2.71
2003	14334	7.44	5635	2.93	8699	4.52
2004	15768	7.91	7275	3.65	8493	4.26
2005	16037	7.80	7218	3.51	8819	4.29
2006	20156	9.52	11106	5.24	9050	4.28
2007	20815	9.61	9247	4.27	11568	5.34
2008	23565	9.95	10877	4.59	12688	5.36
2009	21218	9.08	8213	3.51	13005	5.57
2010	20485	8.56	7313	3.06	13172	5.50
2011	33652	11.39	10572	3.58	23080	7.81
2012	37146	12.49	15854	5.33	21292	7.16
2013	36757	12.30	15728	5.27	21029	7.04
2014	42139	13.98	13720	4.55	28419	9.43
2015	43335	13.93	13091	4.21	30244	9.72
2016	48740	15.07	11225	3.47	37515	11.60
2017	59031	17.67	63380	18.97	-4349	-1.30
2018	51724	14.87	24976	7.18	26748	7.69
2019	50394	14.00	25277	7.02	25117	6.98
2020	41247	11.18	24676	6.69	16571	4.49
2021	36648	9.63	27082	7.12	9566	2.51

注:2011 年开始市区包括望城区数据。

3－5 历年县(市)人口自然变动情况

年　　份	年内出生人　　数(人)	出生率(‰)	年内死亡人　　数(人)	死亡率(‰)	年内自然增长人数(人)	自然增长率(‰)
1954	105102	38.04	48916	17.70	56186	20.34
1956	80653	15.28	31606	11.22	49047	17.42
1957	84838	30.01	29656	10.50	55182	19.63
1958	81048	28.69	60223	21.32	20825	7.37
1960	54890	20.21	85974	31.66	31084	－11.45
1961	30710	11.56	60730	22.86	－30020	－11.30
1962	88957	33.45	32050	12.05	56907	21.40
1963	130479	48.19	25921	9.57	104558	38.62
1965	114269	40.13	29655	10.41	84614	29.71
1971	88486	26.47	26687	6.34	61799	18.49
1972	91082	26.81	27979	8.24	63103	18.57
1973	90216	26.10	26130	7.56	64086	18.54
1974	81698	23.23	29146	8.29	52552	14.94
1975	80757	22.60	27976	7.83	52781	14.77
1976	68917	18.99	27043	7.45	41874	11.54
1977	65986	17.95	27866	7.58	38120	10.37
1978	58993	16.09	24819	6.77	34174	9.32
1979	59792	16.42	26215	7.20	33577	9.22
1980	56802	15.50	25665	7.00	31137	8.49
1981	59554	16.01	24214	6.54	35340	9.55
1982	69719	18.61	25255	6.74	44464	11.87
1983	63374	16.70	26893	7.09	36481	9.62
1984	57953	15.13	26659	6.96	31294	8.17
1985	62201	16.09	25978	6.72	36223	9.37
1986	69252	17.71	25460	6.51	43792	11.20
1987	72173	18.23	26613	6.72	45560	11.50
1988	70746	17.54	27363	6.78	43383	10.75
1989	84825	20.60	29086	7.00	55739	13.60
1990	73389	17.60	29861	7.20	43528	10.50

3－5 续表

年　份	年内出生人　数（人）	出生率（‰）	年内死亡人　数（人）	死亡率（‰）	年内自然增长人数（人）	自然增长率（‰）
1991	48970	11.72	29118	6.97	19852	4.75
1992	33409	7.99	29288	7.00	4121	0.99
1993	24930	5.97	28932	6.93	－4002	－0.96
1994	25832	6.20	28551	6.85	－2719	－0.65
1995	31571	7.57	29232	7.01	2339	0.56
1996	35436	8.60	28145	6.83	7291	1.77
1997	39207	9.61	27674	6.79	11533	2.83
1998	41338	10.10	28696	7.01	12642	3.09
1999	43098	10.50	27951	6.81	15147	3.69
2000	45493	11.11	30925	7.55	14568	3.56
2001	40259	9.91	25639	6.31	14620	3.60
2002	41460	10.20	29079	7.16	12381	3.04
2003	35349	8.72	34429	8.48	920	0.24
2004	40294	9.91	29998	7.38	10296	2.53
2005	51500	12.56	35570	8.67	15930	3.89
2006	42804	10.33	20501	4.95	22303	5.38
2007	43497	10.42	28318	6.78	15179	3.64
2008	47553	11.81	27688	6.88	19865	4.93
2009	48559	11.83	26770	6.52	21789	5.31
2010	51192	12.51	29254	7.15	21938	5.36
2011	42173	11.78	20323	5.68	21850	6.10
2012	45595	12.62	26721	7.40	18874	5.22
2013	46600	12.83	36362	10.01	10238	2.82
2014	59799	16.35	21659	5.92	38140	10.43
2015	54526	14.94	19535	5.40	34991	9.59
2016	54744	15.01	19122	5.24	35622	9.77
2017	56660	15.38	66356	18.01	－9696	－2.63
2018	46536	12.54	23671	6.38	22865	6.16
2019	40808	10.93	32651	8.74	8157	2.19
2020	33876	9.07	39632	10.61	－5756	－1.54
2021	27611	7.40	36600	9.81	－8989	－2.41

注：2011 年开始县（市）不包括望城区数据。

3-6 历年婚姻登记情况

单位:对

年份	登记结婚	#涉外婚	离婚总数	登记离婚	调解离婚	判决离婚
1980	37635	7		666		
1981	52812	2		706		
1982	48954	10		776		
1983	37903	3	1879	761	981	137
1984	44115	15	2327	885	1203	239
1985	44710	11	2099	763	1174	162
1986	55830	16	2545	952	1414	179
1987	53378	35	3157	1068	1831	258
1988	48000	57	4053	1324	2347	382
1989	56329	65	4753	1377	2739	637
1990	51366	95	4968	1372	2903	693
1991	48159	144	4999	1465	2696	838
1992	43702	246	5395	1765	2772	858
1993	38103	307	5755	2029	2847	878
1994	34463	361	6996	2120	3534	1342
1995	40178	468	7448	2628	3327	1493
1996	39672	551	7970	2831	3520	1619
1997	39910	512	7424	3810	2436	1178
1998	39947	576	6553	3232	2115	1206
1999	37140	596	7420	3365	1835	928
2000	39977	710	6291	3782	1486	1023
2001	39365	749	5875	3376	1465	1034
2002	35950	907	5639	4337	591	711
2003	42297	500	7152	4997	1048	1107
2004	47581	98	10064	6887	1143	2034
2005	45622	88	10048	7983	1012	1053
2006	57061	89	11443	8304	1350	1789
2007	52358	306	11889	9104	1381	1404
2008	62759	316	13885	10537	1740	1608
2009	79816	298	15862	12720	1813	1329
2010	69251	316	16786	13770	1778	1238
2011	78954	258	18310	15507	1877	926
2012	76127	241	20079	16528	2443	1108
2013	66317	231	20853	17429	2177	1247
2014	69709	213	21147	17007	1945	2195
2015	58187	133	22007	18183	2019	1805
2016	55272		25287	20108	2022	3157
2017	52453		30472	24360	2958	3154
2018	51914		26885	24122	1719	1044
2019	47787		28279	23380	3760	1139
2020	47575		26748	24064	1876	808
2021	40666		19804	14805	2517	2482

3-7 历年在岗职工人数与工资

年　份	年末人数(人)	年平均人数(人)	工资总额(万元)	年平均工资(元)
1998	732766	737636	559561	7586
1999	693863	695666	596986	8582
2000	662207	661120	670168	10137
2001	593964	598389	733898	12265
2002	625839	628383	901247	14342
2003	598370	600425	1019924	16987
2004	631679	628634	1190857	18944
2005	684154	677171	1455835	21499
2006	741106	729237	1795041	24615
2007	782838	769253	2151481	27968
2008	816795	810169	2579185	31835
2009	931149	919382	3207591	34889
2010	1037487	1014399	3888976	38338
2011	1162124	1143753	5089361	44497
2012	1177512	1177222	5992566	50904
2013	1221088	1206441	6802064	56381
2014	1239662	1237767	7655378	61848
2015	1232744	1233405	8296622	67266
2016	1143208	1125463	8754046	77782
2017	1161485	1134512	9664535	85187
2018	1113835	1107296	10330331	93293
2019	1261395	1240641	12215173	98459
2020	1335265	1326468	14007839	105603
2021	1461782	1425500	16365407	114805

注:1. 因为统计制度改革,在岗职工指标从1998年年报开始使用。

2. 3-7表至3-9表统计口径为城镇非私营单位。

3-8 单位从业人员和劳动报酬情况(2021年)

项　　目	单位从业人员年末人数	在岗职工	其他从业人员
总　　计	**1550531**	**1461782**	**88749**
按国民经济行业分组			
(一)农、林、牧、渔业	1559	1454	105
(二)采矿业	521	514	7
(三)制造业	333569	330862	2706
(四)电力、热力、燃气及水生产和供应业	42093	42001	91
(五)建筑业	209717	185501	24216
(六)批发和零售业	86191	82677	3514
(七)交通运输、仓储和邮政业	70438	69915	523
(八)住宿和餐饮业	36154	33141	3013
(九)信息传输、软件和信息技术服务业	42288	41501	786
(十)金融业	92087	73335	18751
(十一)房地产业	61357	59117	2240
(十二)租赁和商务服务业	66350	53312	13038
(十三)科学研究和技术服务业	69043	66809	2234
(十四)水利、环境和公共设施管理业	14136	13373	763
(十五)居民服务、修理和其他服务业	8011	7979	32
(十六)教育	180155	170773	9382
(十七)卫生和社会工作	90966	88707	2259
(十八)文化、体育和娱乐业	25062	24254	808
(十九)公共管理、社会保障和社会组织	120836	116556	4279
(二十)国际组织			

单位:人、万元

单位从业人员平均人数	在岗职工	其他从业人员	单位从业人员劳动报酬	在岗职工	其他从业人员劳动报酬
1510255	**1425500**	**84754**	**16808828**	**16365407**	**443421**
1520	1416	104	10962	10677	285
509	502	7	5615	5601	14
310025	307109	2916	2902696	2877853	24843
42068	41975	93	453114	452769	345
205412	182494	22917	1690761	1564792	125968
85068	81722	3346	715262	703104	12158
69202	68691	511	670623	667334	3289
35245	32220	3025	154679	151254	3425
40811	40090	721	556407	551254	5153
93570	72791	20779	1604585	1528213	76373
62666	60491	2175	602725	589387	13338
63157	54034	9123	547960	468949	79011
67479	65262	2216	941469	926844	14625
13792	13337	455	118571	116377	2193
7657	7625	32	74946	74867	79
177512	168253	9258	2047057	2008840	38218
89140	87202	1938	1701958	1686670	15288
24765	23958	807	439422	434161	5261
120656	116327	4330	1570017	1546461	23556

3-9 年末分行业在岗职工人数

行　　业	2005年	2006年	2007年	2008年	2009年	2010年	2011年
总　　计	**684154**	**741106**	**782838**	**816795**	**931149**	**1037487**	**1162124**
按国民经济行业分组							
（一）农、林、牧、渔业	3003	2576	1784	1502	109	464	1446
（二）采矿业	11596	11954	9107	8187	10098	9918	12087
（三）制造业	166184	173092	190189	199707	253295	296984	366112
（四）电力、热力、燃气及水生产和供应业	7569	8169	11929	12184	13825	15849	6518
（五）建筑业	94224	119117	131732	135895	145429	153193	174571
（六）批发和零售业	44314	48692	54058	53847	60818	63755	72676
（七）交通运输、仓储和邮政业	29279	30405	30470	30230	28582	26773	43777
（八）住宿和餐饮业	31506	34215	32743	32255	34429	39177	42418
（九）信息传输、软件和信息技术服务业	9943	10241	9065	9029	9507	13299	18867
（十）金融业	19249	21033	24420	22955	31290	46108	48197
（十一）房地产业	22051	23816	22519	27311	34433	39674	41037
（十二）租赁和商务服务业	15762	15189	12333	13524	15718	20618	22370
（十三）科学研究和技术服务业	23121	25070	25536	28684	32705	34998	38592
（十四）水利、环境和公共设施管理业	7430	9056	9340	10778	13193	13224	10692
（十五）居民服务、修理和其他服务业	2388	2737	4140	4348	3863	4987	6007
（十六）教育	80410	83246	87654	97593	100022	103590	107471
（十七）卫生和社会工作	33868	37479	38950	41398	51228	54962	56478
（十八）文化、体育和娱乐业	15498	18503	18754	17109	16704	18710	22600
（十九）公共管理、社会保障和社会组织	66759	66516	68115	70259	75901	81204	70208
（二十）国际组织							

单位：人

2012年	2013年	2014年	2015年	2016年	2017年	2018年	2019年	2020年	2021年
1177512	**1221088**	**1239662**	**1232744**	**1143208**	**1161485**	**1113835**	**1261395**	**1335265**	**1461782**
1219	1070	768	974	935	1366	1075	917	1162	1454
12055	12112	4789	3716	1387	421	264	385	469	514
363083	371804	384988	368837	300104	331971	265453	264222	275648	330862
7822	7262	7482	8012	7985	8089	7917	8438	8854	42001
168026	182446	198622	209827	192915	190540	195041	187274	186727	185501
74866	81543	75977	78176	71857	66958	69398	77393	81703	82677
45294	49567	49570	47074	47014	44333	41931	62176	70200	69915
44399	44326	37241	34402	27474	25793	21980	29474	31452	33141
19455	20262	22019	22118	24423	19722	22178	31911	34107	41501
50538	54716	57461	61284	62500	66142	60371	64045	68571	73335
42671	44934	46982	47251	41951	43888	48185	50365	60773	59117
28453	25791	25925	27948	26193	27284	31706	40191	39384	53312
43548	49470	50284	42916	44514	46080	48232	59698	59431	66809
11537	9277	9135	9193	10232	9907	9502	10952	14062	13373
7248	5314	3937	4290	3817	3877	5349	6898	7379	7979
105352	102571	105185	93848	98001	102594	104510	148080	174277	170773
59349	60686	62561	65684	69726	71121	73615	83270	84090	88707
22094	22142	22812	21521	20981	21836	20970	23551	22550	24254
70503	75795	73924	85673	91199	79563	86158	112155	114427	116556

3－10 全社会从业人员(2021 年)

单位:万人

项　　目	2021 年	2020 年
从业人员合计	**532.83**	**527.72**
按产业分组		
第一产业	54.59	56.97
第二产业	152.58	151.04
第三产业	325.67	319.70

3－11 历年城镇失业情况

年　　份	年末城镇登记失业人数(人)	年末城镇登记失业率(%)
2000	39565	3.50
2001	44035	3.80
2002	50066	4.20
2003	52310	4.20
2004	53805	3.87
2005	49001	3.80
2006	47673	3.62
2007	38129	3.12
2008	43939	3.41
2009	46067	3.47
2010	41335	2.89
2011	54764	2.86
2012	58748	2.88
2013	60751	2.89
2014	59065	2.85
2015	34011	2.60
2016	40223	2.74
2017	38988	2.67
2018	36877	2.46
2019	58080	2.65
2020	77251	3.27
2021	46149	1.74

注:2020 年全社会从业人员数据进行了修正。

4 固定资产投资、建筑业

长沙统计年鉴

4-1 2011-2021年固定资产投资分类别增长情况

单位:%

指标	2011年	2012年	2013年	2014年	2015年	2016年	2017年	2018年	2019年	2020年	2021年
固定资产投资	26.1	20.3	20.1	18.3	17.1	13.9	13.1	11.5	10.1	6.2	8.2
按经济类型分											
国有投资	2.5	16.0	14.0	8.6	26.1	23.2	1.0	15.2	2.6	4.0	2.6
非国有投资	35.9	21.8	22.1	21.4	14.5	10.9	17.7	8.5	9.7	6.9	9.6
# 民间投资	5.1	2.4	23.5	21.0	14.8	3.1	18.0	12.3	12.5	2.9	6.8
按隶属关系分											
中央项目	27.1	49.3	-26.9	97.2	-10.7	8.9	-10.4	-0.3	46.3	58.2	14.9
地方项目	26.1	19.5	21.7	16.6	18.1	14.1	13.7	10.4	6.9	4.5	7.7
按产业分											
第一产业	-25.2	35.8	18.7	10.7	-10.5	2.9	19.9	59.8	83.3	-18.7	-0.5
第二产业	28.2	25.5	25.2	20.6	23.4	9.7	6.3	22.0	10.1	4.0	11.1
第三产业	27.1	17.8	17.7	17.4	14.3	16.1	16.1	5.0	6.1	7.7	6.7
按投资方向分											
工业投资	27.3	23.7	26.2	18.9	23.4	10.7	6.7	22.1	10.9	3.9	11.5
工业技改投资	46.2	17.5	25.5	11.1	20.0	-30.5	3.3	3.7	25.4	29.4	19.5
产业投资	30.2	15.3	21.7	17.0	21.7	5.5		25.6	10.9	2.1	12.3
民生投资	-5.3	16.9	25.7	32.4	39.3	67.5	4.4	1.2	-2.0	15.2	-11.0
生态投资	81.7	11.0	77.6	27.9	13.3	18.1	-6.8	52.5	23.5	-38.0	-6.5
基础设施	10.0	1.3	30.8	24.6	34.0	15.4	-2.7	12.7	6.4	4.5	-3.6
高技术产业投资		117.4	-14.2	-2.7	35.3	36.8	37.6	5.7	5.0	24.5	7.9
房地产开发投资	29.7	16.4	11.8	13.6	-24.0	26.5	18.2	0.7	11.2	12.0	19.7
按结构分											
建筑工程	24.9	10.0	22.5	18.4	26.0	12.8	17.8	5.5	6.9	3.2	6.2
安装工程	15.8	37.8	11.1	31.5	11.2	3.4	23.6	-5.7	-9.8	14.4	16.7
设备工器具购置	-3.6	30.3	22.5	19.0	12.0	-7.3	20.4	47.4	32.1	2.4	4.3

4-2 2011-2021年固定资产投资分行业增长情况

指　　标	2011年	2012年	2013年	2014年
按行业分				
农、林、牧、渔业	-37.9	35.8	18.7	-6.1
采矿业	-13.8	30.0	-5.8	18.1
制造业	30.5	27.7	27.7	18.4
电力、热力、燃气及水的生产和供应业	39.3	-16.9	16.3	28.1
建筑业	-69.5	189.2	-13.0	29.6
批发和零售业	-1.6	4.4	20.4	44.7
交通运输、仓储和邮政业	-3.4	50.1	21.8	21.8
住宿和餐饮业	-30.1	21.9	14.9	11.8
信息传输、软件和信息技术服务业	36.1	-38.7	65.0	31.0
金融业	11	116.5	11.9	19.9
房地产业	24.6	21.3	6.6	10.9
租赁和商务服务业	58.5	-3.3	37.4	-1.9
科学研究和技术服务业	66.6	-2.8	19.8	47.1
水利、环境和公共设施管理业	0.5	-4.0	44.6	27.8
居民服务和其他服务业	-14.4	35.3	23.7	-33.4
教育	-16.4	28.9	34.7	18.7
卫生和社会工作	7.3	3.6	23.0	28.2
文化、体育和娱乐业	-42.9	67.6	37.3	73.8
公共管理和社会组织	103.9	129.7	-2.9	-30.4

单位:%

2015 年	2016 年	2017 年	2018 年	2019 年	2020 年	2021 年
4.2	-8.2	-6.3	56.4	69.0	-21.8	1.0
2.7	-37.7	-24.7	-20.4	78.9	43.2	-33.4
26.2	11.7	8.8	17.3	6.7	3.3	11.5
-13.8	5.8	-34.2	187.8	62.7	6.5	16.0
24.9	-33.3	-17.0	0.2	-63.1	38.2	-79.2
11.5	-25.3	62.6	-34.5	-16.1	-18.7	-43.5
20.0	2.2	12.0	20.1	4.1	-0.9	3.9
20.7	-50.0	41.4	22.8	29.8	-28.7	15.2
208.5	-14.1	46.4	-37.0	75.9	9.9	20.8
15.4	-25.1	-20.8	85.7	-42.2	-30.1	83.3
-13.3	35.2	11.7	-6.7	9.4	13.7	15.1
43.4	17.9	11.4	53.2	32.2	12.5	7.9
53.7	-8.4	21.1	46.5	-31.9	8.2	-6.3
49.1	25.0	-2.7	20.2	-0.3	0.7	-4.1
14.0	-6.4	37.1	118.5	4.2	-11.5	8.5
14.1	36.4	25.3	35.0	10.2	15.0	11.6
8.0	42.0	60.3	24.4	-9.4	14.1	-23.2
10.2	117.4	31.9	3.8	-2.8	-11.0	-11.3
-9	-11.4	72.2	76.7	18.2	-60.6	21.1

4－3 主要年份房地产开发及商品房销售主要指标

年份	完成投资额(万元)	#住宅	新增固定资产(万元)	建筑面积(万 m^2)		商品房销售情况		土地开发情况		
				施工房屋面积	竣工房屋面积	商品房销售额(万元)	商品房销售面积(万 m^2)	本年购置土地面积(万 m^2)	本年完成开发土地面积(万 m^2)	土地开发投资额(万元)
1998	174078	77797	121802	339.01	98.38	67692	39.97	35.10	118.08	26757
1999	225765	131260	205616	336.68	156.27	137043	79.97	28.91	61.66	39059
2000	330238	151091	166677	385.32	147.73	178455	92.72	49.56	176.23	85418
2001	631878	305549	377131	634.01	214.99	305217	163.90	262.86	221.25	92344
2002	817883	442655	525566	833.94	332.12	418141	232.10	544.43	358.58	130367
2003	1225551	732833	743987	1102.12	443.24	666279	325.82	789.72	562.14	216418
2004	1755376	1167921	932398	1462.41	591.9	1072486	519.95	807.63	543.46	224325
2005	2563500	2011118	828971	1913.57	515.16	1162249	536.99	1007.59	246.81	196384
2006	3038612	2305640	1048277	2411.94	547.09	1961129	741.69	1186.1	707.68	477218
2007	4129929	3408702	1268230	3270.34	699.9	3258716	985.09	973.23	645.94	626022
2008	4694654	3688740	1900755	4225.29	750.57	2733593	822.59	965.48	581.80	601574
2009	4974692	3929930	3686224	6168.62	1314.71	5130956	1406.58	392.92	640.51	337539
2010	6841481	5163283	4293394	6687.29	1392.55	7423283	1680.21	288.48	216.78	327188
2011	8869232	6843026	5294334	7670.96	1451.77	8824072	1500.20	331.71		
2012	10320003	6988572	5602631	7361.67	1402.27	9315598	1526.93	311.15		
2013	11536073	7665970	5930203	8668.15	1400.36	11603801	1840.59	458.99		
2014	13104995	8556727	5650417	9647.15	1438.85	9289202	1519.20	279.50		
2015	9966008	6391805	6899198	9208.6	1349.29	11166104	1904.89	106.68		
2016	12605475	6899559	6153304	9586.41	1670.58	16614055	2593.71	204.77		
2017	14896906	8077656	4820787	9715.03	1143.86	17367424	2259.15	205.85		
2018	15007609	9066397	5479710	10619.79	1441.27	19510052	2387.35	354.13		
2019	16684029	10208477	5414268	11775.36	1286.11	20210846	2334.86	232.52		
2020	18684070	12057030	5859402	12652.15	1259.21	23798994	2047.97	244.92		
2021	22361173	15751618	7289041	12872.49	1207.18	26203218	2605.79	286.92		

4-4 房地产开发投资完成情况(2021年)

单位:万元

指标	总计	其中:地方
计划总投资	154624590	11685892
本年完成投资	22361173	1908716
# 土地购置费	4839132	579482
按登记注册类型分		
内资	21507970	1789756
国有独资公司	1028239	516070
其他有限责任公司	12776036	1273686
股份有限公司	219028	29660
私营有限责任公司	7400513	88934
私营股份有限公司	5797	
其他	78357	
港澳台投资	686667	
港澳台合资经营	321985	
港澳台合作经营	23513	
港澳台独资	341169	
外商投资	166536	366
中外合资经营	61713	366
中外合作经营	33218	
外资企业	71605	
按构成分		
建筑工程	15000108	1149046
安装工程	1437294	100708
设备工器具购置	423989	29119
其他费用	5499782	629843
按工程用途分		
住宅	15751618	1521183
办公楼	1156509	74597
商业营业用房	3091906	163662
其他	2361140	149274
本年新增固定资产	7289041	667892
上年末结余资金	11538009	1565766
本年实际到位资金	29943347	2833791
# 国内贷款	4425042	416981
利用外资		
自筹资金	7643610	543417
定金及预收款	11552036	1124283
本年各项应付款合计	8335727	422959
# 工程款	4545793	248252

4－5 房地产施工竣工及销售主要指标(2021年)

指标	单位	按用途分						
		合计	商品住宅	#90平方米以下	#140平方米以上住房	办公楼	商业营业用房	其他
房屋施工面积	万㎡	12872.49	8386.02	636.34	1761.42	774.79	1661.24	2050.44
# 新开工面积	万㎡	2698.1	1890.73	59.14	479.46	116.78	298.52	392.08
房屋竣工面积	万㎡	1207.18	858.05	52.94	199.17	59.15	139.54	150.44
竣工房屋价值	万元	6405216	4426501	181094	1269332	492163	904082	582470
商品房销售面积	万㎡	2605.79	2304.86	89.07	535.04	81.91	156.17	62.85
商品房销售额	万元	26203218	23323107	731605	6729425	960137	1604255	315719
商品房待售面积	万㎡	357.27	132.75	24.83	44.65	24.55	136.91	63.06
# 待售1－3年面积(含一年)	万㎡	200.44	85.83	11.54	34.32	14.33	66.9	33.39
待售3年以上面积(含三年)	万㎡	87.41	24.65	8.03	8.23	4.86	35.14	22.77

4－6 主要年份建筑业生产主要指标完成情况

项　　目	单位	2010 年	2011 年	2012 年	2013 年	2014 年	2015 年
一、企业个数	个	517	540	555	592	564	552
二、建筑业总产值	万元	17401686	21002701	23299080	27637110	31938738	34781817
1. 建筑工程产值	万元	15073216	18474160	20611794	23998080	27104990	30051017
2. 安装工程产值	万元	712116	814652	952003	1235752	1613458	1672813
3. 其他产值	万元	1616354	1713889	1735283	2403279	3220289	3057987
三、竣工产值	万元	9003006	11581484	15036364	17642193	17984470	20216497
四、房屋建筑施工面积	万 m^2	15052.19	18325.65	19728.7	23775.93	26251.72	25848.26
# 本年新开工面积	万 m^2	7149.8	7299.01	6540.38	8813.35	9275.52	7965.95
# 实行投标承包面积	万 m^2	14298.23	14931.5	16099.54	19301.8	23972.89	23665.58
五、房屋建筑竣工面积	万 m^2	4267.59	4523.29	5005.64	6517.54	6697.81	6537.11
六、年末自有施工机械设备							
1. 净值	万元	610815	706808	533180	735361	946082	1075868
2. 总台数	台	176855	160030	144560	146421	149930	156653
3. 总功率	万千瓦	368.86	422.21	424.8	414.55	419.99	500.2
七、计算劳动生产率平均人数	万人	72.74	75.98	78.62	91.27	100.27	110.22

4－6 续表

项　　目	单位	2016 年	2017 年	2018 年	2019 年	2020 年	2021 年
一、企业个数	个	545	584	693	857	943	980
二、建筑业总产值	万元	37864479	43745344	49764570	54692126	60587739	68235397
1. 建筑工程产值	万元	33252557	38609049	43416603	47838813	53377608	60258091
2. 安装工程产值	万元	1779164	1991298	2758962	3272571	3381945	3764869
3. 其他产值	万元	2832758	3144997	3589005	3580742	3828187	4212437
三、竣工产值	万元	21999213	22731199	24123527	24635118	25108292	31610427
四、房屋建筑施工面积	万 m^2	27980.19	30115.1	33042.15	37341.16	39549.74	45421.53
# 本年新开工面积	万 m^2	8885.55	9734.52	10859.75	11527.39	12114.14	11730.97
# 实行投标承包面积	万 m^2	25374.59					
五、房屋建筑竣工面积	万 m^2	7370.01	7443.17	7531.67	7753.05	8030.84	9812.84
六、年末自有施工机械设备							
1. 净值	万元	12357011	1666937	1660987	781685	898742	657968
2. 总台数	台	152527	149670	137028	120680	116817	112960
3. 总功率	万千瓦	452.49	443.43	469.53	431.62	496.86	450.86
七、计算劳动生产率平均人数	万人	107.01	112.33	119.71	125.27	130.08	128.88

4－7 建筑业企业生产情况(2021 年)

项　　目	企业个数(个)	建筑业总产值(万元)	#装饰装修产　值	#在外省完成的产值	#装配式建筑工程产值	建筑工程产　值
总　　计	**980**	**68235397**	**2725010**	**32613982**	**15694022**	**60258091**
# 国有控股企业	78	39267997	967145	26591132	5695063	37368345
一、按登记注册类型分组						
内资企业	978	67990083	2687990	32433171	15694022	60045323
国有企业	7	176333	7060	44425		123760
集体企业	5	112137	3944	31816		69149
国有独资公司	19	11417539	459964	5597823	1464692	10138155
其他有限责任公司	109	31721630	780389	20793019	5213367	30495076
股份有限公司	10	1611429	84447	456828		1002353
私营企业	828	22951015	1352187	5509261	9015963	18216830
私营有限责任公司	810	21036364	1207679	5094263	8662406	16664757
私营股份有限公司	18	1914651	144508	414998	353557	1552073
港澳台商投资	1	37020	37020	12398		37020
外商投资	1	208294		168413		175748
二、按企业资质等级分组						
总承包	589	62808112	1373654	30750998	13844349	56513474
特级	13	31227218	306564	21376617	4311872	29912394
一级	168	25668097	843137	8571290	7791171	21638161
二级	171	4512443	170457	569899	1058310	3924651
三级及以下	237	1400354	53496	233191	682996	1038269
专业承包	391	5427286	1351357	1862984	1849673	3744617
一级	192	4070136	1241312	1455612	1831674	2899388
二级	145	1021367	74914	333245	4382	636445
三级及以下	54	335183	35131	74127	13617	208784

		竣工产值（万元）	房屋建筑施工面积（m^2）		房屋建筑竣工面积（m^2）	直接从事生产经营活动的平均人数(人)	工程技术人员(人)
安装工程产值	其他产值			#本年新开工面积			
3764869	**4212437**	**31610427**	**454215346**	**117309736**	**98128356**	**1288765**	**151761**
690728	1208924	19022295	341264423	77384117	62204275	607778	68320
3764869	4179891	31372517	454215346	117309736	98128356	1283244	151653
	52573	55240	308386			6137	1276
39967	3021	51353	340448	42855	124110	4766	363
307159	972226	4842960	91368096	17812807	16520066	169496	15485
581458	645096	16012700	268287474	66653417	52647012	572734	61419
165133	443943	478346	5758988	1958234	2131201	42596	3622
2671153	2063032	9931918	88151954	30842423	26705967	487515	69488
2445861	1925746	9340398	69916240	24862293	24727364	453275	65615
225292	137286	591520	18235714	5980130	1978603	34240	3873
		29616				980	108
	32546	208294				4541	
2689335	3605303	28950189	449487610	115483068	95650388	1168321	133911
401861	912963	16448743	315162910	73924573	59710150	486949	40577
1694619	2335318	9473766	109030030	33688034	27317161	547237	70000
353660	234133	2338250	22169911	6385940	7029989	95168	12864
239196	122889	689430	3124759	1484521	1593088	38967	10470
1075534	607134	2660239	4727736	1826668	2477968	120444	17850
655503	515245	1802407	3243271	952990	1345364	81620	12579
304731	80191	655180	414659	109968	293657	28134	3962
115300	11698	202652	1069806	763710	838947	10690	1309

4－7 续表

项　　目	企业个数（个）	建筑业总产值（万元）	#装饰装修产　　值	#在外省完成的产值	#装配式建筑工程产值	建筑工程产　　值
三、按建筑业行业中类分组						
房屋建筑业	450	50077207	1267024	23222797	15505238	45700186
住宅房屋建筑	416	46007366	1178131	21444949	14537749	41790072
其他房屋建筑业	34	4069841	88893	1777848	967489	3910114
土木工程建筑业	288	14016069	113679	7640911	98935	11874702
铁路、道路、隧道和桥梁工程建筑	126	8230928	74707	4432447	56165	7129769
水利和水运工程建筑	24	3209307		2183163		3135657
工矿工程建筑	8	422237		364282		390945
架线和管道工程建筑	38	949223	2200	356342	39660	492757
节能环保工程施工	14	131282		63030		90131
电力工程施工	16	119940	505	17582		70785
其他土木工程建筑	62	953153	36266	224067	3110	564659
建筑安装业	105	2279290	22650	968655	8461	1227063
电气安装	40	539865		120884		265456
管道和设备安装	9	170929		70033		137282
其他建筑安装业	56	1568497	22650	777738	8461	824326
建筑装饰、装修和其他建筑业	137	1862831	1321658	781619	81388	1456140
建筑装饰和装修业	106	1567810	1309850	680352	61086	1323545
建筑物拆除和场地准备活动	7	75768		19028		74108
提供施工设备服务	3	91104		49723		223
其他未列明建筑业	21	128150	11808	32516	20302	58264

		竣工产值（万元）	房屋建筑施工面积（m²）		房屋建筑竣工面积（m²）	直接从事生产经营活动的平均人数（人）	工程技术人员（人）
安装工程产　　值	其他产值			#本年新开工面积			
1731430	2645591	25407195	442792046	113166959	95093706	957521	95298
1659243	2558051	22804587	401772904	102768150	85067224	854331	87397
72187	87540	2602608	41019142	10398809	10026482	103190	7901
892600	1248767	4042058	9750710	3477056	1855481	254715	44821
249666	851493	2216191	2310442	995332	980710	154823	30452
37717	35933	719352	6368699	1734323	231998	56988	7412
27556	3736	13488	602355	448481	126227	5738	1167
261261	195204	680390	70496	29665	32859	17205	2598
11141	30011	32326	1			1863	504
48180	974	21244				1247	370
257079	131415	359068	398717	269255	483687	16851	2318
963015	89212	933413	1309958	546904	812926	40191	6370
270802	3608	297690				3914	826
28588	5059	74128	2538	1522		3325	794
663625	80546	561595	1307420	545382	812926	32952	4750
177824	228868	1227761	362632	118817	366243	36338	5272
86890	157376	1121521	325132	118817	364293	31333	4330
	1659	22032				736	133
46194	44687	2978	33700			1808	227
44740	25146	81230	3800		1950	2461	582

4-8　主要年份建筑业财务状况

项　　目	单位	2005年	2006年	2007年	2008年	2009年	2010年	2011年
一、年末资产负债								
流动资产合计	万元	2837325	3314982	4270154	5122164	6252585	8001811	9709347
固定资产原价	万元	1014513	1184889	1612399	1785749	1962253	1875495	2026409
# 生产经营用	万元	829613	1002572	1409999	1466618	1299391	1537300	
累计折旧	万元	373969	438718	551166	602533	694491	775604	891674
# 本年折旧	万元	69070	72647	75814	132602	139803	172206	186788
资产合计	万元	3983250	4633015	5996227	7078559	8350689	10402388	12540899
流动负债合计	万元	2233802	2685378	3751735	4250492	5210629	6760187	7637066
长期负债合计	万元	300389	335771	402464	469312	556174	507208	753704
所有者权益合计	万元	1449059	1611867	1842028	2358755	2583886	3135023	4024090
# 实收资本	万元	1058647	1169051	1271429	1478953	1595580	1917221	2170676
二、损益及分配								
工程结算收入	万元	5373740	6954650	8987932	10454726	12713365	16904511	19993351
工程结算成本	万元	4840714	6258321	8086699	9270280	11440235	15254694	18001663
工程结算税金	万元	192859	242343	320945	410904	444092	580124	694310
管理费用	万元	197115	234888	271463	277710	329378	438016	507585
利润总额	万元	120833	181684	245663	477409	418620	574081	712628
# 应交所得税	万元	35207	49380	63394	63536	87801	91193	127590
应交增值税	万元							
三、工资福利费								
应付职工薪酬	万元							1487379
四、亏损企业个数	个	100	107	82	50	69	82	65

2012 年	2013 年	2014 年	2015 年	2016 年	2017 年	2018 年	2019 年	2020 年	2021 年
11483057	13600316	15879020	18371152	22082517	24984789	29040378	32754813	37329513	40762731
2152809	2341521	2574911	2670440	2616760	2763772	2999758	3469527	3558876	3718289
1010130	1125930	1222525	1342849	1340516	1403635	1499799	1500972	1626381	1737823
187878	178722	223529	234960	209190	224505	277283	301937	288987	286808
14979997	17815511	20658175	23665787	28570473	33113744	39649127	45076693	50313202	55158395
8783469	10516791	12044082	13413952	16462656	19526859	23056383	26907975	30626485	33971454
951942	1030037	1284100	1550722	2601079	2360007	3676892	31222598	35453125	39297582
4874075	5966979	7072768	8194043	8970403	10591487	12428130	13854095	14860077	15860813
2474991	2963173	3554730	3917093	4352833	5634836	6222832	6753292	7051617	7892715
21974786	26653588	31139757	33379898	36755907	41360815	47236383	52431992	56669373	61411948
19734193	23614205	27828963	29902777	33428524	38168137	43627150	48497353	52352601	56623345
742423	978091	1175188	1126043	821344	546811	451476	468471	460015	589989
570283	793192	888405	954001	1050216	1197040	1444057	1404652	1417571	1646253
828360	1129347	1102611	1125163	1181762	1273773	1550371	1679801	1760680	1865265
163997	218115	198906	219279	232523	229813	246324	252528	266260	311338
				436039	715342	1086525	1089212	1097041	1006271
1700926	4666217	4027362	3855556	3697098	3591991	6995783	5916631	5162888	5233034
101	69	76	80	84	81	76		15	152

4－9 建筑业企业财务状况(2021 年)

指标	资产总计	流动资产合计	#应收工程款	#存货	固定资产原价
总计	**55158395**	**40762731**	**9464208**	**3621545**	**3718289**
一、按登记注册类型分组					
内资企业	54856886	40476007	9464208	3585537	3718289
国有企业	548206	400997	125182	8808	87353
集体企业	114421	81189	29014	5649	7347
国有独资公司	6524485	4277176	451530	116482	190431
其他有限责任公司	34868085	24879742	5912586	1433358	2135306
股份有限公司	539502	422105	72679	39038	102894
私营企业	12262188	10414797	2873218	1982203	1194959
私营有限责任公司	11187245	9527916	2613246	1794388	1054923
私营股份有限公司	1066805	879387	259124	184998	138876
外商投资企业	301509	286724		36008	
二、按企业资质等级分组					
总承包	50598224	36790233	8374132	3241256	3302511
特级	29298720	19016552	3910902	826670	1637639
一级	16968318	14244134	3571639	1811069	1129759
二级	3223108	2590624	579238	468940	440196
三级及以下	1108079	938925	312353	134577	94918
专业承包	4560171	3972498	1090077	380289	415778
一级	3239987	2794588	801921	276505	282444
二级	1032582	950734	197018	76867	55816
三级及以下	287603	227176	91137	26917	77518
三、按建筑业行业中类分组					
房屋建筑业	38318683	28208901	6111456	2582869	1641544
住宅房屋建筑	36095017	26359904	5709446	2331641	1533662
其他房屋建筑业	2223667	1848997	402009	251228	107883
土木工程建筑业	13623919	9994900	2601719	783329	1794040
铁路、道路、隧道和桥梁工程建筑	6798402	5402269	1102649	370177	708875
水利和水运工程建筑	4592450	2654074	989958	168980	836191
工矿工程建筑	400255	343804	150602	9149	63637
架线和管道工程建筑	995358	877621	152948	126792	110512
节能环保工程施工	181221	148368	42399	24978	9290
电力工程施工	85342	64163	17087	6525	12428
其他土木工程建筑	570890	504601	146076	76728	53107
建筑安装业	1717463	1329146	344151	181364	116514
电气安装	587973	458818	106954	103260	71586
管道和设备安装	94213	81875	16818	1726	14671
其他建筑安装业	1035277	788454	220378	76378	30257
建筑装饰、装修和其他建筑业	1498329	1229784	406883	73983	166191
建筑装饰和装修业	1109709	956685	275457	48217	35358
建筑物拆除和场地准备活动	46172	28244	10529	1759	6657
提供施工设备服务	152032	90705	68194	6790	111600
其他未列明建筑业	190417	154151	52704	17217	12576

单位:万元

累计折旧	#本年折旧	在建工程	流动负债合计	#应付账款	非流动负债合计	负债合计	所有者权益合计	#实收资本
1737823	**286808**	**383078**	**33971454**	**15379667**	**4981335**	**39297582**	**15860813**	**7892715**
1737823	286808	383078	33828836	15277463	4981335	39154964	15701922	7887024
41126	3299	1458	315448	132410	94332	410026	138180	101051
3505	333	62	73653	10429	3989	77996	36425	35120
47048	10724	4091	3179755	1162963	1387963	4669123	1855362	1156678
1053583	187143	191397	23138828	11171808	3184516	26389434	8478651	3988767
61765	1208		236518	57497	284	245770	293731	102037
530796	84102	186071	6884633	2742356	310252	7362615	4899573	2503371
450667	72529	184567	6384835	2592511	274392	6825954	4361292	2324144
79364	11491	1504	494939	149273	35754	531695	535109	176227
			142618	102205		142618	158891	5691
1547114	252041	327540	31133935	14011644	4875107	36305915	14292310	6984104
735948	167324	133172	17980933	8385816	4036861	22017794	7280925	3417152
547681	52223	80771	10694068	4824466	769536	11625973	5342344	2615165
227046	26187	60509	1837078	577485	46218	1973635	1249474	663112
36439	6307	53089	621855	223877	22493	688512	419566	288675
190709	34767	55538	2837519	1368024	106228	2991667	1568504	908611
123673	19144	47496	2059832	1037203	93620	2184227	1055760	652322
28549	4421	5555	616545	277732	5817	633476	399105	180002
38488	11202	2487	161142	53088	6791	173964	113638	76287
821510	159649	178495	24003654	10771980	3345552	27528685	10789999	5069492
795415	151252	172348	22853576	10508682	2895844	25928402	10166614	4688518
26095	8397	6147	1150078	263298	449708	1600283	623384	380974
782521	101217	183631	8155243	3785034	1537795	9838298	3785621	2094468
391199	37361	13809	4513467	1889349	239429	4846718	1951684	1198078
262577	45422	139487	2280118	1241942	1270663	3577768	1014682	422294
29969	6070		310144	124985	10258	332435	67820	47873
63639	5941	1719	543427	252186	2388	547391	447967	204324
3722	727	24111	118428	84852	726	119154	62068	48551
3677	2042	2907	54082	19422	572	54655	30688	20535
27738	3654	1599	335578	172299	13759	360178	210712	152813
55212	8262	4285	889415	343187	20612	921469	795995	402967
37145	5167	1744	299550	74171	1342	302271	285702	88877
4753	1471	163	60664	20172	104	63747	30466	20697
13315	1624	2378	529201	248844	19166	555450	479827	293393
78580	17681	16668	923142	479466	77377	1009130	489199	325789
15529	2600	11858	704828	393694	31394	744568	365141	262130
5030	648		35893	7404		36159	10013	13402
52222	13892		71897	33913	34645	106542	45489	17100
5800	541	4809	110523	44455	11337	121861	68556	33157

4－9 续表1

指　　标	营业收入	#主营业务收入	营业成本	#主营业务成本
总　　计	**61411948**	**60053525**	**56623345**	**54943950**
一、按登记注册类型分组				
内资企业	61203654	60053525	56472971	54943950
国有企业	443503	408344	406008	374299
集体企业	108544	108544	98648	98648
国有独资公司	6107348	6094461	5541580	5519452
其他有限责任公司	34373041	34180133	31855330	31237029
股份有限公司	1316222	1289654	1198966	1198966
私营企业	18854997	17972389	17372439	16515555
私营有限责任公司	17115525	16240587	15827925	14978206
私营股份有限公司	1737709	1730038	1543000	1535836
外商投资企业	208294		150373	
二、按企业资质等级分组				
总承包	56073097	55190837	51818166	50514785
特　　级	30364830	30351554	28074552	27649218
一　　级	20620893	19962726	19146348	18473044
二　　级	3833159	3686968	3466745	3324707
三级及以下	1254215	1189590	1130521	1067815
专业承包	5338852	4862687	4805178	4429165
一　　级	4034527	3784942	3689479	3479771
二　　级	963945	748384	824455	668042
三级及以下	340379	329362	291245	281352
三、按建筑业行业中类分组				
房屋建筑业	45622049	44987129	42314032	41274964
住宅房屋建筑	42087814	41482537	39118704	38106438
其他房屋建筑业	3534236	3504592	3195329	3168525
土木工程建筑业	11836850	11371704	10699517	10309300
铁路、道路、隧道和桥梁工程建筑	6181260	6064287	5697515	5569942
水利和水运工程建筑	3152547	3146541	2755799	2743970
工矿工程建筑	421014	413480	391128	381031
架线和管道工程建筑	994070	752464	864847	707305
节能环保工程施工	139962	139239	115726	115568
电力工程施工	112854	112849	104339	104339
其他土木工程建筑	835144	742845	770163	687145
建筑安装业	2138728	1899870	1967324	1736093
电气安装	571452	570548	505456	504881
管道和设备安装	151906	151729	141729	141620
其他建筑安装业	1415370	1177593	1320139	1089592
建筑装饰、装修和其他建筑业	1814321	1794823	1642471	1623593
建筑装饰和装修业	1449440	1430990	1326108	1308163
建筑物拆除和场地准备活动	72480	71493	69187	68254
提供施工设备服务	87843	87824	67915	67915
其他未列明建筑业	204558	204516	179261	179261

单位:万元

营业税金及附加		其他业务利润	销售费用	管理费用	财务费用		
	#主营业务税金及附加					#利息收入	#利息支出
589989	**464223**	**11953**	**92974**	**1646253**	**451088**	**170228**	**449057**
588522	464223	11953	92937	1638964	451140	170228	449057
1571	1325	1356	375	11463	-1369	1640	2693
2363	2363		1643	5281	1001	381	68
15724	14751	214	819	202137	82830	43684	104199
172017	160940	9343	27123	748491	188018	120298	220609
6223	3088	105	1278	27604	2191	1747	158
390625	281756	936	61699	643988	178468	2479	121331
376120	267410	917	57690	534050	166294	2153	117408
14495	14336	18	4009	109753	12138	326	3924
1467			37	7289	-51		
502253	438297	5958	62749	1437621	424829	160316	438065
84862	71332	2422	8172	713199	213886	128229	264603
235605	219881	2465	33829	518493	192784	29012	163062
168485	136366	968	12411	137429	13215	2735	7307
13301	10719	102	8337	68499	4944	341	3094
87736	25926	5995	30224	208632	26260	9912	10991
16002	14208	4800	17883	142485	20342	9321	8137
67372	7453	1177	7676	45689	3108	487	1211
4362	4266	19	4665	20458	2810	104	1643
336842	302690	2046	50861	1070630	341942	128223	332546
320853	286783	2045	50027	977238	280262	114975	274855
15989	15907	1	834	93392	61680	13249	57690
103962	72115	9594	24664	419616	93141	38537	109008
31051	29724	8056	6567	129904	38730	7549	38081
30220	29611	569	5844	181728	43954	30506	63522
1381	1381	661	474	11664	4750	-37	4299
32246	2752	155	5625	47834	1848	155	1172
439	437		3644	10896	950	105	758
519	519	0	626	8611	290	2	264
8107	7691	153	1884	28981	2619	257	911
82826	82361	72	7982	83880	4021	2873	2062
77463	77322		2767	35465	-339	2067	849
592	592	72	600	5474	541	1	41
4771	4447		4616	42942	3818	805	1173
66359	7058	241	9466	72126	11984	594	5441
4661	4502	223	6755	56316	6231	317	3385
588	574		122	2799	808	5	4
543	297	18	916	3923	2965	9	1067
60568	1685		1673	9088	1981	264	985

4－9 续表2

指　　标	资产减值损失	公允价值变动收益	投资收益	其他收益
总　　计	**194489**	**19**	**149001**	**19444**
一、按登记注册类型分组				
内资企业	194489	19	149001	19444
国有企业	3417		60	26
集体企业				
国有独资公司	1858		13169	1510
其他有限责任公司	184724	－1	128990	7386
股份有限公司	902		78	587
私营企业	3588	20	6704	9935
私营有限责任公司	1914	20	5742	9869
私营股份有限公司	1674		962	67
外商投资企业				
二、按企业资质等级分组				
总承包	189775	19	147064	18532
特　　级	184646	－1	197775	6533
一　　级	2296		－11877	11501
二　　级	2595		－38977	195
三级及以下	239	20	142	303
专业承包	4713		1937	912
一　　级	1685		534	614
二　　级	1231		1316	145
三级及以下	1798		87	153
三、按建筑业行业中类分组				
房屋建筑业	156413	19	138806	15071
住宅房屋建筑	155002	19	136060	14300
其他房屋建筑业	1410		2746	771
土木工程建筑业	34451		1857	3947
铁路、道路、隧道和桥梁工程建筑	6912		10164	1824
水利和水运工程建筑	28970		－8442	1527
工矿工程建筑	－2353		24	413
架线和管道工程建筑	213		112	83
节能环保工程施工	535		－22	68
电力工程施工				
其他土木工程建筑	174		21	34
建筑安装业	589		7897	187
电气安装	181		1834	31
管道和设备安装	15		12	
其他建筑安装业	394		6051	157
建筑装饰、装修和其他建筑业	3036		442	239
建筑装饰和装修业	506		－23	60
建筑物拆除和场地准备活动	331		72	60
提供施工设备服务	1459		10	67
其他未列明建筑业	740		384	52

单位：万元

营业利润	营业外收入	营业外支出	利润总额	应交所得税	应付职工薪酬（本年贷方累计发生额）	应交所得税	建筑业企业在境外完成的营业收入
1858588	**29687**	**27399**	**1865265**	**311338**	**5233034**	**1006271**	**932652**
1815803	29144	26775	1822562	304902	5218058	996803	932652
16556	510	155	16911	1607	20810	11198	1328
1045	4	1	1048	437	13373	2542	
175372	1850	1062	176160	29023	259570	114901	7477
1066223	13523	11096	1070953	164296	3170284	448938	832880
75232	1016	975	75352	17991	155159	32515	
481375	12241	13485	482139	91548	1598863	386709	90967
430744	11318	11864	431705	80997	1475635	345411	90967
50611	922	1621	50413	10546	122987	41211	
42785	543	624	42703	6436	14976	9468	
1670299	23255	22429	1675548	283690	4780275	894473	920525
1084833	10208	10928	1084612	156205	2608713	380995	676600
450695	9474	7887	454621	104176	1581654	401030	174854
103059	2587	2520	104209	18484	404502	82222	64444
31712	986	1093	32106	4825	185407	30226	4627
188288	6432	4970	189717	27648	452759	111799	12126
108759	2453	2571	108624	15808	294363	76789	12074
67087	3023	2082	68026	9664	126143	24873	53
12442	957	317	13068	2176	32253	10136	
1380815	13114	13970	1381217	226911	3882724	699956	263546
1305080	12603	13235	1305706	213003	3751962	629763	262218
75735	512	735	75511	13908	130762	70193	1328
387307	10438	7907	393206	71801	1065002	232451	604127
196999	5373	2687	203051	33042	598824	112058	82107
100954	2250	3365	99839	22123	264187	58016	486283
8327	186	64	8449	1432	36924	12512	34669
55123	1577	1109	55593	8740	86127	24805	
5788	547	17	6318	1181	12203	2722	1067
－1530	196	195	－1529	294	7452	2260	
21646	310	471	21487	4989	59286	20079	
47638	3041	3804	46639	7393	163985	34510	57502
20250	522	697	19898	4510	47521	8524	
2968	65	35	2998	441	7254	2505	
24420	2454	3073	23743	2442	109210	23481	57502
42829	3095	1718	44203	5233	121324	39355	7477
27405	1903	1396	27910	3086	97796	23037	7477
－1966	145	109	－1931	102	4761	4654	
8903	919	10	9812	980	3624	3938	
8487	127	202	8412	1065	15142	7726	

5 财政、金融、保险

长沙统计年鉴

5-1 主要年份财政收支情况

单位:万元

年份	辖区内一般公共预算收入	一般公共预算收入	上划中央两税	地方一般公共预算收入	国土收入	一般公共预算支出
1994		231865	91711	134875	5282	152093
1995	518409	287494	98314	179864	9316	216021
1996	675251	374213	119022	245965	9226	273809
1997	787809	375994	119610	250306	6078	280728
1998	910694	422279	119613	294507	8159	329659
1999	991512	454291	130630	316691	6970	362715
2000	1096493	504342	150260	344491	9591	414336
2001	1239745	617997	170220	421620	26157	523252
2002	1369867	754759	204719	460682	35768	625493
2003	1612343	1027631	234356	598930	114311	784168
2004	2051400	1331234	287636	806555	104542	1005542
2005	2524803	1730364	336548	1080572	135778	1330503
2006	2966297	2171904	401804	1328345	183528	1671873
2007	5062048	2663841	486275	1745761	550501	2181733
2008	5989800	3188656	552269	2055700	933144	2605584
2009	6856000	3729724	663675	2462933	1123813	3140820
2010	8482000	5112800	830606	3142836	1346962	4033349
2011	11014000	6889551	1024740	4257827	2395757	5208876
2012	12453330	7965760	1148368	4906482	2651327	6246207
2013	14203395	8838849	1330601	5366331	4114049	7018238
2014	16214467	10030833	1328466	6327992	5499579	8023838
2015	17621465	11134811	1359797	7189468	3721509	9249992
2016	18261529	12310190	2018282	7436954	2762966	10414331
2017	20404954	14032905	2900339	8003456	3254258	11826043
2018	21655730	15449498	3141360	8797072	5560565	13007895
2019	21761893	15927394	3169644	9502290	8102435	14259810
2020	22278653	16429579	2917505	11000910	10505828	15012319
2021	23963079	17750371	3248440	11883057	12019071	15415932

注:原财政总收入名称变更为一般公共预算收入。

5-2 主要年份财政收支增长速度

单位:%

年份	辖区内一般公共预算收入	一般公共预算收入	上划中央两税	地方一般公共预算收入	一般公共预算支出
1995		24	7.2	33.4	42
1996	30.3	30.2	21.1	36.8	26.8
1997	16.7	0.5	0.5	1.8	2.5
1998	15.6	12.3		17.7	17.4
1999	8.9	7.6	9.2	7.5	10
2000	10.6	11	15	8.8	14.2
2001	13.1	22.5	13.3	22.4	26.3
2002	10.5	22.1	20.3	22	19.5
2003	17.7	36.2	14.5	33.2	25.4
2004	27.2	29.5	22.7	34.7	28.2
2005	23.1	30	17	34	32.3
2006	17.5	25.5	19.4	22.9	25.7
2007		43.3	21	31.4	30.5
2008	18.3	19.7	13.6	17.8	19.4
2009	14.5	17	20.2	19.8	20.5
2010	23.7	28.1	25.2	31.2	28.4
2011	29.9	34.8	23.4	35.5	29.1
2012	13.1	15.6	12.1	15.2	19.9
2013	14.1	11	15.9	9.4	12.4
2014	14.2	13.5	-0.2	17.9	14.3
2015	8.7	11.0	2.4	13.6	15.3
2016	3.6	10.6	48.4	3.4	12.6
2017	11.7	14.0	43.7	11.5	13.6
2018	6.1	10.1	8.3	9.9	10.0
2019	0.5	3.1	0.9	8.0	9.6
2020	2.4	3.2	-8.0	3.0	5.3
2021	7.6	8.0	11.3	8.0	2.7

注:因口径变化,2006年、2007年辖区内一般公共预算收入不具可比性。

5-3 财 政 收 入

单位:万元

指　　标	2021年	2020年	2021年比2020年 ±%
上划中央"两税"	3248440	2917505	11.3
地方一般公共预算收入	11883057	11000910	8.0
增值税	2932163	2594389	13.0
企业所得税	1199864	1132832	5.9
个人所得税	546265	539594	1.2
资源税	7109	4996	42.3
城市维护建设税	568364	517118	9.9
房产税	396192	324736	22.0
印花税	180004	138494	30.0
城镇土地使用税	191278	192852	-0.8
土地增值税	1318516	1220152	8.1
车船税	109100	103007	5.9
耕地占用税	86637	242214	-64.2
烟叶税	6633	6922	-4.2
契税	1250187	1046231	19.5
国有资本经营收入	18707	15462	21.0
国有资源(资产)有偿使用收入	895276	1115209	-19.7
行政性收费	344423	327487	5.2
罚没收入	189544	168322	12.6
专项收入	963425	784927	22.7
其他收入	673969	518715	29.9
基金收入	12463088	10934138	14.0

5-4 财 政 支 出

单位:万元

指 标	2021年	2020年	2021年比2020年±%
一般公共预算支出	15415932	15012319	2.7
一般公共服务	1782820	1852702	-3.8
科学技术	687933	554502	24.1
交通运输	437544	466692	-6.2
农林水	993371	955370	4.0
节能环保	460855	647233	-28.8
城乡社区	3810896	3720880	2.4
文化旅游体育与传媒	192609	180881	6.5
教育支出	2559903	2310537	10.8
卫生健康	839103	781034	7.4
社会保障和就业	1366235	1267347	7.8
公共安全	735775	713464	3.1
其他支出	1548888	1561677	-0.8
基金支出合计	13940264	13552661	2.9

5－5 主要年份金融统计指标

单位:亿元

年 份	各项存款余额	#城乡居民储蓄存款	各项贷款余额	#短期贷款	#中长期贷款
1994	235.31	132.8	180.85	145.33	24.21
1995	306.02	183.27	240.84	176.71	31.56
1996	399.57	218.2	350.59	233.68	57.65
1997	449.56	241.43	379.24	277.16	72.28
1998	594.69	269.43	468.9	279.3	111.78
1999	723.57	346.12	588.87	382.74	159.03
2000	826.18	373.22	631.57	378.29	184.48
2001	986.84	444.1	778.28	447.47	264.61
2002	1232.98	544.99	1207.42	555.09	550.23
2003	1598.7	704.85	1629.42	680.13	859.68
2004	1960.23	800.89	1851.38	775.58	1016.02
2005	2322.32	954.42	2055.35	751.94	1209.74
2006	2756.8	1093.04	2482.5	854.34	1495.71
2007	3267.46	1177.17	2982.4	967.88	1904.5
2008	3869.21	1494.93	3516.27	1083.35	2275.1
2009	5325.84	1881.32	5200.76	1201.37	3751.76
2010	6427.95	2172.08	6353.68	1371.86	4846.59
2011	7364.26	2526.93	7483.83	1708.8	5698.04
2012	8800.66	3004.07	8518.93	1957.1	6393.43
2013	10148.76	3507.51	9633.02	2331.67	7165.55
2014	11266.1	3898.85	10712.82	2529.89	7992.6
2015	14065.66	4352.63	12323.87	2668.64	9137.69
2016	15488.77	4872.74	13866.96	2677.38	10472.19
2017	17141.83	5203.64	16027.07	3060.2	12590.62
2018	18633.6	5692.08	18360.89	3656	14175.01
2019	21048.45	6600.39	21248.71	4477.57	15917.02
2020	23316.81	7572.18	24261.26	5032.76	18407.53
2021	25348.50	8311.19	27235.11	5279.13	20837.64

注:从 2015 年开始人民银行不公布城乡居民储蓄存款这一指标,数据由住户存款代替。

5－6 金融机构消费贷款(2021 年)

单位:万元

指 标	年末余额	比年初±额
消费贷款总计	65156891	5866844
短期个人消费贷款	9524152	－234631
住房贷款	3434	－4232
汽车贷款	22455	6251
助学贷款	1785	532
其他贷款	9496478	－237181
中长期个人消费贷款	55632739	6101474
住房贷款	48266090	5184899
汽车贷款	519631	－42777
助学贷款	345555	37546
其他贷款	6501463	921807

5－7 金融机构存贷款(本外币)(2021年)

单位:亿元

指　　标	年末余额	比年初±额	指　　标	年末余额	比年初±额
各项存款	25348.50	2031.70	各项贷款	27235.11	2973.85
一、境内存款	25266.82	2015.56	一、境内贷款	27164.55	2946.46
1.住户存款	8311.19	739.01	1.短期贷款	5279.13	254.36
2.非金融企业存款	8707.65	425.35	2.中长期贷款	20837.64	2422.12
3.广义政府存款	5322.77	401.66	3.融资租赁		
4.非银行业金融机构存款	2925.22	449.55	4.票据融资	1002.75	235.96
二、境外存款	81.68	16.13	5.各项垫款	5.60	-5.08
			二、境外贷款	70.56	27.39

5－8 金融机构存贷款(人民币)(2021年)

单位:亿元

指　　标	年末余额	比年初±额	指　　标	年末余额	比年初±额
各项存款	24923.07	1916.31	各项贷款	26976.22	2875.82
一、境内存款	24901.98	1914.17	一、境内贷款	26968.81	2892.44
1.住户存款	8245.94	744.30	1.短期贷款	5164.20	233.88
2.非金融企业存款	8419.19	323.12	2.中长期贷款	20756.83	2388.58
3.广义政府存款	5315.71	397.12	3.融资租赁		
4.非银行业金融机构存款	2921.13	449.63	4.票据融资	1002.75	235.96
二、境外存款	21.10	2.13	5.各项垫款	5.60	-5.08
			二、境外贷款	7.41	-16.63

5-9 财产保险公司业务主要指标(2021年)

单位:万元

指 标	保费收入	赔款支出
合 计	**1845380**	**1249877**
1. 企业财产保险	93149	33006
2. 家庭财产保险	13756	1556
3. 机动车辆保险	978769	693952
4. 工程保险	22899	8159
5. 责任保险	127905	42378
6. 信用保险	23615	6342
7. 保证保险	101482	128001
# 机动车辆消费贷款保证保险	70	-1
个人贷款抵押房屋保证保险	-2	
8. 船舶保险	1448	1921
9. 货物运输保险	7343	4924
10. 特殊风险保险	5811	387
11. 农业保险	35973	30687
12. 健康险	328050	258444
13. 意外伤害保险	82168	23990
14. 其他险	23012	16130

5－10 人寿保险公司业务主要指标(2021年)

单位:万元

指　　标	合　　计
一、原保险保费收入	3382159
1.寿险小计	2637343
2.意外伤害险小计	67063
(1)一年期以内业务	12337
(2)一年期业务	31413
(3)一年期以上业务	23313
3.健康险小计	677753
二、赔付支出	561291
1.赔款支出	97857
(1)意外伤害险	13337
一年期以内业务	4074
一年期业务	9263
(2)一年期以内及一年期健康险	84520
个人业务	29587
团体业务	54933
2.死伤医疗给付	118137
(1)寿险	27910
个人业务	25546
团体业务	2364
(2)一年期以上健康险	90227
个人业务	87522
团体业务	2705
3.满期给付	264499
(1)寿险	264149
个人业务	264090
其中:年金保险	6215
团体业务	59
其中:年金保险	
(2)一年期以上健康险	350
个人业务	350
团体业务	
4.年金给付	80798
(1)个人业务	74365
其中:年金保险	64203
(2)团体业务	6433
其中:年金保险	6433
三、退保金	363373
1.寿险	342238
(1)个人业务	342183
其中:年金保险	209419
(2)团体业务	55
其中:年金保险	36
2.一年期以上健康险	21135

6 物价指数

长沙统计年鉴

6－1　历年物价总指数

（以上年价格为100）

年　份	商品零售价格指数	居民消费价格指数	服务项目价格指数
1951	105.6		
1952	97.4		
1953	107.6	109.6	105.7
1954	104.8	104.8	100.5
1955	100.9	100.2	100.2
1956	100.2	99.9	94.4
1957	103.9	104.9	96.2
1958	98.5	98.6	99.7
1959	101.0	100.8	99.3
1960	103.0	102.7	100.0
1961	128.8	123.6	100.5
1962	92.2	93.2	103.4
1963	84.9	85.8	95.0
1964	95.4	95.3	94.2
1965	97.9	97.7	95.9
1966	100.1	99.4	92.8
1967	100.9	100.7	98.1
1968	99.7	99.7	100.0
1969	100.5	100.5	100.0
1970	99.3	99.4	100.0
1971	99.8	99.9	100.0
1972	99.9	99.9	99.9
1973	100.3	99.8	94.7
1974	99.8	99.6	97.9
1975	100.1	100.1	100.0
1976	100.0	99.9	97.8
1977	100.1	99.5	94.0
1978	99.9	99.6	96.4
1979	101.3	101.3	101.7
1980	107.7	107.2	101.7
1981	101.6	101.7	102.9
1982	101.8	101.7	101.1
1983	101.4	101.8	106.9
1984	103.5	103.7	106.1
1985	112.7	112.2	107.0

6－1 续表

年　　份	商品零售价格指数	居民消费价格指数	服务项目价格指数
1986	105.3	105.4	106.5
1987	109.8	109.6	107.7
1988	124.9	123.7	111.2
1989	115.4	115.8	120.3
1990	100.2	101.5	113.3
1991	106.5	106.9	110.3
1992	111.8	114.0	128.5
1993	118.4	119.7	127.6
1994	119.0	123.8	133.7
1995	114.0	117.1	119.2
1996	105.4	106.9	111.6
1997	100.8	103.5	112.3
1998	98.5	101.2	112.6
1999	98.4	100.2	112.6
2000	100.7	101.7	111.1
2001	98.2	98.4	103.1
2002	98.6	99.2	102.2
2003	99.2	100.9	101.1
2004	101.3	103.2	102.4
2005	100.4	101.9	102.9
2006	101.1	101.1	101.0
2007	102.3	104.9	101.9
2008	103.9	105.2	101.4
2009	97.7	99.4	100.5
2010	103.8	102.9	101.3
2011	105.4	105.5	103.6
2012	101.5	102.3	102.1
2013	101.2	102.8	104.0
2014	101.7	102.7	102.7
2015	99.6	101.1	100.6
2016	100.9	101.9	101.8
2017	101.4	101.3	102.5
2018	102.5	102.0	101.6
2019	102.2	102.9	101.2
2020	100.8	101.8	100.0
2021	102.0	101.1	101.4

6-2 重要年份定基物价指数

年　份	基　期	居民消费价格指数	商品零售价格指数
1952	以1950年为100		102.9
1957	以1950年为100	124.0	121.7
	以1952年为100	120.6	118.3
1965	以1950年为100	136.5	136.1
	以1952年为100	132.7	132.3
	以1957年为100	110.1	111.8
1970	以1950年为100	138.6	138.9
	以1952年为100	134.7	135.0
	以1957年为100	111.8	114.1
	以1965年为100	101.5	102.1
1978	以1950年为100	136.0	138.8
	以1952年为100	132.2	134.9
	以1957年为100	109.6	114.0
	以1965年为100	99.6	102.0
	以1970年为100	98.1	99.9
1980	以1950年为100	147.7	151.4
	以1952年为100	143.6	147.2
	以1957年为100	119.1	124.4
	以1965年为100	108.2	111.3
	以1970年为100	106.6	109.0
	以1978年为100	108.7	109.1
1990	以1950年为100	308.8	309.1
	以1952年为100	291.9	300.5
	以1957年为100	249.0	254.0
	以1965年为100	227.7	230.5
	以1970年为100	224.1	225.9
	以1978年为100	223.7	223.0
	以1980年为100	205.9	204.4
2000	以1950年为100	733.5	613.4
	以1952年为100	713.2	596.3
	以1957年为100	591.5	504.1
	以1965年为100	537.3	450.9
	以1970年为100	529.3	441.6
	以1978年为100	539.6	442.1
	以1980年为100	496.6	405.2
	以1990年为100	241.3	198.3
	以1995年为100	114.1	103.7

6－2 续表 1

年　　份	基　　期	居民消费价格指数	商品零售价格指数
2005	以 1950 年为 100	759.8	605.3
	以 1952 年为 100	738.7	582.6
	以 1957 年为 100	612.7	492.4
	以 1965 年为 100	556.5	440.4
	以 1970 年为 100	548.3	431.4
	以 1978 年为 100	558.9	431.9
	以 1980 年为 100	514.3	395.8
	以 1990 年为 100	249.9	193.7
	以 1995 年为 100	118.2	101.3
	以 2000 年为 100	105.3	100.5
2010	以 1950 年为 100	866.9	659.6
	以 1952 年为 100	843.0	634.8
	以 1957 年为 100	699.2	536.6
	以 1965 年为 100	635.1	479.6
	以 1970 年为 100	625.5	470.1
	以 1978 年为 100	637.8	470.6
	以 1980 年为 100	586.9	431.3
	以 1990 年为 100	285.1	211.1
	以 1995 年为 100	134.8	110.4
	以 2000 年为 100	123.0	109.6
	以 2005 年为 100	116.9	111.5
2014	以 1950 年为 100	987.8	726.2
	以 1952 年为 100	960.6	698.9
	以 1957 年为 100	796.7	590.9
	以 1965 年为 100	723.6	528.1
	以 1970 年为 100	712.7	517.6
	以 1978 年为 100	726.8	518.1
	以 1980 年为 100	668.7	474.8
	以 1990 年为 100	324.8	232.4
	以 2000 年为 100	140.1	120.6
	以 2005 年为 100	131.3	122.8
	以 2010 年为 100	114.4	109.7
2015	以 1950 年为 100	998.7	723.3
	以 1952 年为 100	971.2	696.1
	以 1957 年为 100	805.5	588.5
	以 1965 年为 100	731.6	526.0
	以 1970 年为 100	720.5	515.5
	以 1978 年为 100	734.8	516.0
	以 1980 年为 100	676.1	472.9
	以 1990 年为 100	328.4	231.5
	以 2000 年为 100	141.6	120.1
	以 2005 年为 100	132.7	122.3
	以 2010 年为 100	115.7	109.9

6-2 续表2

年　份	基　期	居民消费价格指数	商品零售价格指数
2016	以1950年为100	1017.7	729.8
	以1952年为100	989.7	702.4
	以1957年为100	820.8	593.8
	以1965年为100	745.5	530.7
	以1970年为100	734.2	520.1
	以1978年为100	748.8	520.6
	以1980年为100	688.9	477.2
	以1990年为100	334.6	233.6
	以2000年为100	139.2	123.1
	以2005年为100	135.2	123.4
	以2010年为100	117.9	110.9
	以2015年为100	102.7	101.7
2017	以1950年为100	1030.9	740.0
	以1952年为100	1002.6	712.2
	以1957年为100	831.5	602.1
	以1965年为100	755.2	538.1
	以1970年为100	743.7	527.4
	以1978年为100	758.5	527.9
	以1980年为100	697.9	483.9
	以1990年为100	338.9	236.9
	以2000年为100	140.4	124.9
	以2005年为100	137.0	125.1
	以2010年为100	119.4	112.5
	以2015年为100	103.5	103.2
2018	以1950年为100	1051.5	758.5
	以1952年为100	1022.7	730.0
	以1957年为100	848.1	617.2
	以1965年为100	770.3	551.6
	以1970年为100	758.6	540.6
	以1978年为100	773.7	541.1
	以1980年为100	711.9	496.0
	以1990年为100	345.7	242.8
	以2000年为100	143.6	127.5
	以2005年为100	139.7	128.2
	以2010年为100	121.8	115.3
	以2015年为100	105.9	105.4

6－2 续表 3

年份	基期	居民消费价格指数	商品零售价格指数
2019	以 1950 年为 100	1082.0	775.2
	以 1952 年为 100	1052.4	746.1
	以 1957 年为 100	872.7	630.8
	以 1965 年为 100	792.6	563.7
	以 1970 年为 100	780.6	552.5
	以 1978 年为 100	796.1	553.0
	以 1980 年为 100	732.5	506.9
	以 1990 年为 100	355.7	248.1
	以 2000 年为 100	148.8	131.4
	以 2005 年为 100	143.8	131.0
	以 2010 年为 100	125.3	117.8
	以 2015 年为 100	109.7	108.6
2020	以 1950 年为 100	1101.5	781.4
	以 1952 年为 100	1071.3	752.1
	以 1957 年为 100	888.4	635.8
	以 1965 年为 100	806.9	568.2
	以 1970 年为 100	794.7	556.9
	以 1978 年为 100	810.4	557.4
	以 1980 年为 100	745.7	511.0
	以 1990 年为 100	362.1	250.1
	以 2000 年为 100	149.4	131.1
	以 2005 年为 100	146.4	132.0
	以 2010 年为 100	127.6	118.7
	以 2015 年为 100	110.2	108.4
2021	以 1950 年为 100	1113.6	797.0
	以 1952 年为 100	1083.1	767.1
	以 1957 年为 100	898.2	648.5
	以 1965 年为 100	815.8	579.6
	以 1970 年为 100	803.4	568.0
	以 1978 年为 100	819.3	568.5
	以 1980 年为 100	753.9	521.2
	以 1990 年为 100	366.1	255.1
	以 2000 年为 100	151.0	133.7
	以 2005 年为 100	148.0	134.6
	以 2010 年为 100	129.0	121.1
	以 2015 年为 100	111.4	110.6
	以 2020 年为 100	101.1	102.0

6－3 商品零售价格指数(2021年)

(以上年价格为100)

项　目	以上年价格为100	项　目	以上年价格为100
商品零售价格总指数	**102.0**	15. 餐饮业零售	100.2
一、食品	98.4	二、饮料、烟酒	104.7
1. 粮食	102.8	三、服装、鞋帽	101.2
2. 薯类	100.1	四、纺织品	101.4
3. 豆类	104.9	五、家用电器及音像器材	101.6
4. 食用油	100.9	六、文化办公用品	100.4
5. 菜及食用菌	104.7	七、日用品	100.3
6. 畜肉类	80.0	八、体育娱乐用品	100.9
7. 禽肉类	98.5	九、交通、通信用品	101.4
8. 水产品	113.7	十、家具	100.8
9. 蛋类	107.6	十一、化妆品	99.5
10. 奶类	100.0	十二、金银珠宝	99.0
11. 干鲜瓜果类	104.0	十三、中西药品及医疗保健用品	101.1
12. 糖果糕点类	101.7	十四、书报杂志及电子出版物	99.5
13. 调味品	100.1	十五、燃料	115.2
14. 其他食品类	101.5	十六、建筑材料及五金电料	101.5

6-4 居民消费价格指数(2021年)

(以上年价格为100)

项　　目	以上年价格为100	项　　目	以上年价格为100
居民消费价格总指数	**101.1**	三、居住	101.9
一、食品烟酒	99.2	1. 租赁房房租	102.4
1. 食品	97.7	2. 住房保养维修及管理	101.4
(1)粮食	102.8	3. 水电燃料	100.9
(2)薯类	100.1	4. 自有住房	102.3
(3)豆类	104.9	四、生活用品及服务	100.5
(4)食用油	100.8	1. 家具及室内装饰品	100.9
(5)菜及食用菌	104.7	2. 家用器具	101.2
(6)畜肉类	79.9	3. 家用纺织品	100.9
(7)禽肉类	98.5	4. 家庭日用杂品	100.0
(8)水产品	113.6	5. 个人护理用品	99.5
(9)蛋类	107.6	6. 家庭服务	101.0
(10)奶类	100.0	五、交通和通信	104.7
(11)干鲜瓜果类	104.0	1. 交通	105.9
(12)糖果糕点类	101.7	2. 通信	100.7
(13)调味品	100.1	六、教育文化娱乐	101.2
(14)其他食品类	101.5	1. 教育	100.8
2. 茶及饮料	100.2	2. 文化娱乐	101.8
3. 烟酒	105.5	七、医疗保健	100.7
4. 在外餐饮	100.2	1. 药品及医疗器具	101.1
二、衣着	101.2	2. 医疗服务	100.5
1. 服装	101.1	八、其他用品和服务	98.9
2. 鞋类	101.7	1. 其他用品	99.8
		2. 其他服务	98.1

6－5　居民消费价格定基指数(2021年)

(以2015年价格为100)

项　　目	以2015年价格为100	项　　目	以2015年价格为100
居民消费价格总指数	111.4	三、居住	113.4
一、食品烟酒	120.4	1. 租赁房房租	116.8
1. 食品	124.9	2. 住房保养维修及管理	109.7
(1)粮食	110.1	3. 水电燃料	104.4
(2)薯类	123.8	4. 自有住房	120.1
(3)豆类	115.2	四、生活用品及服务	102.9
(4)食用油	110.9	1. 家具及室内装饰品	101.2
(5)菜及食用菌	137.5	2. 家用器具	100.0
(6)畜肉类	179.0	3. 家用纺织品	102.2
(7)禽肉类	119.3	4. 家庭日用杂品	106.5
(8)水产品	107.6	5. 个人护理用品	103.6
(9)蛋类	99.5	6. 家庭服务	106.7
(10)奶类	109.7	五、交通和通信	99.9
(11)干鲜瓜果类	108.4	1. 交通	103.5
(12)糖果糕点类	108.3	2. 通信	92.5
(13)调味品	115.8	六、教育文化娱乐	105.8
(14)其他食品类	105.5	1. 教育	107.1
2. 茶及饮料	102.0	2. 文化娱乐	104.5
3. 烟酒	117.4	七、医疗保健	109.7
4. 在外餐饮	108.8	1. 药品及医疗器具	116.4
二、衣着	109.7	2. 医疗服务	105.3
1. 服装	110.9	八、其他用品和服务	112.7
2. 鞋类	104.0	1. 其他用品	126.5
		2. 其他服务	100.2

6-6 商品零售价格定基指数(2021年)

(以2015年价格为100)

项　目	以2015年价格为100	项　目	以2015年价格为100
商品零售价格总指数	**110.6**	15.餐饮业零售	108.9
一、食品	122.0	二、饮料、烟酒	113.7
1.粮食	110.4	三、服装、鞋帽	109.0
2.薯类	123.8	四、纺织品	103.7
3.豆类	115.3	五、家用电器及音像器材	101.2
4.食用油	111.0	六、文化办公用品	103.3
5.菜及食用菌	137.4	七、日用品	105.5
6.畜肉类	143.5	八、体育娱乐用品	102.3
7.禽肉类	115.9	九、交通、通信用品	98.8
8.水产品	124.6	十、家具	101.1
9.蛋类	107.6	十一、化妆品	103.6
10.奶类	102.7	十二、金银珠宝	141.9
11.干鲜瓜果类	110.7	十三、中西药品及医疗保健用品	116.9
12.糖果糕点类	108.9	十四、书报杂志及电子出版物	99.1
13.调味品	114.4	十五、燃料	114.7
14.其他食品类	106.0	十六、建筑材料及五金电料	108.7

6-7　居民消费价格指数（分月）（2021年）

（以上年同月为100）

项　目	一月	二月	三月	四月	五月	六月	七月	八月	九月	十月	十一月	十二月
居民消费价格总指数	**100.4**	**100.4**	**101.0**	**101.2**	**101.6**	**101.1**	**100.4**	**100.7**	**100.9**	**101.5**	**102.5**	**101.6**
一、食品烟酒	103.0	100.6	100.3	100.5	101.2	99.4	96.8	96.7	95.7	96.9	100.2	98.8
1. 食品	104.1	100.3	99.6	99.7	100.8	97.8	93.7	93.4	92.3	94.2	99.6	97.6
（1）粮食	103.6	103.9	103.9	103.5	103.2	103.0	102.9	103.1	103.2	101.1	100.8	101.3
（2）薯类	105.2	102.7	91.7	93.1	96.9	96.6	96.8	97.1	105.2	106.6	106.3	106.9
（3）豆类	106.5	106.5	106.5	106.8	106.3	105.5	104.7	104.4	104.2	103.4	102.5	102.3
（4）食用油	102.7	103.4	102.6	102.1	101.8	101.3	100.2	99.2	98.3	98.8	100.1	99.8
（5）菜及食用菌	129.6	116.5	107.3	97.5	105.3	100.8	91.5	93.6	93.8	104.7	116.6	102.3
（6）畜肉类	97.9	89.3	89.3	89.9	86.5	77.3	69.4	68.7	66.8	68.3	78.4	76.6
（7）禽肉类	95.0	97.0	96.0	96.4	97.4	99.4	100.3	99.9	99.8	100.0	100.7	101.1
（8）水产品	99.8	103.2	109.8	117.4	122.4	121.5	120.4	118.1	115.0	111.0	113.0	111.9
（9）蛋类	94.8	94.2	97.7	103.1	107.8	113.7	113.2	112.1	111.3	112.2	116.6	117.7
（10）奶类	99.4	99.3	99.8	99.9	100.3	100.1	100.1	100.5	100.1	99.9	100.4	100.5
（11）干鲜瓜果类	104.3	103.9	103.9	105.8	106.0	105.1	102.9	102.0	99.4	100.1	105.4	109.2
（12）糖果糕点类	101.9	102.6	101.7	102.2	102.0	101.2	101.5	101.2	101.2	101.8	101.4	101.5
（13）调味品	100.0	99.9	99.7	99.7	99.7	99.7	99.8	100.5	100.5	100.7	100.6	100.8
（14）其他食品类	101.3	101.3	101.2	101.4	101.7	101.3	101.7	101.8	101.4	101.8	101.3	101.7
2. 茶及饮料	100.5	100.5	100.4	100.5	100.2	100.1	100.1	100.0	99.9	99.9	99.8	100.2
3. 烟酒	103.1	104.2	104.7	105.5	105.9	106.3	107.2	107.8	106.6	106.3	104.5	104.1
4. 在外餐饮	100.2	100.2	100.4	100.6	100.5	100.5	100.4	100.4	100.1	99.8	99.8	99.8
二、衣着	100.9	100.9	100.7	100.8	100.8	100.9	100.9	101.3	101.2	101.9	101.8	101.9
三、居住	100.4	100.9	101.8	100.7	100.8	101.0	100.8	102.2	104.2	103.9	103.5	102.9
四、生活用品及服务	100.0	99.9	99.9	100.3	100.5	100.5	100.4	100.9	100.8	101.3	100.9	101.1
五、交通和通信	96.4	99.2	103.3	104.8	105.5	105.7	106.4	106.0	105.8	108.5	109.0	106.6
六、教育文化娱乐	99.5	100.0	100.2	101.2	101.6	101.3	101.1	101.7	102.0	101.4	102.3	101.7
七、医疗保健	100.5	100.5	100.5	100.6	100.6	100.7	100.6	100.7	100.8	100.9	101.0	101.0
八、其他用品和服务	99.3	99.6	98.9	99.5	99.8	99.7	99.0	97.0	97.2	98.7	99.2	98.9

6-8 商品零售价格指数(分月)(2021年)

(以上年同月为100)

项目	一月	二月	三月	四月	五月	六月	七月	八月	九月	十月	十一月	十二月
商品零售价格总指数	**99.9**	**100.1**	**101.4**	**102.2**	**102.7**	**102.4**	**101.8**	**101.8**	**101.7**	**103.1**	**104.1**	**102.9**
一、食品	103.0	100.2	99.8	99.9	100.7	98.5	95.5	95.3	94.4	95.7	99.7	98.2
1.粮食	103.6	103.9	103.9	103.5	103.2	103.0	103.0	103.1	103.2	101.1	100.8	101.3
2.薯类	105.2	102.7	91.7	93.1	96.9	96.6	96.8	97.1	105.2	106.6	106.3	106.9
3.豆类	106.5	106.5	106.5	106.8	106.3	105.5	104.7	104.4	104.2	103.4	102.5	102.3
4.食用油	102.7	103.4	102.6	102.2	101.9	101.4	100.3	99.3	98.5	98.9	100.2	99.9
5.菜及食用菌	129.6	116.5	107.3	97.5	105.3	100.8	91.5	93.6	93.8	104.7	116.6	102.3
6.畜肉类	97.9	89.3	89.3	90.0	86.5	77.4	69.5	68.8	66.9	68.3	78.5	76.6
7.禽肉类	95.0	97.0	96.0	96.4	97.4	99.4	100.3	99.9	99.8	100.0	100.7	101.1
8.水产品	99.8	103.2	109.8	117.5	122.4	121.6	120.4	118.1	115.0	111.1	113.0	111.9
9.蛋类	94.8	94.1	97.6	103.1	107.8	113.7	113.3	112.1	111.3	112.2	116.6	117.8
10.奶类	99.4	99.3	99.8	99.9	100.3	100.1	100.1	100.5	100.1	99.9	100.4	100.5
11.干鲜瓜果类	104.3	103.8	103.9	105.8	106.0	105.1	102.9	102.0	99.4	100.1	105.4	109.2
12.糖果糕点类	101.9	102.6	101.7	102.2	102.0	101.2	101.5	101.2	101.2	101.8	101.4	101.5
13.调味品	100.0	100.0	99.7	99.8	99.7	99.7	99.8	100.5	100.5	100.7	100.6	100.8
14.其他食品类	101.3	101.3	101.2	101.4	101.7	101.3	101.7	101.8	101.4	101.8	101.3	101.7
15.餐饮业零售	100.2	100.2	100.4	100.6	100.5	100.5	100.4	100.4	100.1	99.8	99.8	99.8
二、饮料、烟酒	102.7	103.6	104.0	104.7	105.0	105.3	106.0	106.5	105.6	105.3	103.8	103.5
三、服装、鞋帽	101.0	100.9	100.8	100.8	100.9	100.9	100.9	101.3	101.2	101.9	101.8	102.0
四、纺织品	100.3	100.3	100.6	101.0	101.3	101.4	102.0	102.1	101.9	102.2	102.0	102.0
五、家用电器及音像器材	99.4	99.8	100.1	100.8	101.9	101.9	102.0	102.5	102.7	102.8	102.6	102.6
六、文化办公用品	100.0	100.2	100.0	100.3	100.4	100.6	100.2	100.1	100.6	100.9	100.8	100.9
七、日用品	99.8	99.6	99.7	99.7	99.8	99.9	100.6	100.1	100.6	101.5	101.2	101.5
八、体育娱乐用品	100.0	100.4	101.1	101.5	101.3	100.9	100.5	100.4	100.7	101.3	101.6	101.7
九、交通、通信用品	100.7	100.8	100.5	100.8	101.2	100.9	100.8	101.8	101.7	102.6	102.3	102.3
十、家具	99.8	99.7	99.9	100.0	100.1	100.8	100.8	101.9	101.9	101.6	101.3	101.5
十一、化妆品	101.5	99.0	99.7	100.2	100.2	99.5	98.5	99.7	98.9	99.8	98.4	98.8
十二、金银饰品	110.2	107.9	101.9	103.8	103.5	103.0	97.8	89.7	91.6	91.7	95.9	95.0
十三、中西药品及医疗保健用品	100.5	100.5	100.3	100.6	100.8	101.0	100.9	101.3	101.7	101.9	102.2	102.2
十四、书报杂志及电子出版物	99.7	99.7	99.5	99.3	99.3	99.4	99.5	99.4	99.5	99.5	99.4	99.4
十五、燃料	88.4	95.5	109.9	116.4	118.0	119.8	121.7	119.4	120.5	128.6	132.0	121.7
十六、建筑材料及五金电料	100.3	100.3	100.7	100.8	101.3	101.7	101.4	101.5	102.1	102.7	102.8	102.8

6－9　工业生产者出厂价格指数(2021年)

(以上年价格为100)

项　　目	2021年	项　　目	2021年
总指数	**105.9**		
煤炭开采和洗选业	118.3	医药制造业	102.7
黑色金属矿采选业	121.8	橡胶和塑料制品业	102.2
有色金属矿采选业	109.7	非金属矿物制品业	105.8
非金属矿采选业	105.5	黑色金属冶炼和压延加工业	132.7
农副食品加工业	102.4	有色金属冶炼和压延加工业	115.7
食品制造业	98.7	金属制品业	106.1
酒、饮料和精制茶制造业	99.9	通用设备制造业	102.5
烟草制品业	100.0	专用设备制造业	99.9
纺织业	106.9	汽车制造业	103.4
纺织服装、服饰业	101.4	铁路、船舶、航空航天和其他运输设备制造业	100.9
皮革、毛皮、羽毛及其制品和制鞋业	102.3	电气机械和器材制造业	106.2
木材加工和木、竹、藤、棕、草制品业	101.8	计算机、通信和其他电子设备制造业	101.2
造纸和纸制品业	104.9	电力、热力生产和供应业	102.4
石油、煤炭及其他燃料加工业	131.6	燃气生产和供应业	102.0
化学原料和化学制品制造业	111.0	水的生产和供应业	100.1

6-10 原材料、燃料、动力购进价格指数(2021年)

(以上年价格为100)

项　　目	2021年	项　　目	2021年
总指数	**108.1**		
1.燃料、动力类	108.5	6.建筑材料类及非金属矿类	110.8
2.黑色金属材料类	117.2	7.其他工业原材料及半成品类	101.0
3.有色金属材料和电线类	119.8	8.农副食品类	107.1
4.化工原料类	107.5	9.纺织原料类	103.7
5.木材及纸浆类	103.2		

6-11 房地产价格指数(2021年12月)

项　　目	以上年同月为100	以2020年为100
一、新建商品住宅销售价格指数	107.5	109.4
1.90㎡及以下	107.3	109.0
2.90-144㎡	107.4	109.1
3.144㎡以上	108.0	110.2
二、二手住宅销售价格指数	105.1	106.4
1.90㎡及以下	104.5	105.8
2.90-144㎡	105.3	106.8
3.144㎡以上	105.7	106.5

7 人民生活

长沙统计年鉴

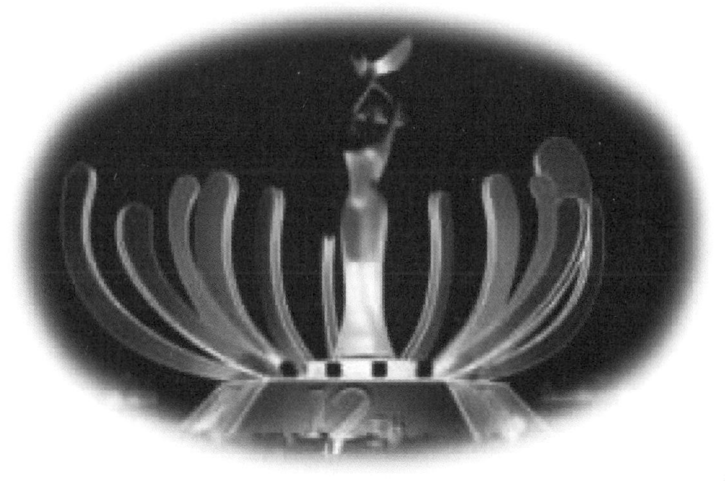

7-1 历年城市居民调查户基本情况

年份	调查户数（户）	平均每户家庭人口（人）	平均每一就业者负担人数（人）	月人均家庭总收入（元）	#可支配收入（元）	月人均消费性支出（元）	人均住房使用面积（m^2）
1980	100	3.70	1.68	44.26	43.47	39.41	7.67
1981	100	3.75	1.61	45.74	44.94	42.32	8.31
1982	100	3.75	1.60	47.05	46.25	41.68	8.93
1983	100	3.72	1.65	50.01	48.39	44.59	9.33
1984	100	3.70	1.67	55.92	55.01	47.63	10.10
1985	150	3.49	1.77	70.65	69.54	65.16	11.18
1986	150	3.44	1.82	81.99	80.87	74.59	11.85
1987	150	3.39	1.80	92.87	91.80	82.69	11.95
1988	200	3.46	1.76	118.89	117.80	114.72	11.51
1989	200	3.38	1.76	138.69	136.59	119.71	11.69
1990	200	3.30	1.71	148.74	147.51	124.64	12.07
1991	200	3.28	1.73	165.49	164.21	139.95	12.90
1992	200	3.20	1.76	208.10	206.80	162.79	13.53
1993	200	3.13	1.70	271.81	270.52	216.23	13.33
1994	200	3.39	1.60	341.58	339.08	291.85	13.22
1995	200	3.36	1.69	408.98	405.02	344.25	13.11
1996	200	3.31	1.65	470.22	440.74	391.40	13.93
1997	200	3.13	1.62	522.52	490.01	455.75	15.89
1998	200	3.07	1.57	558.43	522.84	465.38	16.66
1999	200	3.07	1.66	610.72	573.56	530.36	17.22
2000	200	3.07	1.64	670.92	627.48	587.55	18.23
2001	400	3.04	1.69	732.98	683.95	617.51	17.88
2002	400	2.99	1.85	802.87	751.72	654.52	17.82
2003	400	3.06	1.92	888.15	827.71	694.20	18.17
2004	400	3.05	1.85	993.93	918.38	752.63	18.80
2005	400	2.85	2.09	1114.26	1036.16	804.99	21.26
2006	400	2.81	2.06	1167.56	1160.34	889.98	21.40
2007	400	2.82	1.97	1472.43	1346.10	1023.99	21.64
2008	400	2.97	2.17	1611.48	1523.52	1080.00	21.23
2009	500	2.99	1.97	1859.38	1738.65	1287.28	29.33
2010	500	2.93	1.84	2062.92	1945.55	1380.25	30.88
2011	550	2.95	1.90	2364.69	2255.76	1505.76	33.10
2012	550	2.91	1.86	2698.07	2586.96	1636.59	33.08
2013	532	2.99	1.95	3007.87	2805.18	1862.18	41.42
2014	528	2.98	1.83	3614.48	3068.87	2231.55	46.74
2015	536	3.03	1.83	3565.11	3330.09	2479.42	45.34
2016	560	3.04	1.84	3974.11	3607.84	2652.13	44.77
2017	562	3.03	1.87	4791.65	3912.36	2887.06	45.48
2018	570	3.21	1.91	5239.42	4232.66	3064.62	42.72
2019	570	3.22	1.94	5676.65	4600.90	3293.03	41.30
2020	570	3.28	1.96	5631.42	4830.94	3261.06	41.20
2021	570	3.19	1.92	5896.81	5178.76	3443.67	40.90

注：1. 从 2002 年起，由于报表制度的变动，人均可支配收入应剔除出售财物收入、从 1996 年开始工资中扣除的各项社会保障支出，以及从 1997 年起的自有房房租折算收入。因此，本年鉴按新制度重新整理的（1980—2002 年）各年的可支配收入额与原来相应年度出版的年鉴数据不一致，均以本年鉴数据为准。

2. 2012 年以前数据为城市居民统计范围，从 2013 年起，因统计方法制度改革，统计范围调整为城镇居民统计范围，与往年数据不具有可比性。同时原人均住房使用面积指标调整为人均现住房建筑面积。

7-2 历年城市居民调查户消费性支出情况

单位:元

年份	全年人平消费性支出	食品支出	衣着支出	用品支出	燃料支出	非商品支出
1980	472.92	251.76	66.84	105.00	7.44	41.88
1981	507.90	286.69	66.61	106.92	7.68	40.00
1982	500.11	297.21	63.35	91.25	8.85	39.45
1983	535.13	316.86	73.00	96.07	8.77	40.43
1984	571.59	333.77	75.30	106.06	9.25	47.21
1985	781.95	424.80	112.76	173.87	11.29	59.23
1986	895.08	489.45	124.47	197.63	11.96	71.57
1987	992.32	561.30	129.40	204.93	11.41	85.28
1988	1376.64	672.13	173.07	402.32	12.25	116.87
1989	1436.52	788.83	184.73	307.20	17.79	137.97
1990	1495.68	823.29	202.33	287.72	22.06	160.28
1991	1679.40	879.93	227.33	357.18	24.01	190.95

年份	全年人平消费性支出	食品支出	衣着支出	家庭设备用品及服务支出	医疗保健支出	交通与通讯支出	教育、文化娱乐、服务支出	居住支出	杂项商品与服务支出
1992	1953.48	1003.40	279.11	192.23	41.82	54.19	209.56	96.17	77.00
1993	2594.76	1231.77	385.36	350.65	63.85	92.51	216.72	1540.00	99.90
1994	3502.20	1631.27	480.54	349.40	79.85	244.79	414.00	191.03	111.32
1995	4131.00	2031.19	513.42	372.25	123.91	257.41	439.72	262.95	130.15
1996	4696.80	2232.78	544.73	421.61	177.78	259.58	554.83	326.48	179.01
1997	5469.01	2408.21	645.88	394.89	186.45	432.40	856.45	356.62	188.11
1998	5584.51	2373.27	623.44	328.60	203.83	381.40	878.38	569.29	226.30
1999	6364.34	2454.35	765.00	575.22	228.58	482.08	943.56	661.06	254.49
2000	7050.55	2454.14	682.88	777.38	265.72	581.84	1057.01	964.47	267.11
2001	7410.13	2511.51	714.80	623.10	393.60	727.55	1289.36	852.51	297.70
2002	7854.24	2535.96	777.00	565.80	489.96	795.24	1402.80	1035.84	251.64
2003	8330.40	2629.44	778.08	558.24	607.92	1115.40	1574.88	792.00	274.44
2004	9031.60	3017.27	850.22	484.81	662.11	1195.27	1606.43	924.38	291.11
2005	9659.85	3229.71	969.53	613.96	788.21	1209.39	1685.70	851.56	311.78
2006	10679.74	3481.27	1055.52	669.78	867.24	1398.33	1794.97	1089.36	323.27
2007	12287.83	4286.48	1249.64	732.62	973.67	1925.14	1739.61	1074.84	305.83
2008	12960.00	4779.86	1297.81	932.80	1166.20	1614.84	1450.07	1388.04	330.38
2009	15447.36	4987.99	1487.31	1388.59	1096.78	2604.82	1870.60	1673.08	338.19
2010	16562.95	5654.76	1500.48	1261.87	981.47	2780.31	2101.30	1813.19	469.57
2011	18069.10	6498.30	1953.41	1162.05	943.05	2915.54	2410.48	1700.71	485.55
2012	19639.08	7128.28	2253.87	1297.49	882.00	2950.06	2669.97	1815.96	641.46
2013	22346.17	6589.32	1804.08	1388.03	1255.07	2990.38	2498.87	5415.40	405.02
2014	26778.55	7082.14	1915.39	1471.12	1610.42	4595.56	3807.73	5749.04	547.16
2015	29753.00	7739.98	2250.71	1853.36	1535.47	4218.87	5178.85	6462.21	513.55
2016	31825.56	7940.60	2164.87	2541.50	1983.73	4498.99	5739.09	6379.29	577.50
2017	34644.74	8549.50	2173.20	2809.96	2265.91	4813.34	6378.19	6946.71	707.93
2018	36775.43	9522.60	2399.13	2835.61	2569.19	4706.00	6876.48	7039.92	826.49
2019	39516.35	10188.39	2563.92	3049.18	2819.55	5037.18	7361.09	7628.18	868.85
2020	39132.67	10568.47	2521.99	2889.95	2921.72	4627.38	7179.77	7566.60	856.79
2021	41324.07	11076.25	2622.77	2992.15	2904.17	4515.82	8523.01	7753.58	936.32

注:1. 从2002年起由于报表制度的变动,人均消费性支出不包括在外就学子女费用和1997年开始的自有房房租折算支出,以及各类社会保障支出。旅游消费也从杂项商品与服务支出中按相关指标相应地调整到娱乐文教、食品、交通与通讯支出项目中。因此,本年鉴按新制度重新整理的(1988-2002年)各年的消费支出与分类支出额与原来相应年度出版的年鉴数据不一致,均以本年鉴数据为准。

2. 2012年以前数据为城市居民统计范围,从2013年起,由于统计方法制度改革,统计范围调整为城镇居民统计范围,与往年数据不具有可比性。

7－3 历年城市居民家庭全年人平主要食品、衣着及日用品消费量

指　标	单位	1980 年	1981 年	1982 年	1983 年	1984 年	1985 年	1986 年	1987 年	1988 年	1989 年	1990 年	1991 年	1992 年
粮食	公斤	146.8	143.1	144.0	144.3	142.4	139.5	138.8	135.1	137.1	137.2	134.1	119.2	114.1
油脂类	公斤	5.4	4.7	5.2	5.7	5.9	5.4	5.4	7.3	8.1	5.3	7.8	7.5	9.0
鲜菜	公斤	168.0	151.9	160.0	161.8	162.0	182.4	153.6	156.5	149.6	137.3	134.9	138.7	127.2
猪肉	公斤	22.6	27.2	26.3	28.0	26.7	29.0	28.6	29.8	28.4	24.0	24.2	23.6	20.1
家禽	公斤	1.0	1.0	1.2	1.6	1.6	2.3	2.8	1.7	2.3	2.6	2.2	3.3	3.5
鲜蛋	公斤	4.3	4.6	4.9	4.3	5.8	6.1	6.0	4.9	5.3	6.0	5.6	6.5	7.2
鱼	公斤	9.0	7.5	6.7	8.3	8.2	9.3	11.6	10.4	9.5	9.4	9.1	8.4	8.0
酒	公斤	3.2	3.0	3.1	4.0	4.1	5.4	6.4	5.8	5.3	4.1	3.9	3.7	3.2
糕点	公斤	4.3	4.5	4.6	4.6	4.4	4.4	4.3	4.0	3.8	3.5	3.6	3.6	3.2
鲜瓜果	公斤										32.3	31.8	36.9	35.2
碳酸饮料	公斤													0.8
茶叶	公斤										0.1	0.3	0.3	0.3
鲜乳品	公斤										0.8	0.6	1.5	1.9
奶粉	公斤													0.5
鞋类	双/人										2.5	2.8	3.1	3.0
男式服装	件/人													2.4
女式服装	件/人													2.9
煤炭	公斤/人	194.0	193.5	211.5	210.0	212.5	235.0	194.1	182.7	173.6	172.7	159.2	261.9	110.6
液化石油气	公斤/人	4.2	4.9	5.9	6.7	8.4	10.9	12.3	15.3	17.1	19.3	22.2	22.2	24.7
管道煤气	立方米/人													
管道天然气	立方米/人													
水	吨/人													28.6
电	度/人													115.1

7－3 续表 1

指　标	单位	1993 年	1994 年	1995 年	1996 年	1997 年	1998 年	1999 年	2000 年	2001 年	2002 年
粮食	公斤	108.4	107.7	106.8	105.5	101.8	101.4	93.7	95.9	96.6	93.0
# 大米	公斤										
# 面粉	公斤										
油脂类	公斤	7.6	7.8	7.7	8.1	10.3	10.0	9.1	9.8	9.9	10.8
# 食用植物油	公斤										
鲜菜	公斤	126.3	116.3	115.5	130.2	112.5	113.4	110.1	115.4	120.7	129.1
猪肉	公斤	19.7	18.1	19.2	19.2	18.5	18.8	17.0	17.9	17.1	21.2
家禽	公斤	4.1	5.8	6.0	7.3	9.0	9.5	10.2	10.6	11.3	9.9
鲜蛋	公斤	7.5	7.4	7.8	7.2	7.6	7.2	6.7	7.3	7.0	6.4
鱼	公斤	8.1	7.6	8.1	8.1	8.1	7.9	8.7	9.1	9.0	8.6
酒	公斤	3.7	4.8	5.3	4.3	3.8	4.4	4.3	4.8	4.4	4.1
糕点	公斤	3.4	4.1	3.7	3.9	4.1	3.8	3.9	3.9	3.5	3.5
鲜瓜果	公斤	29.6	32.7	36.0	34.8	42.7	50.3	51.6	55.5	59.3	57.6
碳酸饮料	公斤	0.8	0.7	0.7	0.7	0.7	0.7	1.0	1.4	1.1	1.8
茶叶	公斤	0.3	0.3	0.2	0.2	0.2	0.2	0.2	0.2	0.3	0.3
鲜乳品	公斤	0.9	0.3	0.1	0.3	1.0	1.7	2.0	3.4	4.5	7.8
奶粉	公斤	0.5	0.5	0.5	0.5	0.7	0.8	1.0	1.0	1.2	1.2
鞋类	双/人	3.0	2.9	3.0	3.0	3.0	2.9	3.1	2.9	2.9	3.1
服装	件/人	5.4	5.5	5.5	6.0	7.2	6.5	7.9	7.1	7.6	7.8
煤炭	公斤/人	67.1	69.6	37.4	31.3	31.0	25.6	20.6	20.3	32.9	34.0
液化石油气	公斤/人	25.4	26.1	29.7	36.5	34.9	33.6	34.4	35.4	39.5	40.3
管道煤气	立方米/人		0.3	1.3	4.0	6.5	13.5	14.2	15.3	23.6	22.8
管道天然气	立方米/人										
水	吨/人	24.2	29.1	26.8	36.5	41.6	42.5	41.3	43.5	54.1	49.8
电	度/人	124.9	149.7	169.2	173.0	172.8	239.3	266.4	307.3	372.2	419.0

7－3 续表 2

指　标	单位	2003 年	2004 年	2005 年	2006 年	2007 年	2008 年	2009 年	2010 年	2011 年	2012 年
粮食	公斤	93.7	92.5	95.6	91.5	80.6	85.9	82.8	71.8	70.6	71.7
# 大米	公斤				47.3	50.1	58.0	58.0	49.7	46.8	45.6
# 面粉	公斤				2.1	2.6	2.9	2.2	2.6	2.8	3.1
油脂类	公斤	11.0	15.1	13.6	12.7	15.9	15.5	13.8	13.9	12.8	14.0
# 食用植物油	公斤				11.5	14.0	13.6	12.6	12.6	11.4	12.3
鲜菜	公斤	132.5	126.0	121.7	124.2	129.0	134.6	146.7	143.0	141.5	128.3
猪肉	公斤	21.0	23.4	24.8	26.1	24.5	23.9	24.6	24.8	25.3	23.5
家禽	公斤	7.7	6.7	7.6	7.8	8.0	8.5	9.3	11.7	10.2	9.8
鲜蛋	公斤	7.1	6.6	7.2	7.3	7.7	8.1	8.9	8.3	7.9	8.1
鱼	公斤	9.4	9.0	9.9	9.3	10.9	10.8	11.5	12.0	12.0	11.6
酒	公斤	3.9	4.4	5.6	6.3	6.1	5.6	5.1	5.2	4.1	3.6
糕点	公斤	3.6	3.0	3.9	3.6	3.8	2.7	3.0	3.1	3.0	3.6
鲜瓜果	公斤	59.9	56.9	51.0	60.3	62.3	54.0	83.6	57.1	53.0	55.5
碳酸饮料	公斤	1.4	1.2	0.9	1.0	0.8	1.1	1.1	1.1	0.8	0.7
茶叶	公斤	0.3	0.2	0.4	0.4	0.5	0.6	0.6	0.5	0.5	0.5
鲜乳品	公斤	12.4	13.5	10.5	9.7	8.3	5.8	6.2	8.7	6.3	5.4
奶粉	公斤	1.0	0.9	1.4	1.3	0.8	1.5	1.6	0.9	0.7	1.0
鞋类	双/人	3.0	2.6	3.1	3.2	3.1	2.7	3.8	3.0	3.2	3.2
服装	件/人	6.8	6.9	6.5	6.4	6.9	6.5	7.1	6.5	7.2	7.9
煤炭	公斤/人	42.1	33.5	38.4	18.1	11.0	23.5	15.4	4.3	2.9	2.0
罐装液化石油气	公斤/人	38.8	36.4	40.0	28.5	26.5	23.0	25.0	19.7	14.4	16.5
管道煤气	立方米/人	17.5	24.1	35.5	32.4	33.3			3.6	6.9	5.1
管道天然气	立方米/人							39.1	65.2	68.4	73.7
水	吨/人	49.1	58.2	54.7	59.7	54.9	59.4	70.5	76.3	86.9	83.1
电	度/人	571.7	495.3	626.9	717.9	711.4	828.4	849.2	988.8	1004.9	987.4

7-3 续表3

指　标	单位	2013年	2014年	2015年	2016年	2017年	2018年	2019年	2020年	2021年
粮食	公斤	77.8	64.3	55.7	59.8	62.1	66.4	60.6	72.2	89.4
# 大米	公斤	59.0	45.4	40.0	38.3	39.0	33.0	31.2	33.1	51.8
# 面粉	公斤	2.3	1.9	1.3	1.5	1.4	2.4	1.4	1.8	0.7
油脂类	公斤	18.5	16.8	15.5	17.1	16.2	17.5	16.5	14.9	15.3
# 食用植物油	公斤	14.4	13.4	12.1	13.3	12.2	13.8	13.1	10.3	11.8
鲜菜	公斤	118.4	99.9	93.1	97.1	102.3	132.1	113.8	146.1	102.7
猪肉	公斤	27.6	25.0	23.6	25.6	27.3	36.5	32.9	29.5	37.2
家禽	公斤	9.7	9.6	9.3	10.7	9.5	9.3	10.2	11.6	11.0
鲜蛋	公斤	9.3	8.7	7.5	8.2	7.7	8.0	8.2	9.6	9.1
鱼	公斤	15.6	14.4	12.3	13.9	12.9	16.3	13.3	14.1	13.3
酒	公斤	6.6	6.2	4.6	5.3	6.1	7.0	4.8	5.7	4.5
糕点	公斤	4.5	4.1	4.1	4.3	3.9	5.2	6.1	6.5	6.9
鲜瓜果	公斤	59.2	52.6	54.3	52.3	53.3	60.6	63.1	63.3	63.6
碳酸饮料	公斤									
茶叶	公斤	0.7	0.7	0.5	0.5	0.6	0.4	0.3	0.3	0.5
鲜乳品	公斤	8.8	12.3	8.0	6.1	6.0	8.8	8.6	10.6	12.9
奶粉	公斤	0.6	0.5	0.7	0.9	0.9	1.3	0.9	1.4	1.1
鞋类	双/人	3.2	4.1	3.6	3.5	3.5	3.1	3.3	3.2	3.0
服装	件/人									
煤炭	公斤/人	17.2	16.5	13.7	9.7	5.4	4.0	3.1	2.8	3.4
罐装液化石油气	公斤/人	19.4	16.4	16.8	18.0	24.1	12.1	7.6	6.6	5.6
管道煤气	立方米/人	1.3	1.2	1.1	0.4	0.4	5.2	6.0	3.5	3.7
管道天然气	立方米/人	114.2	57.6	57.2	86.6	72.3	73.9	54.5	65.4	63.4
水	吨/人	88.6	82.4	85.0	90.7	95.8	96.1	96.3	108.0	84.7
电	度/人	1038.4	964.4	1041.4	1234.2	1238.6	1240.5	1233.8	1296.4	1066.6

注:2012年以前数据为城市居民统计范围,从2013年起,因统计方法制度改革,统计范围调整为城镇居民统计范围,与往年数据不具有可比性。

7－4 历年年末城市居民家庭平均每百户耐用消费品拥有量

年份	摩托车（辆）	助力车（辆）	家用汽车（辆）	洗衣机（台）	电冰箱（台）	彩色电视机（台）	家用电脑（台）	组合音响（套）	摄像机（架）	照相机（架）
1980										3
1981				1						2
1982				7						3
1983	2			18	1	2				1
1984	2			32	1	5				2
1985	2			56	5	13				11
1986	2			65	9	21				15
1987	1			73	17	29				17
1988	1			83	45	61				23
1989	1			86	61	64		2		25
1990	1			90	68	68		2		27
1991				89	80	78		5		31
1992										
1993	1			97	86	91		9		30
1994	2			97	87	90		11		39
1995	3			103	87	93		13		42
1996	7			105	88	95		15		35
1997	10			98	91	103	6	17	1	38
1998	14			101	97	113	9	28	1	44
1999	16			102	100	123	14	36	1	51
2000	12			102	93	130	22	37		46
2001	16		0.5	102	96	132	27	40		49
2002	14	2	0.8	101	96	132	32	41	2	55
2003	18	3	0.8	102	97	134	38	41	2	55
2004	18	9	1	102	94	142	36	45	1	59
2005	19	8	4	101	94	135	49	41	6	59
2006	19	8	6	101	97	136	57	40	8	59
2007	13.5	7.8	8.8	101.0	99.5	132.8	62.3	40.5	10.8	54.3
2008	9.0	13.3	10.3	100.0	97.8	122.0	60.5	30.8	6.3	42.5
2009	7.2	16.8	14.6	97.8	97.3	121.7	65.7	32.6	8.4	45.4
2010	3.2	24.5	23.6	100.8	100.4	125.5	79.0	38.5	12.9	50.8
2011	2.9	23.6	29.7	102.7	102.6	127.8	88.1	39.3	14.3	59.1
2012	2.2	23.4	36.5	101.4	103.0	125.1	96.4	39.9	13.5	61.8
2013	33.5	16.0	37.7	97.1	97.2	116.6	78.4	17.8	10.5	43.7
2014	36.0	17.6	45.4	98.9	98.5	117.1	83.8	18.7	10.8	46.8
2015	32.6	19.5	49.0	98.7	101.3	120.7	91.5	17.2	8.4	43.3
2016	31.7	21.9	51.8	99.3	102.0	119.5	92.4	15.0	9.6	38.2
2017	32.4	27.2	55.1	100.4	103.0	124.8	91.4			35.6
2018	25.6	20.5	69.2	106.5	106.6	117.9	91.5			29.7
2019	19.5	26.1	61.8	108.9	107.7	117.5	94.0			30.5
2020	18.9	27.9	63.5	109.5	107.9	117.2	94.6			30.5
2021	22.1	28.2	67.7	109.3	111.4	120.9	96.1			24.4

7－4 续表

年份	钢琴（架）	中高档乐器（件）	微波炉（台）	空调器（台）	淋浴热水器（台）	消毒碗柜（台）	健身器材（套）	固定电话（部）	移动电话（部）
2000		14	40	71	74		11	85	26
2001	2	13	46	79	81		9	93	49
2002	4	12	58	95	82	18	4	99	84
2003	4	9	60	106	82	21	4	98	109
2004	5	8	71	114	88	24	5	98	141
2005	3	12	64	124	90	26	9	93	149
2006	2	12	65	132	91	27	9	93	159
2007	1.8	9.8	70.3	136.3	89.8	27	5.8	93.5	167
2008	3.8	3.3	65.5	133	95.5	26.8	7.3	87.8	166.5
2009	4.2	4.2	67.2	140.5	96.1	29.9	5.2	87.9	177.5
2010	5.6	4.8	70.1	161.8	101.6	34.2	6.1	89.7	202.5
2011	5.0	3.2	73.2	188.4	100.2	34.9	6.3	82.7	215.5
2012	3.7	4.8	75.0	192.9	100.8	35.3	6.3	77.2	224.4
2013		4.2	57.6	174.3	90.1	21.8	4.4	50.3	221.4
2014		4.6	60.5	180.2	94.1	21.4	4.0	59.8	229.9
2015		5.8	63.2	209.4	95.2	29.5	3.5	48.5	234.3
2016		7.0	64.2	223.8	102.3	26.1	7.9	43.5	245.0
2017		9.3	66.2	226.1	104.6		9.2	40.2	251.4
2018		10.7	56.5	239.1	103.5		10.0	19.0	262.3
2019		16.8	60.0	252.8	107.4		13.3	12.3	268.6
2020		15.6	59.6	253.0	109.1		14.2	8.9	268.2
2021		12.3	61.9	261.1	106.8		13.3	10.0	263.9

注:1. 以上固定电话数据中,1992 年至 1998 年包含公费电话,其中括号中的数为剔除公费电话后的纯私费电话数。
2. 2012 年以前数据为城市居民统计范围,从 2013 年起,因统计方法制度改革,统计范围调整为城镇居民统计范围,与往年数据不具有可比性。自 2013 年起,不再调查钢琴拥有量。

7-5 城镇居民家庭人平收入情况(2021 年)

单位:元

指　　标	合计
家庭总收入	70761.73
# 可支配收入	62145.08
一、工资性收入	34878.94
1. 工资	33919.8
2. 实物福利	138.55
3. 其他	820.59
二、经营净收入	8048.76
三、财产净收入	7845.83
1. 利息净收入	1707.19
2. 红利收入	905.38
3. 储蓄性保险净收益	8.80
4. 转让承包土地经营权租金净收入	15.98
5. 出租房屋财产性收入	1891.58
6. 出租机械、专利、版权等资产的收入	19.04
7. 其他财产净收入	39.53
8. 房屋虚拟租金	3258.32
四、转移净收入	11371.55
(一)转移性收入	14366.2
1. 养老金或离退休金	9109.1
2. 社会救济和补助	72.4
3. 政策性生活补贴	463.14
4. 报销医疗费	293.92
5. 家庭外出从业人员寄回带回收入	940.97
6. 赡养收入	2378.96
7. 其他经常转移收入	1057.69
8. 从政府和组织得到的实物产品和服务折价	13.72
9. 现金政策性惠农补贴	36.31
(二)转移性支出	2994.65

7-6 城镇居民家庭人平支出情况(2021年)

单位:元

指　　标	合计
家庭人均总支出	59554.04
一、消费支出	41324.07
二、生产经营费用支出	5119.88
(一)第一产业经营费用支出	376.62
(二)第二产业经营费用支出	1010.85
(三)第三产业经营费用支出	3732.42
三、财产性支出	222.67
(一)生活贷款利息支出	185.38
1.住房贷款利息支出	171
2.其他生活贷款利息支出	14.38
(二)其他财产性支出	37.29
1.非储蓄性财产保险支出	0.54
2.其他财产性支出	36.75
四、转移性支出	2994.85
(一)个人所得税	297.67
(二)社会保障支出	2267.79
1.个人缴纳的养老保险	1467.02
2.个人缴纳的医疗保险	588.36
3.个人缴纳的失业保险	41.16
4.其他社会保障支出	171.26
(三)外来从业人员寄给家人的支出	0.47
(四)赡养支出	292.67
(五)其他转移性支出	132.10
五、部分商业保险支出	675.99
六、购置资产及非经常性转移支出	6413.89
七、借贷性支出	2802.89

7－7 城镇居民家庭人平主要食品支出额(2021 年)

单位:元

指 标	合 计
谷物	548.54
油脂类	330.18
猪肉	1109.98
牛肉	246.63
羊肉	73.97
家禽	341.37
蛋类	139.85
鱼	272.46
鲜菜	753.27
白酒	644.59
果酒	13.73
啤酒	15.21
瓶装饮用水	34.04
茶叶	68.78
干鲜瓜果类	808.07
糕点类	174.91
鲜乳品	146.33
奶粉	197.29
酸奶	57.75
在外饮食	2822.32

7－8 城镇居民家庭人平主要设备用品及水电燃料消费额(2021 年)

指 标	合 计
摩托车	7.35
电动自行车	21.66
洗衣机	51.15
电冰箱	60.49
彩色电视机	38
计算机	70.52
组合音响	548.39
摄像机	
照相机	4.57
微波炉	5.12
空调器	120.63
热水器	32.7
固定电话机	0.12
移动电话	361.87
水	211.43
电	688.73
煤炭	3.57
液化石油气	40.86
管道煤气	10.84
管道天然气	170.03

7－9 年末城镇居民家庭居住情况(2021 年)

指　　标	单 位	合 计	比重(%)
一、现住房房屋来源			
1. 租赁公房	户	5	0.9
2. 租赁私房	户	20	3.5
3. 自建住房	户	105	18.4
4. 购买商品房	户	335	58.8
5. 购买房改住房	户	56	9.8
6. 购买保障性住房	户	13	2.3
7. 拆迁安置房	户	26	4.6
8. 继承或获赠住房	户	7	1.2
9. 免费借用房	户	3	0.5
10. 雇主提供免费住房	户		
11. 其他来源	户		
二、居住空间样式			
1. 单栋楼房	户	119	20.9
2. 单栋平房	户	2	0.4
3. 四居室及以上单元房	户	38	6.7
4. 三居室单元房	户	232	40.7
5. 二居室单元房	户	161	28.2
6. 一居室单元房	户	12	2.1
7. 筒子楼或连片平房	户	6	1.1
8. 其他	户		
三、住户主要饮用水来源情况			
1. 经过净化处理的自来水	户	497	87.2
2. 受保护的井水和泉水	户	42	7.4
3. 不受保护的井水和泉水	户	15	2.6
4. 江河湖泊水	户		
5. 收集雨水	户		
6. 桶装水	户	16	2.8
7. 其他水源	户		

7－9 续表

指　　标	单 位	合 计	比重(%)
四、住宅有管道供水情况			
1. 管道供水入户	户	555	97.4
2. 管道供水至公共取水点	户		
3. 没有管道设施	户	15	2.6
五、住户厕所类型			
1. 水冲式卫生厕所	户	570	100.0
2. 水冲式非卫生厕所	户		
3. 卫生旱厕	户		
4. 普通旱厕	户		
5. 无厕所	户		
六、住户洗澡设施情况			
1. 统一供热水	户	19	3.3
2. 家庭自装热水器	户	545	95.6
3. 其他	户	6	1.1
4. 无洗澡设施	户		0.0
七、住户主要取暖设备状况			
1. 由市政或小区集中供暖	户	7	1.2
2. 自行供暖	户	515	90.4
3. 无取暖设备	户	48	8.4
八、主要炊用能源状况			
1. 柴草	户	3	0.5
2. 煤炭	户	1	0.2
3. 罐装液化石油气	户	94	16.5
4. 管道液化石油气	户	15	2.6
5. 管道煤气	户	5	0.9
6. 管道天然气	户	422	74.0
7. 电	户	30	5.3
8. 燃料用油	户		
9. 沼气	户		
10. 其他	户		
11. 无炊用行为	户		

7－10　城乡(镇)居民分区、县(市)家庭人平收入情况(2021年)

指　　标	合　计	芙蓉区	天心区	岳麓区
家庭人均总收入	63370	71657	79048	71290
# 可支配收入	55587	66324	66716	66411
一、工资性收入	31707	31156	34309	40434
1. 工资	30929	30558	31542	39695
2. 实物福利	163	99	27	37
3. 其他	614	499	2740	701
二、经营净收入	8849	7944	9285	8612
三、财产净收入	5876	13435	8658	6105
1. 利息净收入	1326	7369	279	－320
2. 红利收入	660	112	4382	20
3. 储蓄性保险净收益	7	19	19	
4. 转让承包土地经营权租金净收入	24			
5. 出租房屋财产性收入	1450	2026	1197	1506
6. 出租机械、专利、版权等资产的收入	14		21	
7. 其他财产净收入	29	44	200	
8. 房屋虚拟租金	2366	3865	2561	4899
四、转移净收入	9156	13789	14464	11260
(一)转移性收入	11602	17680	18737	14944
1. 养老金或离退休金	7039	10090	13499	14090
2. 社会救济和补助	77	110	185	6
3. 政策性生活补贴	363	725	994	188
4. 报销医疗费	263	512	79	139
5. 家庭外出从业人员寄回带回收入	1004		77	
6. 赡养收入	1917	630	977	410
7. 其他经常转移收入	794	5604	2881	98
8. 从政府和组织得到的实物产品和服务折价	15	8	13	2
9. 现金政策性惠农补贴	131		32	10
(二)转移性支出	2446	3891	4273	3684

注:7－10表至7－12表芙蓉区、天心区、岳麓区、开福区和雨花区无农村调查点,均为城镇数据。

单位:元

开福区	雨花区	望城区	长沙县	宁乡市	浏阳市
70066	75537	54271	54896	47168	67163
65412	66958	50267	50608	43992	49503
32781	35784	34361	30526	25947	28869
31606	34975	33662	29410	25733	28740
102	244	365	806	54	40
1073	565	334	310	160	89
4381	9313	6450	13377	7609	13055
8331	5613	6641	3467	4144	2807
321	-37	1577	186	2547	556
79	831	454	674	75	161
	21	9			
		5	51	56	6
4688	588	3417	1088	93	412
	24		7	56	
-47		8	5	59	-4
3290	4186	1171	1454	1259	1676
19920	16248	2815	3239	6292	4771
22773	20322	4355	5082	7541	6013
19040	17713	1922	4110	2406	3439
14	23	89	71	42	130
1074	418	50	117	207	52
102	1012	161	173	131	259
	145	1503	28	3136	1409
2390	602	485	208	1022	611
139	302	73	274	34	37
12	48	40	4	1	10
2	60	32	98	562	66
2853	4074	1540	1843	1249	1242

7－11　城乡(镇)居民分区、县(市)家庭人平支出情况(2021年)

指　　标	合　计	芙蓉区	天心区	岳麓区
家庭人均总支出	54678	59641	66703	65217
一、消费支出	37587	46032	46425	48032
二、生产经营费用支出	4808	1036	7232	698
(一)第一产业经营费用支出	544			2
(二)第二产业经营费用支出	1187		2365	
(三)第三产业经营费用支出	3076	1036	4868	696
三、财产性支出	180	79	344	472
(一)生活贷款利息支出	152	79	238	472
(二)其他财产性支出	28		107	
四、转移性支出	2446	3891	4273	3684
(一)个人所得税	226	755	475	404
(二)社会保障支出	1857	2683	3216	2854
(三)外来从业人员寄给家人的支出	17			
(四)赡养支出	230	213	415	330
(五)其他转移性支出	117	239	168	96
五、部分商业保险支出	529	573	1025	528
(一)意外伤害保险	21	10	21	22
(二)商业医疗保险(含大病保险)	298	128	633	252
(三)其他非储蓄性商业保险	89	292	141	119
(四)其他储蓄性商业保险	121	143	230	134
六、购置资产及非经常性转移支出	6818	5033	4209	6750
(一)购置资产支出	1922	613	12	1695
(二)非经常性转移支出	4897	4419	4197	5055
七、借贷性支出	2310	2998	3194	5054

单位:元

开福区	雨花区	望城区	长沙县	宁乡市	浏阳市
50486	73298	46317	48602	41867	54690
37991	51378	32219	33296	30835	28666
1190	4150	2072	1987	1802	15381
12	17	954	956	570	1495
		177	38	810	4564
1178	4133	940	993	422	9321
595	87	98	96	88	48
414	87	94	96	86	44
181		3		3	4
2853	4074	1540	1843	1249	1242
63	481	108	263	17	26
2351	2977	1150	1374	1035	985
	4				
236	512	163	163	60	197
203	101	119	44	137	34
621	766	790	316	193	353
18	15	55	25	7	19
413	461	410	197	123	249
51	168	73	67	18	20
139	121	252	26	45	65
4688	9823	7084	8744	6545	8047
351	6023	2090	2577	2083	2039
4337	3800	4994	6167	4462	6007
2547	3020	2514	2321	1155	955

7－12 城乡(镇)居民分区、县(市)家庭人平消费支出情况(2021年)

单位:元

指　　标	合　计	芙蓉区	天心区	岳麓区	开福区	雨花区
全年人均消费支出	37587	46032	46425	48032	37991	51378
一、食品烟酒	9952	12253	11996	12836	11881	13440
二、衣着	2290	3612	2459	2831	2327	3025
三、居住	7068	8245	7225	8821	7212	9419
四、生活用品及服务	2686	2960	3109	3256	2392	6136
五、交通通信	4544	4525	7999	5813	2579	4119
六、教育文化娱乐	7688	9305	8898	9920	7666	10584
七、医疗保健	2569	3630	3680	3317	3492	3731
八、其他用品和服务	790	1501	1059	1238	442	924

7－12 续表

单位:元

指　　标	望城区	长沙县	浏阳市	宁乡市
全年人均消费支出	33296	32219	28666	30835
一、食品烟酒	8652	8675	7268	7894
二、衣着	1930	2077	1768	1778
三、居住	6351	5740	6091	6346
四、生活用品及服务	1948	2207	1706	2007
五、交通通信	5247	4518	3344	3971
六、教育文化娱乐	6897	6881	5701	6659
七、医疗保健	1686	1818	2025	1519
八、其他用品和服务	585	304	761	661

7-13 2000—2021年农村居民家庭调查户基本情况

项　目	单位	2000年	2005年	2006年	2007年	2008年	2009年	2010年	2011年	2012年
一、调查户数	户	560	1000	1000	1000	1000	1000	1000	980	690
常住人口	人	2249	3901	3887	3896	3833	3832	3836	3796	2648
年末人均住房面积	平方米	44	49	53	57	59	60	60	62	63
二、全年人均总收入	元	4558	7395	8216	9235	11098	12923	14920	18057	20648
(一)工资性收入	元	1107	2082	2657	3207	3708	4482	5354	6784	8751
(二)家庭经营收入	元	2936	4456	4659	5006	6091	6896	7623	8840	9244
1. 农业收入	元	1018	1239	1343	1440	1831	1994	2410	2800	3144
2. 林业收入	元	37	61	77	84	105	105	134	291	266
3. 牧业收入	元	1198	1958	1793	1889	2111	2263	2240	2810	2016
4. 渔业收入	元	58	74	81	66	82	103	106	71	64
5. 二、三产业收入	元	625	1124	1366	1527	1962	2431	2733	2869	3754
(三)转移性收入	元	471	577	616	701	892	1013	1346	1654	1762
(四)财产性收入	元	44	280	283	320	407	532	597	779	891
三、全年人均纯收入	元	3005	4908	5653	6613	8003	9432	11206	13400	15763
人均可支配收入	元	2941	4735	5438	6339	7632	8986	10640	12717	15057
四、全年人均总支出	元	4163	6774	7282	8276	9638	10636	11749	13629	15579
(一)家庭经营费用支出	元	1061	1934	1982	2039	2384	2692	2774	3160	3415
1. 种植业生产支出	元	226	337	354	367	397	471	524	638	691
2. 林业生产支出	元	2	8	11	19	15	27	32	63	194
3. 牧业生产支出	元	693	1203	1127	1076	1208	1263	1190	1427	1270
4. 渔业生产支出	元	15	22	23	30	30	31	28	19	20
5. 二、三产业支出	元	140	363	467	548	734	900	999	1013	1240
(二)购置生产用固定资产支出	元	72	141	142	174	201	156	205	218	274
(三)税费支出	元	76	16	14	9	21	14	32	4	5
(四)生活消费支出	元	2584	4166	4574	5414	6212	6826	7533	8579	10155
(五)其他	元	369	514	570	640	820	947	1206	1667	1730

7－13 续表

指　　标	单位	2013 年	2014 年	2015 年	2016 年	2017 年	2018 年	2019 年	2020 年	2021 年
一、调查户数	户	308	305	304	310	310	310	310	310	310
常住人口	人	1091	1114	1138	1188	1191	1124	1126	1153	1193
年末人均住房建筑面积	平方米	62	52	56	60	59	59	58	62	61
二、总收入(未扣除生产费用)	元	23612	30122	31114	32364	33912	41947	42948	42031	43769
(一)工资性收入	元	10311	10103	13355	15617	16709	18130	20110	21211	23293
(二)经营性收入	元	10446	16226	14636	13765	13991	18880	17840	15101	15487
1. 农业	元	1810	2086	1763	1822	1664	1027	1157	1055	635
2. 林业	元	847	944	616	226	219	236	142	292	100
3. 牧业	元	4020	8354	6944	2170	2769	861	492	519	1227
4. 渔业	元	127	109	169	141	118	90	37	52	69
5. 农林牧渔服务业	元	77	190	39	29	48	2	12	6	43
6. 二、三产业经营收入	元	3565	4732	5145	9408	9220	16666	16012	13183	13456
(三)财产性收入	元	558	632	331	345	484	1541	1528	1446	717
(四)转移性收入	元	2297	3161	2792	2635	2729	3397	3471	4273	4271
(五)非收入所得	元	1421	3271	3287	5828	3372	2378	3344	3781	3061
(六)借贷性所得	元	2783	2135	2004	1801	1507	3494	1180	1196	822
三、可支配收入	元	19713	21723	23601	25448	27360	29714	32329	34754	38195
四、全年人均总支出	元	22658	28382	30700	33057	33488	41749	39802	37181	41748
(一)消费支出	元	11586	13147	15954	17574	19189	20959	23090	24427	27676
(二)生产经营费用支出	元	3423	7723	6724	6047	5588	9017	7697	3628	3981
1. 农业	元	706	992	800	581	722	451	297	397	418
2. 林业	元	50	85	143	18	53	176	30	108	11
3. 牧业	元	2062	5476	4591	1260	1525	416	242	176	535
4. 渔业	元	32	15	52	32	33	12	9	14	25
5. 农林牧渔服务业	元	36	38	7	15	14	16	3	4	0
6. 二、三产业经营支出	元	536	1154	1139	4140	3256	7962	7118	2933	2992
(三)财产性支出	元	19	46	20	82	128	1155	1056	949	66
(四)转移性支出	元	344	242	340	332	377	806	764	1325	992
(五)部分商业保险支出	元	31	52	67	78	125	192	183	175	138
(六)购置资产及非经常性转移支出	元	3990	4556	6253	7473	6655	7686	5891	5725	7890
(七)借贷性支出	元	3266	2615	1341	1471	1426	1935	1121	952	1004

注:自 2013 年起,因统计方法制度改革,2013 年统计数据与以往年度数据不具有可比性。

7－14 农村居民家庭人均收入(2021 年)

单位:元

项　　目	全　市	#望城区	长沙县	宁乡市	浏阳市
全年人均总收入(未扣除生产费用)	43769	47542	45169	36252	51331
一、工资性收入	23293	27019	30492	22431	17140
1. 工资	22999	25959	30008	22342	16998
2. 实物福利	227	905	433	65	81
3. 其他	67	155	52	24	61
二、经营性收入	15487	16187	10515	8514	28838
1. 第一产业经营收入	2031	3174	3641	895	2313
(1)农业收入	635	1213	540	125	1209
(2)林业收入	100	23	107	84	177
(3)牧业收入	1227	1847	2967	626	884
(4)渔业收入	69	91	28	60	44
2. 第二产业经营收入	5904	4663	1425	2482	15431
(1)采矿业	993			1940	1533
(2)制造业	3799		1030		12680
(3)电力、热力、燃气及水生产和供应业					
(4)建筑业	1112	4663	395	543	1218
3. 第三产业经营收入	7552	8351	5449	5137	11094
(1)批发和零售业	5415	2463	3967	4691	9304
(2)交通运输、仓储和邮政业	367	2365		77	253
(3)住宿和餐饮业	593	574		244	701
(4)房地产业					
(5)租赁和商务服务业	188		824		15
(6)居民服务、修理和其他服务业	844	2359	556		741
(7)其他	103	579		125	
(8)农林牧渔服务业	43	10	101		81
三、财产性收入	717	1048	739	412	539
四、转移性收入	4271	3288	3424	4895	4814
五、非收入所得	3061	2404	3727	2009	3833
六、借贷性所得	822		756	373	1987

注:7－14 表至 7－20 表芙蓉区、天心区、岳麓区、开福区和雨花区无农村调查点。

7－15 农村居民家庭人均支出(2021年)

单位:元

项目	全市	#望城区	长沙县	宁乡市	浏阳市
全年人均总支出	41748	42107	43072	37079	43260
一、消费支出	27676	27626	27265	27909	24302
(一)食品烟酒	6971	7589	6842	7368	5815
(二)衣着	1408	1344	1654	1296	1096
(三)居住	5250	5571	5474	4706	4507
(四)生活用品及服务	1875	1580	2569	1665	1663
(五)交通通信	4617	4089	3819	5084	4402
(六)教育文化娱乐	5472	5476	5691	5894	4245
(七)医疗保健	1680	1655	991	1537	2174
(八)其他用品和服务	403	322	224	359	399
二、生产经营费用支出	3981	3988	2981	507	8646
(一)第一产业经营费用支出	989	1853	2266	200	989
1. 农业	418	654	801	90	578
2. 林业	11	9	36	1	7
3. 牧业	535	1146	1421	93	374
4. 渔业	25	43	8	17	30
(二)第二产业经营费用支出	1655	86	423	184	5248
1. 采矿业					
2. 制造业	1512		281		5055
3. 电力、热力、燃气及水生产和供应业					
4. 建筑业	143	86	141	184	192
(三)第三产业经营费用支出	1337	2049	292	122	2409
1. 批发和零售业	1017	1793	51	97	1752
2. 交通运输、仓储和邮政业	55	227	3	9	90
3. 住宿和餐饮业	171	3			439
4. 房地产业					
5. 租赁和商务服务业	39		162	1	18
6. 居民服务、修理和其他服务业	48	5	73	1	110
7. 其他	6	21		14	
8. 农林牧渔服务业			3		
三、财产性支出	66	100	57	105	39
四、转移性支出	992	1446	904	812	650
五、部分商业保险支出	138	249	143	52	169
六、购置资产及非经常性转移支出	7890	7371	10681	6884	8406
七、借贷性支出	1004	1327	1040	810	1049

7－16　农村居民家庭人平可支配收入(2021年)

单位:元

项　　目	全　市	#望城区	长沙县	宁乡市	浏阳市
可支配收入	38195	41512	40781	34788	40758
一、工资性收入	23293	27019	30492	22431	17140
(一)工资	22999	25959	30008	22342	16998
1. 按月发放的工资	15368	15979	25098	14242	9468
2. 补发工资	291	75	302	499	292
3. 不按月发放的奖金、津贴、过节费等	7340	9906	4608	7601	7238
(二)实物福利	227	905	433	65	81
1. 从单位或雇主得到的实物产品折价	25	48	15	43	9
2. 从单位或雇主得到的服务折价	202	856	417	22	72
3. 单位或雇主实物福利报销所得					
(三)其他	67	155	52	24	61
1. 住房公积金	38	130	26	16	6
2. 辞退金					
3. 自由职业劳动所得(如稿费、翻译费)	10	1	4	3	24
4. 安家费					
5. 股票期权					
6. 其他劳动所得	19	23	21	6	31
二、经营净收入	10972	11703	7088	7966	18954
(一)第一产业经营净收入	952	1171	1155	679	1228
1. 农业	149	437	418	20	563
2. 林业	88	13	65	83	167
3. 牧业	672	674	1488	533	485
4. 渔业	43	47	20	43	13
(二)第二产业经营净收入	3936	4536	932	2299	9211
1. 采矿业	993			1940	1533
2. 制造业	1994		679		6707
3. 电力、热力、燃气及水生产和供应业					
4. 建筑业	949	4536	253	359	972
(三)第三产业经营净收入	6084	5997	5001	4989	8515
1. 批发和零售业	4359	631	3891	4580	7480
2. 交通运输、仓储和邮政业	264	1908	－3	68	100
3. 住宿和餐饮业	414	558	1976	233	257
4. 房地产业					
5. 租赁和商务服务业	138		－28	－1	－3
6. 居民服务、修理和其他服务业	770	2338	169	－1	601
7. 其他	95	551	－5	111	
8. 农林牧渔服务业	42	10	－27		81

7－16 续表 单位:元

项　　目	全　市	#望城区	长沙县	宁乡市	浏阳市
三、财产净收入	651	948	681	308	500
（一）利息净收入	314	191	－54	225	485
（二）红利收入	11			33	3
1. 集体分配的红利	11			33	3
2. 其他红利收入					
（三）储蓄性保险净收益	1	1			
（四）转让承包土地经营权租金净收入	44	27	13	2	13
（五）出租房屋净收入	278	722	724	43	6
（六）出租机械、专利、版权等资产的收入				1	
（七）其他财产净收入	3	7	－1	3	－8
（八）房屋虚拟租金					
四、转移净收入	3279	1842	2519	4083	4164
（一）转移性收入	4271	3288	3424	4895	4814
1. 养老金或离退休金	1548	2244	1115	1762	1234
2. 社会救济和补助	89	86	193	18	115
3. 政策性生活补贴	98	13	41	193	51
4. 报销医疗费	181	212	63	79	423
5. 家庭外出从业人员寄回带回收入	1171		836	973	2004
6. 赡养收入	691	190	983	744	858
7. 其他经常转移收入	95	415	32	16	79
8. 从政府和组织得到的实物产品和服务折价	17	1	70	1	12
9. 现金政策性惠农补贴	380	128	53	1109	37
（二）转移性支出	992	1446	904	812	650

7－17 农村居民家庭人平消费支出(2021年)

单位:元

项目	全市	#望城区	长沙县	宁乡市	浏阳市
消费支出	27676	27626	27265	27909	24302
一、食品烟酒	6971	7589	6842	7368	5815
二、衣着	1408	1344	1654	1296	1096
三、居住	5250	5571	5474	4706	4507
四、生活用品及服务	1875	1580	2569	1665	1663
五、交通通信	4617	4089	3819	5084	4402
# 通信	724	805	845	785	607
六、教育文化娱乐	5472	5476	5691	5894	4245
教育	3126	3217	3023	3809	2975
文化娱乐	2346	2259	2668	2085	1270
七、医疗保健	1680	1655	991	1537	2174
八、其他用品和服务	403	322	224	359	399

7-18 农村居民家庭人平主要实物消费量(2021年)

单位:公斤

项目	全市	#望城区	长沙县	浏阳市	宁乡市
一、粮食消费量	177.2	149.0	178.1	225.3	154.1
1. 谷物消费量	170.5	144.7	170.5	217.3	147.6
2. 薯类消费量	1.3	0.8	0.8	2.3	1.1
3. 豆类消费量	5.4	3.5	6.9	5.7	5.4
二、油脂类消费量	15.9	15.4	16.4	12.6	21.1
1. 植物油	8.6	8.0	7.6	10.3	8.8
2. 动物油	7.4	7.4	8.8	2.3	12.4
三、烟叶消费量	46.5	60.5	63.7	32.5	44.0
四、蔬菜及菜制品消费量	94.8	132.2	85.0	89.2	72.1
五、干鲜瓜果类	49.7	44.3	48.5	47.4	55.5
1. 鲜瓜果	44.4	39.1	40.9	42.9	51.0
2. 瓜果制品	1.2	1.3	1.5	0.9	1.2
3. 坚果	4.1	3.8	6.1	3.5	3.4
六、消费茶叶	0.6	0.7	0.9	0.3	0.5
七、肉类	37.2	26.5	33.8	33.0	39.8
1. 猪肉	32.0	24.0	29.0	28.1	33.0
2. 牛肉	2.1	1.1	2.1	1.0	3.6
3. 羊肉	0.6	0.2	0.5	0.7	0.8
4. 其他肉类及制品	2.6	1.2	2.2	3.2	2.4
八、禽类	12.4	12.8	11.0	15.3	11.9
九、蛋类及蛋制品	11.1	12.7	8.4	11.9	10.1
十、奶和奶制品	8.3	6.5	12.7	5.7	7.8
十一、水产品	15.4	13.0	12.8	9.4	22.2
十二、糖果糕点	7.7	5.1	11.0	5.5	8.1
十三、酒	5.9	5.6	4.8	2.0	6.9

7－19 农村居民家庭每百户耐用消费品拥有量(2021年)

项目	单位	全市	#望城区	长沙县	浏阳市	宁乡市
1. 家用汽车	辆	55.9	45.9	67.1	57.9	46.7
2. 摩托车	辆	72.9	36.6	92.9	101.4	92.7
3. 助力车	台	53.5	94.3	45.7	18.6	37.1
4. 洗衣机	台	111.0	107.1	104.3	117.1	111.4
5. 电冰箱(柜)	台	120.0	110.0	120.0	124.3	118.6
6. 微波炉	台	31.0	48.6	32.9	7.1	24.3
7. 彩色电视机	台	133.9	134.3	118.6	122.9	147.1
# 接入有线电视	台					
8. 空调	台	181.3	228.6	205.7	178.6	154.3
9. 热水器	台	101.3	102.9	99.0	92.1	95.3
# 太阳能热水器	台					
10. 洗碗机	台	1.0	0.7	0.3	0.4	0.6
11. 排油烟机	台	74.8	98.6	65.7	48.6	74.3
12. 固定电话	线	11.9	12.9	4.4	3.0	11.6
13. 移动电话	部	314.5	337.1	284.3	312.9	295.7
# 接入互联网	部	290.0	325.7	272.9	301.4	283.1
14. 计算机	台	42.9	44.3	41.4	34.3	42.9
# 接入互联网	台	37.5	41.4	40.0	24.3	32.9
15. 照相机	台	1.9	1.4	1.4	0.0	4.3
16. 中高档乐器	架	1.3	0.0	1.4	2.9	1.4
17. 健身器材	台	4.2	5.7	3.0	5.7	7.1
18. 吸尘器	台	2.9	2.9	4.3	1.4	4.3

7-20 农村居民抽样调查人口与就业期末情况(2021年)

单位:人

项目	全市	#望城区	长沙县	浏阳市	宁乡市
一、家庭常住人口	1193	279	235	285	276
二、家庭常住人口年龄状况					
1.5岁及以下	64	18	13	14	15
2.6-15岁	155	27	26	45	42
3.16-19岁	55	14	6	17	13
4.20-24岁	66	17	10	16	17
5.25-29岁	38	14	7	5	7
6.30-34岁	101	39	16	19	18
7.35-40岁	85	20	16	18	21
8.41-50岁	191	39	35	50	51
9.51-60岁	258	65	61	51	52
10.61-65岁	52	9	12	18	8
11.66岁及以上	128	17	33	32	32
三、由本户供养的在校学生	234	47	38	67	57
四、农村住户劳动力素质状况					
(一)整半劳动力数	826	204	172	183	186
(二)就业劳动力文化程度					
1.未上过学					
2.小学	104	25	11	44	22
3.初中	346	83	82	77	79
4.高中	154	39	25	44	33
5.大学专科	84	27	12	9	26
6.大学本科	32	9	4	5	9
7.研究生					
五、农村住户劳动力就业状况					
(一)劳动力就业行业情况	617	170	122	135	153
1.一产业就业劳动力	100	41	12	20	27
2.非农产业就业劳动力	559	139	105	134	130
(1)二产业就业劳动力	202	51	32	74	33
(2)三产业就业劳动力	357	88	73	60	97

8 城市建设、环境保护

长沙统计年鉴

8-1 2009-2021年城市公共交通情况

年份	全年客运总量（万人次）	公共汽车营运情况				出租汽车营运情况		轨道交通营运情况		
		客运量（万人次）	年末营运车辆数（辆）	年末营运线网长度（公里）	年末营运线路条数（条）	客运量（万人次）	年末营运车辆数（辆）	客运量（万人次）	年末营运车数（辆）	年末营运线路长度（公里）
2009	104478	67305	3553	1018	129	37173	6280			
2010	101303	72222	3557	1048	129	29081	6280			
2011	106159	75433	3651	3195	135	30726	6420			
2012	105599	75844	3775	3263	140	29755	6420			
2013	104103	73943	4157	3484	141	30160	6915			
2014	115109	75221	5142	3512	150	35308	7816	4580	96	21.9
2015	116944	74324	6102	3559	180	34213	7816	8407	162	26.6
2016	112719	68162	7187	4519	187	28524	7816	16033	345	68.8
2017	121732	69118	8361	5570	226	29267	7820	23347	345	68.8
2018	120860	68457	8806	6603	266	27373	7840	25030	345	68.8
2019	142104	76644	11486	10238	284	31671	9128	33789	522	100.5
2020	98765	41359	11858	7344	366	18830	8080	38576	891	158
2021	128362	48203	10063	7341	280	21369	8164	58790	911	162

注：1. 从2011年开始，表中数据含望城区。

2. 从2011年开始，公交车年末营运线网长度统计口径变更，与以前年度数据不可比，按同口径计算，2010年为3173公里；从2014年开始全年客运总量中含有轨道交通客运量。

8-2 2000-2021年城市房屋发展状况及住房水平

年份	城市房屋建筑面积（万 m^2）	#住宅	人均住房建筑面积（m^2/人）	年末危险房屋（万 m^2）
2000	5283.28	2839.76	18.6	24.2
2001	5635.30	3097.40	19.6	35.4
2002	6132.40	3447.20	21.5	35.4
2003	6624.90	3771.81	23.2	33.3
2004	7352.00	4268.30	25.3	31.7
2005	8223.00	4776.00	27.2	27.7
2006	9021.62	5280.36	28.3	26.2
2007	9939.52	5883.72	28.9	22.2
2008	10891.33	6561.62	28.3	21.7
2009	10578.92	9219.11	29.5	3
2010	14940.70	10581.09	30.9	2.5
2011	16619.67	11813.00	32.2	3.2
2012	18583.00	13267.00	31.8	4.7
2013	17249.29	11858.72	41.4	8.6
2014	19177.00	13239.00	48.3	120
2015	21407.00	14836.00	45.3	120
2016	22904.80	15844.30	44.8	81.9
2017	25630.41	18617.19	45.5	42
2018	29950.63	20658.21	42.7	33.5
2019	32848.39	22750.63	41.3	32.2
2020	31869.14	22408.16	41.2	
2021	34340.49	24090.92	40.9	

注：1. 人均住房建筑面积统计指标2012年以前为城市统计口径，2013年开始调整为城镇统计口径。

2. 从2014年起年末危险住宅指标改为年末危险房屋，统计口径由危房改造面积调整为危房存量面积。

3. 以2021年国土变更调查数据为基础，对2020年以来城市住房建筑面积进行了调整。

8－3　2000－2021年城市自来水、供气、用电供应情况

年份	自来水					供气情况			
						液化气			
	年末水厂个数(个)	年末供水管道长度(公里)	年末供水总量(万吨)	#生活用水	年末水厂生产能力(万吨/日)	供气总量(吨)	#生活用	用气人口(万人)	储气能力(吨)
2000	6	1087	37399	21246	132	65700	63796	106.5	3700
2001	6	1120	39872	22262	157	70200	68806	137.8	3700
2002	6	1188	36748	24199	165	72306	70870	140.3	3800
2003	6	1292	38845	29369	165	75668	74911	142.2	3800
2004	6	1338	39819	30105	165	91500	90584	149.1	3800
2005	6	1450	41969	31540	165	92600	91600	151.1	3800
2006	6	1529	43328	32441	165	85000	80300	138.0	3800
2007	6	1659	32840	24630	167	84000	79500	119.9	4000
2008	6	1801	44866	24870	167	82000	78000	146.5	4000
2009	6	1925	45144	26597	167	85000	80000	125.0	4000
2010	6	2012	46431	26611	180	83000	77000	115.0	4000
2011	7	2323	51224	29243	221	93000	84300	101.5	4000
2012	7	3050	41997	29950	265	76663	63385	267.3	4000
2013	7	3300	52739	31263	270	86492	72573	275.0	4000
2014	8	3490	55589	33880	225	101838	87210	210.0	6400
2015	8	3457	57652	34507	215	60876	49667	64.0	3770
2016	8	3647	60558	35201	215	61620	48766	64.0	3770
2017	9	3817	50167	37083	235	52120	38417	60.0	3770
2018	8	5721	67721	45300	235	58742	45405	50.0	3770
2019	8	5885	69466	40892	240	73572	56868	59.1	3770
2020	8	7533	70747	24325	240	69187	39459	61.2	3770
2021	9	7710	76495	28114	285	82835	40656	88.9	

注:1.液化气用气人口统计受加气站增减和用气人口流动性等因素影响,变动较大。

2.2020年开始,生活用水统计口径调整与以往年度不可比。

供气情况				供电(万度)					
天然气									
供气总量(万 m^3)	#生活用	用气人口(万人)	储气能力(万 m^3)	全市用电总量	#工业用电	城乡居民生活用电	其中:市区用电总量	#工业用电	居民生活用电
				480160	221763	136507	313975	131522	105952
				529409	281711	143681	343137	156001	119738
				591319	310605	235649	375933	175375	163622
				696000	354800	360300	439000	201500	154200
				722087	375058	276637	430300	194500	215800
3418	2238	25	10	923856	384129	282458	501464	193501	205719
11947	3390	68	10	1039585	345094	423066	602611	200408	277750
19254	4647	90.1	10	1153430	368754	456961	637260	167545	247098
26607	6192	90.9	10	1265685	498417	426619	683642	198858	273759
32948	10618	164.7	100	1414653	456798	564587	817921	185517	343932
39300	12500	192.0	100	1603152	573315	513122	943789	223612	344333
50363	19450	246.1	100	1838972	675729	587635	1156205	308003	417589
64298	24911	264.7	100	2040474	757802	666846	1268341	332841	464827
70321	26019	311.9	100	2245429	898159	718282	1373249	383172	489662
85657	30780	337.2	1200	2274871	923598	691650	1382042	387454	465045
72731	23057	260.0	1280	2464961	993670	754227	1501794	423836	506081
76757	27625	290.0	1280	2848657	1142014	915832	1759889	527313	610681
80157	26703	320.0	1280	3129032	1296129	980630	1862295	558290	644786
86826	35097	319.0	1280	3636932	1488684	1126535	2138396	619967	737304
88998	37017	322.8	1280	3959312	1569024	1250627	2354586	661979	826907
84475	35495	333.0	1280	4116782	1688776	1269589	2424258	675468	871864
101748	46873	497.9	1298	4848104	1959807	1446078	2889280	802864	993102

8－4　2000－2021 年城市环境卫生基本情况

年 份	道路清扫保洁面积（万 m^2）	生活垃圾无害处理量（万吨）	环卫专用车辆（辆）					公共厕所（座）	#本年新建	垃圾站（个）	#本年新建
			垃圾运输车	真空吸粪车	洒水车	清扫车	专用集装式垃圾中转车				
2000	540		156	9	27			462	10	504	11
2001	566	68	148	7	29			461	2	504	4
2002	912	68	160	8	31			431	7	494	5
2003	1200	66	173	1	35			388	13	458	15
2004	1741	77	219	8	65			422	35	487	32
2005	1912	77	182	8	77			455	33	576	42
2006	2689	76	199	9	85			516	61	637	61
2007	3033	86	180	9	104			545	29	545	25
2008	2523	102	187	10	99	43	25	490	24	570	287
2009	2638	107	200	6	99	45	27	542	52	615	51
2010	2954	117	368	10	104	52	40	551	9	635	20
2011	3543	143	201	4	133	82	40	543		661	
2012	3608	169	204	4	170	73	48	567		673	
2013	5238	160	264	2	296	124	60	566		676	
2014	5140	207	368	5	307	148	63	519		620	
2015	5810	201	339	6	492	181	80	536		641	
2016	6846	215	395	8	493	195	72	549		672	
2017	6920	228	341	9	595	232	82	557		650	
2018	7162	251	627	13	549	271	80	539	26	668	23
2019	8461	286	594	12	490	282		549	10	670	2
2020	8104	257	587	1	502	255	91	551	22	657	2
2021	8588	295	618	1	534	268	99	565	14	661	4

8－5 2000－2021年市政设施基本情况

年 份	城市道路		年末实有永久性桥梁(座)	年末实有下水道长度(公里)	路灯盏数(盏)
	年末实有道路长度(公里)	年末实有道路面积(万 m^2)			
2000	998	928	71	636	16259
2001	1098	1099	71	648	17309
2002	1150	1575	73	648	26411
2003	1188	1980	73	770	37215
2004	1323	2385	76	800	43215
2005	1415	2795	77	895	53468
2006	1466	3002	77	1046	64938
2007	1552	3131	87	1046	69731
2008	1608	3320	92	1186	77135
2009	1660	3489	93	1230	76200
2010	1781	3618	97	1842	79542
2011	2173	4258	168	2601	82423
2012	2342	3958	172	2169	87389
2013	2966	4307	174	2169	91393
2014	1698	4382	179	2698	102602
2015	1698	4596	186	2172	84848
2016	1798	4706	196	2270	86349
2017			219	2637	89943
2018	1985	4808		2742	94157
2019	1950	4950	236	3198	101167
2020	2530	6988		3521	107939
2021	3113	8931		6526	120103

注:1. 路灯盏数2015年以前为城市拥有路灯统计口径,2015年统计口径开始调整为移交使用路灯盏数。
2. 2021年数据包括望城区。2020开始,城市道路相关指标、统计口径进行了调整。

8－6 2000－2021年城市园林、绿化情况

年 份	城市园林绿化覆盖面积(公顷)	城市园林绿地面积(公里)	公共绿地面积(公里)	公园处数(处)	公园面积(公里)
2000	5508	5152	889	10	575
2001	5846	5541	1006	11	576
2002	6094	5712	1085	12	717
2003	6720	5712	1229	14	904
2004	6949	5907	1240	14	904
2005	7368	6244	1381	18	1143
2006	7876	6706	1590	19	1210
2007	8541	5656	1892	21	1302
2008	8818	7693	2142	21	1302
2009	9304	8134	2348	22	1323
2010	9857	8598	2522	22	1323
2011	10235	9188	2794	22	1323
2012	10729	9293	2804	23	1573
2013	11206	9611	2913	24	1581
2014	11813	10163	3256	26	1779
2015	12278	10586	3538	27	1809
2016	12928	11177	3779	30	2002
2017	14877	12584	4031	32	2235
2018	15157	12848	4261	36	2286
2019	15633	13324	4444	42	2476
2020	16978	14472	4620	44	2797
2021	19530	17888	6371	245	5254

注:1. 绿地面积、绿化覆盖面积均不含湿地面积。
2. 2021年公园数据包含社区公园情况。

8－7 2000－2021年城市环境污染和治理情况

年份	工业废水排放总量（万吨）	工业废水排放达标量（万吨）	工业废气排放总量（万标 m^3）	工业粉尘排放量（万吨）	工业粉尘去除量（万吨）	工业固体废物产生量（万吨）	#综合利用	工业锅炉数（台）	#达标数	工业炉窑数（台）	#达标数
2000	5532.9	4212.6	2624324	7.81	11.19	137.53	101.79	407	359	465	232
2001	4992.2	3956.9	3252834	4.81	9.32	133.95	120.83	392	321	477	149
2002	4310.7	3556.8	2762532	7.11	13.37	111.83	105.64	351	285	430	150
2003	4006.7	3510	2501271	7.22	13.34	112.72	99.67	318	245	371	309
2004	4047	3552	2679022	9.39	11.03	107.7	94	324	257	262	124
2005	4065	3562	3078324	10.06	11.83	109.7	98.4	307	243	222	117
2006	4073	3482	2891585	10.35	10.58	111.69	102.94	273	267	226	118
2007	4377	3704	2933547	10.29	19.15	107.3	101.96	229	222	251	194
2008	4162	3665	5278500	13.48	20.08	183.6	164.6	187	167	213	163
2009	3726	3354	5315831	13.35	19.19	154.6	140.1	267	254	232	178
2010	4336	3955	6269499	10.52	12.62	148.8	148.4	284	256	219	151
2011	4051		10219789	1.59	198.59	177.6	174.8	269		108	
2012	3777		5470000	1.2	131.69	103.5	94.7	259		116	
2013	4049		6233559	1.9	114.1	100.5	86.9	280		108	
2014	4397		6486474	1.73	138.9	107	91.5	288		117	
2015	5102		4803775	1.16	102.2	107.6	92.7	272		124	
2016	4287		4834697	0.69	40.8	141.3	132.8	264		94	
2017	4066		6360805	0.76	150.8	113.1	93.3	223		118	
2018	3475		8775533	0.55	132	148.7	122	239		147	
2019	6063			1.56		301.93	223.94	370		331	
2020	4537		11973900	0.4	109.26	141.93	114.06	345		259	
2021	4395		14219779	0.23	98.3	157.02	132.31	300		259	

注:2011年起工业粉尘排放量(去除量)指标改为工业烟粉尘排放量(去除量)。

9 农　　业

9－1 历年农、林、牧、渔业总产值

（按现行价格计算）

单位：万元

年份	合计	农业	林业	牧业	渔业	服务业
1978	97658					
1980	99524					
1983	133455					
1984	139627					
1985	165803					
1986	180977					
1987	212304					
1988	274536					
1989	307534					
1990	365244					
1991	368160					
1992	409372					
1993	480104	237282	16083	205582	21157	
1994	725156	351689	17108	328777	27582	
1995	868362	426578	28951	375241	37592	
1996	1011363	509820	40193	416774	44576	
1997	1114485	561705	41906	460042	50832	
1998	1137969	596651	43425	446164	51729	
1999	1146402	635440	41800	413206	55956	
2000	1167935	628013	43598	442543	53781	
2001	1239985	672704	47407	464641	55233	
2002	1302245	700436	57148	486981	57680	
2003	1371608	694002	70917	527412	61035	18242
2004	1720668	825189	73635	734973	68050	18821
2005	1871313	926445	76257	771539	75967	21105
2006	1903000	994600	80300	712700	74700	40600
2007	2171300	1146600	94000	780900	103500	46100
2008	2818996	1367085	112079	1165305	122893	51634
2009	2946120	1465841	123699	1171296	127520	57764
2010	3236412	1735890	144988	1156629	137340	61565
2011	3877163	2082639	179791	1405473	142489	66770
2012	4197846	2303064	195535	1484271	145535	69441
2013	4546157	2518547	217452	1572730	161432	75996
2014	4905925	2849093	238930	1552892	182015	82995
2015	5371294	3173856	273543	1637130	194604	92161
2016	5042983	3121606	291856	1202878	158241	268402
2017	5141997	3239403	318304	1110648	169161	304481
2018	5269212	3327540	348683	1083731	173735	335523
2019	6076974	3782294	382424	1354874	191116	366265
2020	7221925	4251662	393552	1953530	225399	397782
2021	7315233	4516665	391920	1701658	274659	430332

注：1. 2003 年开始农林牧渔服务业从规模以下工业中划归农业统计，同时种植业中的农民家庭兼营商品性工业产值划入规模以下工业中。

2. 2006 年、2007 年、2008 年数据根据第二次全国农业普查结果予以调整。

3. 2016 年、2017 年数据根据第三次全国农业普查结果予以调整。

9－1 续表 1　　（按不变价格计算）　　单位：万元

年　份	合　计	农　业	林　业	牧　业	渔　业	服务业
	（按 1952 年不变价格计算）					
1949	17020	15081	390	1356	193	
1952	21728	18337	734	2084	573	
1957	27743	22819	504	4001	419	
	（按 1957 年不变价格计算）					
1957	27743	22819	504	4001	419	
1962	24328	21436	527	2084	281	
1965	29799	24251	663	4499	386	
1970	38426	31441	639	6115	231	
1971	43127	35736	1137	5982	272	
	（按 1970 年不变价格计算）					
1971	43127	35736	1137	5982	272	
1972	62622	50111	1576	10618	317	
1973	66813	54094	1730	10637	352	
1974	67157	54138	1777	10849	393	
1975	67676	54516	1675	11096	389	
1976	70920	57176	1536	11753	455	
1977	73598	59758	1771	11603	466	
1978	73800	58941	1911	12475	473	
1979	78000	61738	1726	13968	568	
1980	77400	59996	1789	14927	688	
	（按 1980 年不变价格计算）					
1980	98260	73690	3079	20109	1382	
1981	102770	76279	3380	21494	1617	
1982	115532	85345	3406	24870	1911	
1983	125664	93427	3253	26879	2105	
1984	129025	92077	3588	30767	2593	
1985	139379	93056	3819	39692	2812	
1986	147691	97645	3586	43193	3267	
1987	152161	100216	4491	43812	3642	
1988	159036	100182	4570	50212	4072	
1989	163414	102263	5623	51134	4394	
1990	167152	104672	4217	53793	4470	

9－1 续表 2 （按不变价格计算） 单位:万元

年 份	合 计	农 业	林 业	牧 业	渔 业	服务业
	（按 1990 年不变价格计算）					
1990	393694	222433	12668	143383	15210	
1991	407495	231266	13740	145338	17151	
1992	419479	222100	14341	163178	19860	
1993	442505	219393	15467	184955	22690	
1994	470439	227779	16548	201545	24567	
1995	500336	236182	23768	212214	28172	
1996	542354	267499	31460	213555	29840	
1997	584737	290795	35970	223452	34520	
1998	605182	293536	36341	238917	36388	
1999	623902	321588	34528	229693	38093	
2000	653582	336044	37905	238238	41395	
2001	692224	357291	37281	252324	45328	
2002	723725	375476	41428	259782	47039	
2003	746034	339273	57973	276659	53887	
2004	800454	361818	56654	305791	57070	
	（按可比价格计算）					
2005	1841526	882440	76519	791928	70443	20196
2006	1860893	950749	80731	713768	75825	39819
2007	1987611	1051292	87366	728379	77090	43483
2008	2318577	1179040	94567	887459	107671	49840
2009	3004722	1432889	110758	1276600	128220	56255
2010	3078386	1600565	130924	1152458	133944	60495
2011	3365918	1864808	159174	1136426	138659	66851
2012	4032356	2180591	192860	1443670	144529	70705
2013	4324845	2386699	204710	1503566	155792	74078
2014	4752645	2691186	231027	1574997	173981	81455
2015	5080925	3036773	257485	1504251	190846	91571
2016						
2017	5209402	3257593	319582	1172806	165520	293901
2018	5318095	3354143	339668	1124710	170536	329039
2019	5437824	3449518	371580	1066580	192814	357332
2020	6326196	4006199	412197	1299167	216730	391903
2021	7951330	4448091	424826	2412467	240718	425229

注:1. 根据湖南省统计局制定的 2004 年农林牧渔业综合统计报表制度规定,从 2004 年开始取消不变价计算农林牧渔业产值,改用可比价计算产值,用农产品价格指数缩减法计算农业发展速度。
2. 2006 年、2007 年、2008 年数据根据第二次农业普查结果予以调整。
3. 2016 年数据因第三次农业普查数据修正暂无核定数据。

9-2 历年粮食总产量

单位:吨

年份	合计	稻谷	小麦	折粮薯类	杂粮	大豆
1949	742990	694100	2835	30400	10980	4675
1950	836155	774735	3165	37490	11290	9475
1951	924745	858455	3965	47375	10720	4230
1952	941680	879335	4900	36270	14185	6990
1953	959055	892065	6345	39730	13800	7115
1954	855385	784730	7735	44225	13730	4965
1955	1026360	925905	12220	69045	14845	4345
1956	982635	919265	9565	42550	9210	2045
1957	1002970	911700	4480	69455	13155	4180
1958	1054150	947910	8155	82070	10645	5370
1959	962480	861870	8325	70490	14745	7050
1960	657725	622300	7280	21100	6420	625
1961	607360	543910	7650	45385	9605	810
1962	833095	729930	11180	74505	15465	2015
1963	920345	853725	5960	40875	18485	1300
1964	936420	872145	5265	39790	17200	2020
1965	1010075	929350	7675	55745	13895	3410
1966	1145640	1098985	6355	29465	7265	3570
1967	1198540	1127455	9465	48510	9910	3200
1968	1252535	1189595	6660	46560	7195	2525
1969	1166505	1100210	6735	51155	6510	1895
1970	1308655	1249270	9515	40930	6040	2900
1971	1536300	1468475	8905	47170	7480	4270
1972	1453085	1370820	8100	61575	8200	4390
1973	1562770	1487460	7040	60010	5400	2860
1974	1550020	1493725	6245	43145	4035	2870
1975	1546080	1478850	8410	50855	5220	2745
1976	1543550	1471275	14965	49300	4835	3175
1977	1537670	1465765	11240	53105	4710	2850
1978	1898070	1829940	15135	44545	3300	5150
1979	1960495	1892480	13060	44880	5000	5075
1980	2028640	1970115	7885	42590	3565	4485
1981	1931885	1878290	8575	35120	5525	4375
1982	2334880	2269795	8630	44360	4735	7360
1983	2558240	2487825	7335	51200	4860	7020
1984	2443660	2373670	6565	48105	7915	7405
1985	2449215	2386240	5210	45600	5215	6950
1986	2518856	2458199	5550	37918	9536	7653
1987	2554153	2469708	5487	45653	24970	8335
1988	2535020	2453928	6436	42982	23901	7773
1989	2588563	2499928	7733	47108	24606	9188
1990	2641261	2542642	6094	50715	31949	9861

9－2 续表 单位:吨

年　份	合　计	稻　谷	小　麦	折粮薯类	杂　粮	大　豆
1991	2693046	2586304	7760	53322	33903	11757
1992	2548991	2440907	8370	53100	33969	12645
1993	2450080	2349086	7318	50828	26659	16189
1994	2534843	2412841	5801	62742	37218	16241
1995	2448028	2325133	4928	77917	24793	15257
1996	2737179	2597117	6905	77701	40598	14858
1997	2928132	2757668	9551	85889	58636	16388
1998	2618000	2443065	10211	90492	57497	16735
1999	2750152	2503557	9372	100343	121111	15769
2000	2623327	2405899	5324	98682	98444	14978
2001	2503041	2299943	6859	97099	86043	13097
2002	2119788	1908942	5245	116868	72908	15825
2003	2163732	1939536	3091	121342	82360	17403
2004	2520412	2300549	3498	125934	74045	16386
2005	2622817	2386731	3598	131021	82366	19101
2006	2424098	2344684	607	37223	32502	9082
2007	2230293	2018315	1030	124066	73827	13055
2008	2174385	2107480	372	35998	24062	6473
2009	2155996	2052794	1698	53948	38192	9364
2010	2090484	1967873	2285	63203	46338	10785
2011	2160047	2012963	3108	69802	59573	14601
2012	2248647	2086972	2599	75314	69346	14416
2013	2303074	2158998	3239	57159	68805	14873
2014	2345703	2204677	1218	55116	68643	16049
2015	2368295	2235192	1070	49305	67944	14784
2016	2330692	2200024	448	45627	69006	15587
2017	2264435	2126581	568	47341	74460	15485
2018	2155160	1990866	627	50673	92482	20512
2019	2156812	1981479	623	53602	98291	22817
2020	2117806	1974654	370	58892	69031	14859
2021	2160423	2015342	379	59392	70150	15160

注:1. 2006 年数据根据第二次全国农业普查结果予以调整。
2. 2007－2017 年数据根据第三次全国农业普查结果予以调整。
3. 2020 年开始,粮食数据由国家统计局长沙调查队核定提供。

9-3 历年耕地面积

单位:千公顷

年份	合计	水田	旱地	每一农业人口占有耕地(亩)
1949	274.27	253.77	20.50	
1950	278.19	255.97	22.22	1.60
1951	282.98	258.87	24.11	1.60
1952	287.05	264.09	22.96	1.62
1953	291.23	265.75	25.48	1.62
1954	292.94	265.89	27.05	1.62
1955	297.80	266.27	31.53	1.63
1956	298.36	265.45	32.91	1.62
1957	295.05	260.49	34.56	1.61
1958	276.36	247.11	29.25	1.54
1959	271.76	241.87	29.89	1.56
1960	266.09	234.82	31.27	1.58
1961	261.71	235.12	26.59	1.55
1962	263.38	234.45	28.93	1.53
1963	261.97	235.25	26.72	1.47
1964	264.50	235.60	28.90	1.45
1965	265.87	235.99	29.88	1.41
1966	264.43	234.05	30.38	1.36
1967	263.07	231.56	31.51	1.32
1968	257.48	231.51	25.97	1.26
1969	260.65	231.72	28.93	1.22
1970	261.79	231.55	30.24	1.19
1971	261.47	231.93	29.54	1.18
1972	260.93	231.17	29.76	1.16
1973	260.49	230.51	29.98	1.14
1974	260.03	229.66	30.37	1.14
1975	258.92	228.44	30.48	1.09
1976	257.33	227.44	29.89	1.08
1977	257.11	227.22	29.89	1.06
1978	255.91	226.27	29.64	1.05
1979	255.49	225.86	29.63	1.05
1980	254.80	225.85	28.95	1.04
1981	254.31	225.74	28.57	1.03
1982	253.96	225.77	28.19	1.02
1983	253.30	225.11	28.19	1.01
1984	251.97	224.80	27.17	1.02
1985	250.05	223.64	26.41	1.00
1986	249.58	223.65	25.93	0.97
1987	249.04	223.33	25.71	0.96
1988	248.44	222.91	25.53	0.94
1989	248.20	222.69	25.51	0.92
1990	247.93	222.47	25.46	0.91

9-3 续表 单位:千公顷

年 份	合 计			每一农业人口占有耕地(亩)
		水 田	旱 地	
1991	248.07	222.58	25.49	0.91
1992	247.89	220.03	27.86	0.90
1993	246.89	219.37	27.52	0.90
1994	246.00	218.36	27.64	0.90
1995	245.77	218.18	27.59	0.89
1996	244.68	217.20	27.48	0.89
1997	244.07	216.70	27.37	0.88
1998	242.99	215.73	27.26	0.88
1999	242.14	215.26	26.88	0.87
2000	242.32	215.26	27.06	0.87
2001	242.53	215.48	27.05	0.87
2002	239.99	214.73	25.26	0.87
2003	237.10	215.20	21.90	0.86
2004	246.79	224.31	22.48	0.89
2005	246.90	220.43	26.47	0.88
2006	243.66	202.19	38.02	
2007	262.20	226.24	35.96	1.01
2008	274.03			
2009	278.07	245.62	32.45	1.05
2010	276.79	244.41	32.38	1.05
2011	275.65	243.33	32.32	1.04
2012	274.89	241.62	33.27	1.04
2013	274.15	241.42	32.73	1.04
2014	273.36	241.00	32.36	
2015	271.97	236.01	35.64	
2016	270.16	234.17	35.65	
2017	274.16	240.99	32.80	
2018	273.56	240.19	33.00	
2019	202.40	189.03	13.20	
2020				
2021				

注:从 2017 年开始,农业用地有关数据均来自自然资源规划部门;2019 年数据为第三次国土调查核定数据。

9-4 历年生猪、水产品生产情况

年　份	全年出栏肉猪(万头)	年末生猪存栏(万头)	每一农业人口出栏肉猪(头)	水产品产量(吨)	#鱼　类(吨)	#虾贝类(吨)
1950	31.14	36.44	0.12	4945	4945	
1951	34.83	39.44	0.13	4865	4865	
1952	39.97	46.42	0.15	5335	5335	
1953	43.40	48.64	0.16	5840	5840	
1954	48.56	39.24	0.18	7320	7320	
1955	45.69	41.77	0.17	6300	6300	
1956	46.70	81.19	0.17	7105	7105	
1957	72.89	123.12	0.26	7195	7175	20
1958	73.25	102.37	0.27	6635	6580	55
1959	49.19	88.98	0.19	7055	6730	325
1960	37.64	66.15	0.15	6270	5780	490
1961	15.44	37.05	0.06	4180	4125	55
1962	14.09	55.42	0.05	3875	3575	300
1963	31.27	82.81	0.12	3815	3490	325
1964	73.35	79.57	0.27	5050	4355	700
1965	68.20	76.22	0.24	7620	6170	1450
1966	55.80	101.08	0.19	8130	6805	1325
1967	80.36	104.46	0.27	3950	3925	25
1968	92.58	104.17	0.30	4220	4190	30
1969	92.69	96.31	0.29	5950	5585	365
1970	80.19	129.80	0.24	5370	5365	5
1971	97.24	150.42	0.29	5845	5835	10
1972	147.12	162.80	0.44	5350	5205	145
1973	151.93	166.88	0.44	5535	5445	90
1974	155.31	166.56	0.45	6380	6375	5
1975	132.83	165.53	0.37	6490	6480	10
1976	149.60	182.02	0.42	7415	7340	75
1977	146.23	171.03	0.40	7555	7425	130
1978	147.47	170.29	0.40	7755	7575	180
1979	154.09	199.79	0.42	9995	9510	485
1980	184.47	185.29	0.50	11865	11185	680
1981	162.53	185.15	0.44	13195	12045	1150
1982	171.95	209.23	0.46	15520	14175	1345
1983	186.52	238.51	0.49	17025	16100	925
1984	230.25	245.42	0.62	21310	21140	170
1985	273.91	265.86	0.74	23265	22785	480
1986	306.75	283.68	0.81	27050	26572	478
1987	331.33	294.08	0.87	29983	29464	519
1988	370.10	307.93	0.93	33426	32983	443
1989	378.68	313.48	0.94	36079	35585	494
1990	399.12	328.75	0.98	36669	36184	485

9－4 续表

年 份	全年出栏肉猪(万头)	年末生猪存栏(万头)	每一农业人口出栏肉猪(头)	水产品产量(吨)	#鱼 类(吨)	#虾贝类(吨)
1991	415.00	336.04	1.02	41276	40726	550
1992	480.11	358.38	1.17	47762	47198	564
1993	537.38	396.32	1.31	53917	53234	683
1994	560.84	385.31	1.37	56256	55128	1128
1995	592.63	369.33	1.43	61664	60719	679
1996	601.34	346.91	1.50	67887	66601	710
1997	608.33	355.90	1.53	75529	73663	851
1998	622.75	345.52	1.54	77425	75451	954
1999	596.75	322.08	1.52	82195	80965	771
2000	621.28	350.78	1.58	85191	83744	1015
2001	655.78	364.91	1.67	89965	88334	1208
2002	658.26	367.07	1.69	92874	90875	1502
2003	683.13	391.77	1.77	94235	91553	2104
2004	756.66	415.30	1.96	100128	97790	1805
2005	801.54	432.77	2.08	104201	101355	2249
2006	786.94	417.29		105074	102726	1764
2007	832.20	424.90	2.13	95302	93000	1537
2008	835.90	446.26	2.13	96395	94296	1442
2009	846.00	450.70	2.14	101443	99056	1738
2010	824.65	438.00	2.08	106571	104328	1819
2011	804.68	427.60	2.02	107154	104889	1563
2012	833.20	436.20	2.01	84550	82537	1735
2013	547.44	371.74	1.38	88450	86299	1847
2014	552.03	368.81	1.42	90740	88587	1841
2015	517.10	343.28	1.33	94000	91715	1990
2016	490.31	324.91	1.32	93622	90496	2644
2017	436.94	309.36		93435	90772	2363
2018	438.53	274.94		92595	89552	2754
2019	349.50	92.09		98698	91620	6769
2020	275.34	203.82		113631	96984	14738
2021	361.91	227.71		120660	105534	13281

注:1. 2013－2017 年畜牧指标数据根据第三次农业普查结果予以调整。
2. 2012－2017 年水产指标数据根据第三次农业普查结果予以调整。

9－5 农村基层组织情况与农业生产条件(2021 年)

指　　　标	单　位	全　市	芙蓉区	天心区
一、乡村人口与从业人员				
1. 乡村户数	万户	77.01		1.18
2. 乡村人口数	万人	254.37		4.30
3. 乡村劳动力资源数	万人	173.70		2.70
4. 乡村从业人员数	万人	149.57		2.53
按性别分				
(1)男	万人	83.16		1.57
(2)女	万人	66.41		0.96
二、农业主要能源及物资消耗				
(一)农村用电量情况				
农村用电量(不包括县办工业和城镇生活用电)	万千瓦小时	191929		7943
(二)农用化肥施用量				
1. 按实物量计算	吨	515434		2511
(1)氮　肥	吨	176905		1020
(2)磷　肥	吨	104471		515
(3)钾　肥	吨	61754		339
(4)复合肥	吨	172304		638
2. 按折纯量计算	吨	167515		787
(1)氮　肥	吨	45818		264
(2)磷　肥	吨	14626		72
(3)钾　肥	吨	30568		168
(4)复合肥	吨	76503		283
(三)农用塑料薄膜使用量	吨	6959		35
# 地膜使用量	吨	5259		8
地膜覆盖面积	公顷	62634		84
(四)农用柴油使用量	吨	63654		158
(五)农药使用量(实物量)	吨	6854		26

岳麓区	开福区	雨花区	望城区	长沙县	浏阳市	宁乡市
5.98	2.69	1.14	8.55	10.01	23.38	24.08
18.01	7.89	4.08	27.40	35.04	82.34	75.31
11.42	4.38	3.41	18.38	21.42	53.93	58.06
10.60	2.60	3.05	17.45	19.21	45.33	48.80
5.53	1.57	1.63	9.38	10.77	24.85	27.86
5.07	1.03	1.42	8.07	8.44	20.48	20.94
9493	12158	7338	10234	64619	52059	28086
14614	4262	1261	64647	89035	141954	197150
6382	1949	217	35224	30100	32418	69596
3524	709	314	14314	19180	25346	40570
1499	509	36	6915	8625	16446	27385
3210	1095	694	8194	31130	67744	59599
4313	1342	426	18188	28572	50164	63723
1653	505	56	9123	7796	8396	18025
493	99	44	2004	2685	3548	5680
742	252	18	3423	4269	8141	13556
1425	486	308	3638	13822	30078	26462
398	57	61	1035	694	2243	2436
231	45	47	921	496	1653	1859
2503	884	708	10395	9067	18392	20602
338	372	21	2266	9750	38151	12598
189	52	13	873	1340	1683	2679

9－6　主要农产品生产情况(2021 年)

指　　　　　标	单　位	全　市	芙蓉区	天心区
农作物总播种面积	**千公顷**	**575.65**		**1.38**
一、粮食作物播种面积	千公顷	313.38		0.26
单　产	公斤/亩	460		534
总产量	吨	2160423		2106
(一)谷物播种面积	千公顷	296.15		0.25
单　产	公斤/亩	468		542
总产量	吨	2079611		2049
1. 稻谷播种面积	千公顷	286.52		0.25
单　产	公斤/亩	469		543
总产量	吨	2015342		2038
(1)早稻播种面积	千公顷	96.68		
单　产	公斤/亩	406		
总产量	吨	588926		
(2)中稻与一季晚稻播种面积	千公顷	90.87		0.25
单　产	公斤/亩	542		543
总产量	吨	738725		2038
(3)晚稻播种面积	千公顷	98.97		
单　产	公斤/亩	463		
总产量	吨	687691		

岳麓区	开福区	雨花区	望城区	长沙县	浏阳市	宁乡市
13.12	**2.24**	**0.82**	**89.71**	**124.74**	**170.93**	**172.71**
5.83	1.28	0.25	44.30	75.67	79.28	106.50
497	482	487	461	446	473	456
43533	9234	1825	306004	506075	562412	729233
5.61	1.24	0.22	42.80	67.43	74.79	103.81
505	488	518	465	461	483	460
42539	9068	1700	298659	466517	542313	716766
5.57	1.24	0.22	42.64	63.27	72.95	100.39
506	488	517	465	462	485	460
42275	9068	1691	297488	438746	530829	693207
0.58	0.03		17.71	25.12	18.72	34.53
405	417		409	424	413	388
3521	175		108518	159632	115891	201189
4.40	1.18	0.22	7.22	12.95	34.99	29.66
526	491	517	571	540	536	548
34694	8708	1691	61870	104906	281109	243709
0.59	0.03		17.71	25.20	19.24	36.21
461	440		478	461	464	457
4060	185		127100	174208	133829	248309

9－6 续表 1

指标	单位	全市	芙蓉区	天心区
2. 小麦播种面积	千公顷	0.15		
单产	公斤/亩	168		
总产量	吨	379		
3. 玉米播种面积	千公顷	8.91		
单产	公斤/亩	460		367
总产量	吨	61494		11
4. 高粱播种面积	千公顷	0.37		
单产	公斤/亩	314		
总产量	吨	1717		
5. 其他谷物播种面积	千公顷	0.21		
单产	公斤/亩	217		
总产量	吨	679		
(二)豆类播种面积	千公顷	6.37		
单产	公斤/亩	224		200
总产量	吨	21420		3
1. 大豆播种面积	千公顷	4.21		
单产	公斤/亩	240		200
总产量	吨	15160		3
2. 绿豆播种面积	千公顷	0.39		
单产	公斤/亩	162		
总产量	吨	956		
3. 红小豆播种面积	千公顷			
单产	公斤			
总产量	吨			
4. 其他杂豆播种面积	千公顷	1.76		
单产	公斤	201		
总产量	吨	5304		

岳麓区	开福区	雨花区	望城区	长沙县	浏阳市	宁乡市
						0.15
						168
						379
0.04			0.16	4.03	1.50	3.18
406		600	488	450	448	478
256		9	1171	27196	10070	22781
				0.11	0.18	0.08
267				275	340	310
8				458	898	353
				0.03	0.16	0.02
				260	210	204
				117	516	46
0.06	0.01	0.01	0.33	3.20	1.88	0.88
192	200	207	213	222	222	246
167	33	31	1044	10634	6270	3238
0.03	0.01	0.01	0.15	1.86	1.48	0.67
195	227	207	249	230	238	274
85	17	31	560	6412	5291	2761
0.02				0.09	0.14	0.15
179				202	142	153
43				276	290	347
0.01	0.01		0.18	1.25	0.26	0.05
200	178		183	211	174	160
39	16		484	3946	689	130

9－6 续表2

指　　标	单　位	全　市	芙蓉区	天心区
（三）薯类播种面积	千公顷	10.86		0.01
单　产	公斤/亩	365		360
总产量	吨	59392		54
1. 甘薯播种面积	千公顷	6.68		0.01
单　产	公斤/亩	380		371
总产量	吨	38079		39
2. 马铃薯播种面积	千公顷	4.18		
单　产	公斤/亩	340		333
总产量	吨	21313		15
二、油料播种面积	千公顷	57.45		0.01
单　产	公斤/亩	121		104
总产量	吨	104106		13
1. 花生果播种面积	千公顷	3.89		
单　产	公斤/亩	210		
总产量	吨	12244		
2. 油菜籽播种面积	千公顷	52.71		0.01
单　产	公斤/亩	114		104
总产量	吨	90222		13
3. 芝麻播种面积	千公顷	0.62		
单　产	公斤/亩	101		
总产量	吨	943		
三、棉花播种面积	千公顷			
单　产	公斤/亩	88		
总产量	吨	5		
四、生麻播种面积	千公顷			
单　产	公斤/亩	231		
总产量	吨	3		
# 生苎麻播种面积	千公顷			
单　产	公斤/亩	231		
总产量	吨	3		
五、甘蔗播种面积	千公顷	0.07		
单　产	公斤/亩	1619		
总产量	吨	1642		

岳麓区	开福区	雨花区	望城区	长沙县	浏阳市	宁乡市
0.17	0.03	0.02	1.17	5.04	2.61	1.82
334	341	298	359	383	353	339
827	133	94	6301	28924	13829	9229
0.09	0.02	0.01	0.47	3.57	1.86	0.66
324	336	333	393	386	366	387
413	121	50	2791	20654	10189	3822
0.08		0.01	0.70	1.48	0.76	1.16
345	400	267	336	374	321	311
414	12	44	3510	8270	3640	5407
1.05	0.02	0.02	5.81	9.38	33.42	7.74
143	101	90	142	115	117	127
2259	23	28	12398	16128	58519	14738
0.08			0.76	0.59	0.95	1.53
225			210	196	208	215
261			2377	1725	2959	4922
0.96	0.02	0.02	4.78	8.55	32.3	6.06
137	101	90	129	108	114	107
1987	23	28	9249	13856	55379	9687
0.01			0.15	0.15	0.17	0.15
89			149	129	71	59
11			325	297	181	129
						88
						5
			231			
			3			
			231			
			3			
					0.03	0.04
					1372	1785
					557	1085

9－6 续表3

指　　标	单　位	全　市	芙蓉区	天心区
六、烟叶播种面积	千公顷	5.91		
单　产	公斤/亩	126		
总产量	吨	11176		
1.烤烟播种面积	千公顷	5.74		
单　产	公斤/亩	124		
总产量	吨	10715		
2.晒(土)烟播种面积	千公顷	0.16		
单　产	公斤/亩	187		
总产量	吨	461		
七、药材播种面积	千公顷	2.59		
单　产	公斤/亩	570		
总产量	吨	22184		
八、蔬菜播种面积(含菜用瓜)	千公顷	163.64		1.04
单　产	公斤/亩	2341	1865	1761
总产量	吨	5746452	3	27495
九、瓜果类播种面积	千公顷	7.53		0.06
单　产	公斤/亩	1922		2101
总产量	吨	217043		1784
1.西瓜播种面积	千公顷	5.52		0.03
单　产	公斤/亩	2007		2714
总产量	吨	166115		1080
2.甜瓜播种面积	千公顷	1.48		
单　产	公斤/亩	1752		1714
总产量	吨	38768		120
3.草莓播种面积	千公顷	0.31		0.02
单　产	公斤/亩	1028		1324
总产量	吨	4771		466
十、其他农作物播种面积	千公顷	25.08		0.01
# 青饲料播种面积	千公顷	8.04		0.01

岳麓区	开福区	雨花区	望城区	长沙县	浏阳市	宁乡市
				0.01	3.35	2.55
				128	116	139
				15	5838	5323
					3.35	2.39
					116	136
					5838	4877
				0.01		0.16
				128		190
				15		446
			0.08	0.09	1.75	0.67
585			91	545	628	483
24			115	763	16449	4833
5.13	0.9	0.55	35.24	28.97	44.57	47.23
2321	1962	1308	2382	2534	2197	2362
178775	26609	10773	1259305	1101296	1468928	1673268
0.13	0.01		1.12	1.12	3.78	1.31
2640	1155	1448	2210	2192	1880	1495
5217	95	84	37158	36707	106529	29470
0.07			0.93	0.84	2.41	1.24
3201	3846	1950	2303	2355	1983	1514
3220	50	39	32143	29802	71643	28138
0.04			0.12	0.2	1.07	0.03
2635	3500	1087	1803	1921	1677	1969
1457	28	25	3341	5743	27040	1014
0.03			0.04	0.05	0.13	0.04
1192	284	1333	1246	1054	1049	492
459	16	20	673	740	2115	282
0.97	0.03		3.15	9.5	4.75	6.67
0.13	0.03		2.49	1.7	2.88	0.81

9－7　茶叶、水果生产情况(2021 年)

指　　标	单　位	全　市	芙蓉区	天心区
一、茶叶产量	吨	47062		
绿茶	吨	37293		
青茶	吨	73		
红茶	吨	7146		
其他茶	吨	2550		
二、水果产量	吨	395018		1871
1. 园林水果	吨	177975		87
柑	吨	31885		1
桔	吨	64077		15
橙	吨	2922		7
柚	吨	9373		23
桃	吨	16614		2
猕猴桃	吨	1109		
李子	吨	9059		1
梨	吨	10158		
葡萄	吨	17605		32
红枣(干枣折成鲜枣)	吨	466		
鲜柿子(柿饼折成鲜柿)	吨	4690		1
枇杷	吨	872		5
其他园林水果	吨	9145		
2. 瓜果类水果(西瓜、甜瓜、草莓)	吨	217043		1784
三、食用坚果	吨	7142		3
# 板栗	吨	7139		3
四、年末茶园面积	千公顷	14.44		
# 当年采摘	千公顷	12.75		
五、年末果园面积	千公顷	15.46		
# 柑桔园面积	千公顷	4.92		
桃园面积	千公顷	2.06		
猕猴桃园面积	千公顷	0.24		
梨园面积	千公顷	2.14		
葡萄园面积	千公顷	1.57		

岳麓区	开福区	雨花区	望城区	长沙县	浏阳市	宁乡市
51			819	39826	1744	4622
51			818	31388	1404	3632
					49	24
			1	6590	3	552
				1848	288	414
16466	96	97	46604	80592	189923	59370
11249	1	13	9446	43885	83394	29900
1445			631	1092	24561	4155
2249			5620	11232	27271	17690
59			459	998	1057	342
154			117	4175	4660	244
1047			657	5038	8384	1486
6			89	561	240	213
92			10	3770	2711	2475
238			414	1650	5198	2658
2317	1	13	1197	10600	2832	613
3			42	318	92	11
3				333	4353	
6			11	315	531	4
3630			199	3803	1504	9
5217	95	84	37158	36707	106529	29470
17			63	4500	2528	31
14			63	4500	2528	31
0.09			0.73	7.07	3.18	3.38
0.05			0.69	6.35	2.65	3.02
0.41			0.93	4.99	5.16	3.96
0.11			0.60	0.61	1.20	2.39
0.04			0.10	0.46	1.22	0.24
			0.01	0.07	0.11	0.04
0.04			0.04	0.44	1.27	0.35
0.12			0.17	0.54	0.49	0.25

9-8 畜牧业生产情况(2021年)

指标	单位	全市		
			芙蓉区	天心区
一、当年出栏猪头数	万头	361.91		0.52
1.出栏肉猪	万头	361.91		0.52
2.出口中仔猪	万头			
二、当年出售和自宰的肉用牛	万头	6.16		0.01
三、当年出售和自宰的肉用羊	万只	67.64		0.07
四、当年出售和自宰的肉用驴	匹	40		
五、当年出售和自宰的家禽(鸡鸭鹅)	万羽	4772.54		5.51
六、当年出售和自宰的肉用兔	万只	4.30		
七、当年肉类总产量	吨	352291		500
1.猪肉产量	吨	264100		400
①肉猪肉产量	吨	264100		400
②出口中仔猪肉产量	吨			
2.牛肉产量	吨	7400		
3.羊肉产量	吨	10700		
4.驴肉产量	吨	3		
5.禽肉产量	吨	69300		100
6.兔肉产量	吨	61		
7.其他肉产量	吨	728		
八、当年牛奶产量	吨	4200		
九、当年蜂蜜产量	吨			
十、当年禽蛋产量	吨	48300		600
十一、大牲畜存栏总头数	头	112200		
1.牛存栏	头	112200		
2.马存栏	匹			
3.驴存栏	头			
4.骡存栏	头			
十二、生猪存栏	万头	227.71		0.41
# 能繁母猪	万头	19.01		0.06
十三、山羊存栏	万只	49.75		0.07
十四、兔存栏	万只			
十五、家禽存笼	万羽	2699.1		3.82

岳麓区	开福区	雨花区	望城区	长沙县	浏阳市	宁乡市
2.18	1.20	0.87	31.84	66.48	130.89	127.93
2.18	1.20	0.87	31.84	66.48	130.89	127.93
0.03	0.01		0.68	0.7	1.7	3.03
0.51	0.01	0.03	1.64	2.45	51.62	11.31
					40	
39.41	7.07	6.74	310.37	279.84	1345.6	2778
			0.06		4.24	
2300	1000	700	28896	53100	124695	141100
1600	900	600	22800	47800	96500	93500
1600	900	600	22800	47800	96500	93500
			900	800	2100	3600
100			300	400	7900	2000
					3	
600	100	100	4800	4100	17500	42000
			1		60	
			95		632	
			1100	700		2400
1500	100	100	13400	7100	14500	11000
700	100		9500	9000	37000	55900
700	100		9500	9000	37000	55900
1.32	1.46	0.31	20.48	44.60	80.16	78.97
0.16	0.16	0.09	1.74	3.52	6.61	6.67
0.58		0.01	1.76	1.83	38.1	7.4
49.16	7.71	3.35	326.46	211.8	798.8	1298

9-9 渔业生产情况(2021年)

指标	单位	全市	芙蓉区	天心区
一、水产品总产量	吨	120660	60	1578
(一)淡水产品捕捞产量	吨	205		
1. 鱼类(含鳝鱼、泥鳅)	吨	175		
2. 虾蟹类	吨	30		
3. 贝类	吨			
4. 其他类	吨			
(二)淡水产品养殖产量	吨	120455	60	1578
1. 鱼类(含鳝鱼、泥鳅)	吨	105359	60	1563
2. 虾蟹类	吨	11701		6
3. 贝类	吨	1550		
4. 其他类	吨	1845		9
二、淡水养殖面积合计	公顷	22019	14	170
(一)池塘养殖	公顷	14970	14	159
# 精养池塘	公顷	8809		154
(二)湖泊养殖	公顷	1583		
(三)河沟养殖	公顷	177		6
(四)水库养殖	公顷	4805		5
(五)其他养殖	公顷	484		
附:1. 稻田养殖面积	公顷	8565		
2. 养殖水面中鱼种池面积	公顷	426		

岳麓区	开福区	雨花区	望城区	长沙县	浏阳市	宁乡市
6913	1880	2264	38950	14426	22814	31775
		2	203			
		2	173			
			30			
6913	1880	2262	38747	14426	22814	31775
6750	1670	2257	28072	13850	22426	28711
163	205		9785	568	45	929
					190	1360
	5	5	890	8	153	775
770	449	280	5884	2975	4062	7415
667	363	235	4327	2091	1784	5330
667	130	215	3872	504	667	2600
33			1020			530
			151	20		
62	26	45	376	864	2207	1220
8	60		10		71	335
181	100		4867	492	224	2701
	60		10		71	285

9－10 农林牧渔业总产值(2021年)

指　标	全　市	芙蓉区	天心区	岳麓区
	按现行价格计算			
农林牧渔业总产值	**7315233**	**134**	**23511**	**161062**
一、农业产值	4516665	1	15846	124990
1. 谷物及其他作物	872044		691	16038
# 粮食	742359		680	14082
(1)谷物	700411		661	13634
# 小麦	85			
稻谷	631276		656	13507
玉米	28595		5	119
(2)折粮薯类	20556		16	254
(3)油料	91767		11	1956
# 花生	11656			248
油菜籽	76869		11	1693
(4)豆类	21392		3	194
# 大豆	14978		3	84
(5)棉花	5			
(6)生麻	2			
(7)糖料	621			
(8)烟草	36391			
(9)其他农作物	900			
# 饲料作物	300			
2. 蔬菜园艺作物	3051679	1	14198	100125
(1)蔬菜	2385208	1	11606	75979
(2)食用菌(干鲜混合)	51391		150	1
(3)花卉	29492		322	4280
(4) 盆景园艺	585588		2120	19866
3. 水果、坚果、饮料和香料作物	532601		957	8761
# 水果(含果用瓜)	155722		954	8301
# 梨	4043			95
柑桔	35660		16	1281
# 茶及其他饮料	369468			446
4. 中药材	60340			65

单位:万元

开福区	雨花区	望城区	长沙县	浏阳市	宁乡市
按现行价格计算					
21194	**88836**	**1004045**	**1495595**	**2265052**	**2255803**
13231	79428	672010	1066142	1243357	1301660
3001	632	114463	192373	262898	281948
2982	608	103167	177913	192458	250471
2915	549	99423	158161	181606	243463
					85
2915	545	92539	136415	167442	217259
	4	545	12646	4683	10593
36	29	2753	9418	4494	3555
20	24	11121	14265	51031	13339
		2263	1642	2817	4686
20	24	7880	11805	47183	8253
31	31	990	10334	6357	3453
17	31	553	6335	5228	2728
					5
		2			
				211	410
			51	18974	17367
		173	145	225	357
		78	60	57	105
10187	78743	530191	535501	843316	939418
10187	4038	509704	437851	610546	725296
	4	596	34712	7483	8446
	21	416	9733	9434	5286
	74680	19475	53204	215853	200390
43	53	27044	336192	92402	67149
43	53	16995	37468	70499	21409
		165	657	2069	1058
		2227	5848	18972	7316
		9984	294134	19324	45579
		313	2075	44741	13146

9－10 续表

指　　标	全　市	芙蓉区	天心区	岳麓区
	按现行价格计算			
二、林业产值	391920			3953
（一）林木的培育和种植	60927			888
1. 育种育苗	16212			
2. 造林	5533			18
3. 抚育和管理	10194			
4. 零星植树	28989			870
（二）竹木采运	45950			1605
（三）林产品	285043			1460
三、牧业产值	1701658		3395	13127
（一）牲畜饲养	122998		146	798
1. 牛的饲养	38500		63	188
2. 羊的饲养	81033		84	611
3. 牛奶	3465			
（二）猪的饲养	1261256		1812	7597
# 肉猪	1261256		1812	7597
（三）家禽饲养	308251		1436	4731
1. 肉禽	212375		245	1754
2. 禽蛋	95876		1191	2978
（四）其他畜牧业	9153			
# 兔				
四、渔业产值	274659	101	3140	12087
1. 鱼类	220197	101	3087	11431
2. 虾蟹类	47182		24	656
3. 贝类	1330			
4. 其他	5950		29	
五、农林牧渔服务业	430332	32	1130	6906

单位:万元

开福区	雨花区	望城区	长沙县	浏阳市	宁乡市
按现行价格计算					
		14847	45793	251251	76076
		5702	21364	20630	12342
		285	12050	2610	1267
		765	609	3192	948
		585	585	6786	2238
		4068	8120	8042	7889
		1792	3290	11780	27484
		7353	21139	218840	36249
4770	2992	153128	272155	582630	669462
74	36	7122	7888	68439	38493
63		4250	4375	10625	18938
12	36	1965	2935	57814	17575
		908	578		1980
4182	2458	104775	237001	425262	478170
4182	2458	104775	237001	425262	478170
513	498	40410	26546	83279	150836
315	300	13811	12453	54497	129001
199	199	26599	14094	28783	21835
		820	720	5650	1963
2442	2852	94567	33753	53353	72365
1806	2836	52374	31442	52232	64889
620		39476	2284	158	3964
				163	1167
16	16	2717	26	799	2344
752	3564	69494	77752	134462	136240

10 工　业

10－1 历年工业总产值

单位:万元

年份	合计	#大中型企业	#国有工业	#集体工业	#乡办工业	轻工业	重工业
1949	5791		433			4896	895
1950	9002		1630	39		7921	1081
1951	14892		4057	129		12945	1947
1952	20409		10400	201		17076	3333
1953	28847		14602	378		24199	4648
1954	30875		17846	714		24523	6352
1955	35450		19311	2234		28742	6708
1956	45732		36351	7660		35686	10046
1957	49355		39277	9360		39189	10166
按1957年不变价格计算							
1957	46096		36541	8845		36868	9228
1958	80433		58213	22109	4659	59711	20722
1959	105816		75554	30262	4455	68870	36946
1960	120489		86411	34078	3508	68554	51935
1961	63898		46444	17333	1051	46572	17326
1962	53339		38507	14580	467	40256	13083
1963	54016		40829	12992	178	38672	15344
1964	64857		49533	15219	290	45358	19499
1965	79691		58891	20797	1277	51868	27823
1966	96285		68584	27701	3073	62743	33542
1967	87318		59683	27635	3151	57524	29794
1968	78585		51981	26604	3382	54247	24338
1969	97375		68078	29297	2194	60575	36800
1970	140654		104311	36343	2948	78545	62109
1971	150535		111997	38538	3577	81623	68912
按1970年不变价格计算							
1971	132575		96260	36315	3577	72794	59781
1972	154173	48387	113309	40864	3627	86545	67628
1973	163927	50018	118714	45213	4691	93632	70295
1974	128974	34209	89526	39448	5633	82062	46912
1975	163374	51074	113325	50049	7181	94128	69246
1976	147984	37453	97010	50974	9479	88653	59331
1977	190006	50228	125967	64039	11791	106133	83873
1978	238489	55004	153188	85301	14509	132376	106113
1979	274260	63033	178564	95696	17671	155407	118853
1980	302624	69477	192773	108551	19593	180677	121947
1981	312240	67577	193803	117076	20046	199146	113094

10－1 续表　　　　单位：万元

年份	合计	#大中型企业	#国有工业	#集体工业	#乡办工业	轻工业	重工业
	按1980年不变价格计算						
1981	305989	65529	190040	114625	20357	197536	108453
1982	318933	68386	192110	124599	22348	204500	114433
1983	339270	80644	203733	135294	24694	213291	125979
1984	387985	108532	228587	158835	30208	239867	148118
1985	463521	139538	255540	207209	42044	279040	184481
1986	524318	179662	294463	218422	46225	301104	223214
1987	635046	227241	348228	271609	65890	364015	271031
1988	763387	275958	406300	329184	90309	418990	344397
1989	837404	307890	418981	369449	68336	465656	371748
1990	864295	332217	428900	388730	79207	481316	382979
	按1990年不变价格计算						
1990	1201241	519530	685839	461738	124188	680329	520912
1991	1389702	572449	751752	561615	167332	780430	609272
1992	1655135	646830	877163	716342	219372	856131	799004
1993	1923267	828288	907141	900189	345084	988828	934439
1994	2261762	917685	950930	664639	352342	1215599	1046163
1995(原规定)	2625906	888684	1072289	635231	388926	1458138	1167768
1995(新规定)	2465662	884923	1047582	887074	410523	1347777	1117885
1996	2874962	916152	1112524	1103270	492329	1465786	1409176
1997	3366581	1029812	1169371	1147896	518527	1655539	1711042
1998	3871568	1157742	1244845	1082559	490985	1812982	2058586
1999	4316798	1322056	1338019	990848		1990907	2325891
2000	4836651	1486342	1530512	914127		2235016	2601635
2001	5349642	1975827	1208526	1011082		2404381	2945261
2002	6079083	2522050	1318284			2412608	3666475
2003	7147780	2435058	1703105			2516350	4631430
	按当年价格计算						
2003	8034980	4075032	2273348			3438771	4596209
2004	10060596	4848325	2679230			4488562	5572034
2005	13006235	6193647	3151357			5802766	7203469
2006	16509547	7667315	3998824			5978281	10531266
2007	21546411	9933579	5289693			7461083	14085328
2008	35074824	17520328	10109994			14391159	20683665
2009	41618121	20436243	11793145			16262144	25355977
2010	54877395	28190353	15158744			21443162	33434233
2011	71273582	38750233	19293574			27958192	43315390
2012	82630847	42333662	21852534			32276868	50353979
2013	89380523	49570685	22108786			31876211	57504312
2014	104445106	59472793	22111685			32681853	62765763
2015	111746223	67380196	22134390			37262597	74483626
2016	122077301	74148116	21927534			41378142	80699159
2017	124115779	76349482	26580545				

10－2 历年工业总产值指数

（以1949年为100）

年份	工业总产值	#国有工业	轻工业	重工业
1949	100	100	100	100
1950	155.4	376.4	161.8	120.8
1951	257.2	937.0	264.4	217.5
1952	352.4	2401.8	348.8	372.4
1953	498.1	3372.3	496.3	519.3
1954	533.2	4121.5	500.9	709.7
1955	612.2	4459.8	587.1	749.5
1956	789.1	8395.2	728.9	1122.5
1957	852.3	9070.9	800.4	1135.9
1958	1487.1	14451.0	1296.4	2550.5
1959	1956.4	18755.9	1495.3	4547.5
1960	2227.7	21451.0	1488.4	6392.4
1961	1181.4	11529.6	1011.2	2132.5
1962	986.2	9559.1	874.0	1610.3
1963	998.7	10135.6	839.6	1888.6
1964	1199.1	12296.3	984.8	2400.0
1965	1473.4	14619.4	1126.1	3424.6
1966	1780.2	17025.6	1362.3	4128.5
1967	1614.4	14815.9	1248.9	3667.2
1968	1453.0	12903.9	1177.8	2995.6
1969	1800.4	16900.0	1315.2	4529.5
1970	2600.6	25894.7	1705.3	7544.6
1971	2783.3	27802.8	1772.2	8481.9
1972	3236.5	32726.1	2106.9	9595.6
1973	3441.3	34287.3	2279.4	9974.1
1974	2707.5	25857.0	1997.8	6656.3
1975	3429.7	32730.7	2291.5	9825.1
1976	3106.6	28018.7	2158.2	8418.3
1977	3988.8	36382.0	2583.7	11900.6
1978	5006.7	44180.5	3280.2	15302.0
1979	5757.7	51499.1	3860.0	17181.1
1980	6353.2	55597.1	4477.1	17585.4
1981	6555.0	55894.1	4934.7	16308.7
1982	6832.3	56502.9	5108.7	17208.0
1983	7268.0	59921.5	5328.3	18944.2
1984	8311.6	67231.5	5992.2	22273.4
1985	9929.8	75158.8	6970.8	27741.5

10－2 续表1　　（以1949年为100）

年　份	工业总产值	#国有工业	轻工业	重工业
1986	11232.2	86606.8	7522.0	33566.0
1987	13604.2	102420.0	9093.6	40756.5
1988	16353.6	119500.0	10466.6	51789.0
1989	17939.4	123387.3	11764.7	56626.4
1990	18514.8	126305.5	12159.6	58332.8
1991	21419.6	138444.2	13948.7	68227.5
1992	25510.7	161540.1	15301.7	89446.2
1993	29643.5	167061.0	17673.5	104562.7
1994	34860.7	175125.0	21720.7	117057.9
1995	40473.3	181107.4	26043.1	130636.7
1996	47191.9	192334.7	28334.9	164732.8
1997	55261.7	202162.5	31990.1	199985.6
1998	63550.9	215210.6	35029.2	240582.7
1999	70859.3	237359.0	38462.1	271858.5
2000	79362.4	271506.4	43191.8	303937.8
2001	87774.8	214490.1	46474.4	344057.6
2002	99712.2	234008.7	46613.8	428351.1
2003	120950.9	302339.2	48618.2	541007.4
2004	151430.5	367946.9	63461.3	655863.3
2005	192771.0	484954.0	80215.1	847375.4
2006	251951.7	614921.7	101632.5	1129551.4
2007	328819.1	813425.8	126840.5	1510749.0
2008	433712.4	1002954.0	160326.4	2870788.7
2009	514643.1	1169945.8	181168.8	3519299.9
2010	618774.0	1515874.4	214431.6	4343423.3
2011	803787.4	1929708.1	279618.8	5629076.6
2012	931589.6	2186359.3	322680.1	6540987.0
2013	1007686.2	2202992.9	318674.6	7469816.0
2014	1177526.0	2203281.8	326728.8	8153279.0
2015	1259839.6	2201714.9	372523.7	9675430.6
2016	1376313.3	2181138.9	413667.9	10482829.0
2017	1399295.3	2643975.4		

10－2 续表2

（以上年为100）

年　份	工业总产值	#国有工业	轻工业	重工业
1950	155.4	376.4	161.8	120.8
1951	165.4	248.9	163.4	180.1
1952	137.0	256.3	131.9	171.2
1953	141.3	140.4	141.7	139.5
1954	107.0	122.2	101.3	136.7
1955	114.8	108.2	117.2	105.6
1956	129.0	188.2	124.2	149.8
1957	107.9	108.0	109.8	101.2
1958	174.5	159.3	162.0	224.5
1959	131.6	129.8	115.3	178.3
1960	113.9	114.4	99.5	140.6
1961	53.0	53.7	67.9	33.4
1962	83.5	82.9	86.4	75.5
1963	101.3	106.0	96.1	117.3
1964	120.1	121.3	117.3	127.1
1965	122.9	118.9	114.4	142.7
1966	120.8	116.5	121.0	120.6
1967	90.7	87.0	91.7	88.8
1968	90.0	87.1	94.3	81.7
1969	123.9	131.0	111.7	151.2
1970	144.4	153.2	129.7	168.8
1971	107.0	107.4	103.9	110.0
1972	116.3	117.7	118.9	113.1
1973	106.3	104.8	108.2	103.9
1974	78.7	75.4	87.6	66.7
1975	126.7	126.6	114.7	147.6
1976	90.6	85.6	94.2	85.7
1977	128.4	129.8	119.7	141.4
1978	125.5	121.6	124.7	126.5
1979	115.0	116.6	117.4	112.0
1980	110.3	108.0	110.2	102.6
1981	103.2	100.5	110.2	92.1
1982	104.2	101.1	103.5	105.5
1983	106.4	106.1	104.3	110.1
1984	114.4	112.2	112.5	117.6
1985	119.5	111.8	116.3	124.6
1986	113.1	115.2	107.9	121.0
1987	121.1	118.3	120.9	121.4
1988	120.2	116.7	115.1	127.1
1989	109.7	103.1	111.1	107.9
1990	103.2	102.4	103.4	103.0

10－2 续表 3　　　　（以上年为 100）

年　份	工业总产值	# 国有工业	轻工业	重工业
1991	115.7	109.6	114.7	117.0
1992	119.1	116.7	109.7	131.1
1993	116.2	103.4	115.5	116.9
1994	117.6	104.8	122.9	112.0
1995	116.1	112.8	119.9	111.6
1996	116.6	106.2	108.8	126.1
1997	117.1	105.1	112.9	121.4
1998	115.0	111.0	109.5	120.3
1999	111.5	110.3	109.8	113.0
2000	112.0	112.8	112.3	111.8
2001	110.6	79.0	107.6	113.2
2002	113.6	109.1	100.3	124.5
2003	121.3	129.2	104.3	126.3
2004	125.2	121.7	130.5	121.2
2005	127.3	131.8	126.4	129.2
2006	130.7	126.8	126.7	133.3
2007	130.5	132.3	124.8	133.7
2008	131.9	123.3	126.4	137.4
2009	118.7	116.7	113.0	122.6
2010	131.9	128.5	131.9	131.9
2011	129.9	127.3	130.4	129.6
2012	115.9	113.3	115.4	116.2
2013	108.2	100.8	98.8	114.2
2014	116.9	100.0	102.5	109.1
2015	107.0	99.9	114.0	118.7
2016	109.2	99.1	111.0	108.3
2017	101.7	121.2		

10－3 规模以上工业主要产品产量

产　　品	单　位	2021 年	2020 年	2021 年为 2020 年的%
饲料	万吨	229.21	192.99	118.8
精制食用植物油	万吨	23.13	19.03	121.5
酱油	万吨	20.44	23.20	88.1
大米	万吨	14.72	22.59	65.1
乳制品	万吨	35.25	17.44	202.0
饮料	万吨	463.68	338.43	137.0
精制茶	万吨	2.38	3.43	69.4
服装	万件	2368.35	2632.67	90.0
涂料	万吨	53.31	39.12	136.3
化学药品原药	万吨	4.29	2.93	146.5
化学试剂	万吨	24.88	16.84	147.7
焰火制品	亿元	300.90	377.88	79.6
家具	万件	160.60	135.37	118.6
水泥	万吨	673.45	677.43	99.4
商品混凝土	万立方米	2745.61	2369.88	115.9
铝材	万吨	15.86	34.30	46.2
起重机	万吨	147.23	141.51	104.0
压实机械	台	3775.00	5763.00	65.5
环境污染防治专用设备	万台	7.24	5.78	125.3
汽车	万辆	34.09	36.00	94.7
工业机器人	套	6757.00	4505.00	150.0
光电子器件	亿只	137.65	88.41	155.7
印制电路板	万平方米	88.50	91.73	96.5
电力电缆	亿米	5.76	5.65	102.0
自来水生产量	亿立方米	13.20	12.49	105.7
发电量	万千瓦小时	1029231	771187	133.5

10－4　1998－2017年规模以上工业企业主要经济指标

指　　标	1998年	1999年	2000年	2001年	2002年	2003年	2004年	2005年	2006年
企业单位数(个)	602	672	657	744	895	1096	1464	1691	1920
#亏损企业	273	241	223	230	258	226	263	217	165
工业总产值(当年价格)	2656096	3098178	3301641	3700281	4441769	5643301	7699353	9733713	12717585
工业销售产值(当年价格)	2560872	3007318	3229826	3636080	4391451	5578889	7594852	9551244	12673496
工业增加值(当年价格)	990023	1071758	1178774	1325474	1603271	2031020	2718925	3523338	4411148
流动资产合计	1889708	2097902	2456692	2742156	3077790	3772809	4574168	5102554	6357110
存货	713805	726300	849283	917658	1073247	1291700	1607995	1838326	2267629
#产成品	238900	259808	313282	314616	387805	443290	478979	507981	718122
固定资产合计	1905649	2113116	2364939	2416425	2673026	2775924	3283857	3955661	4259095
固定资产原价合计	2337912	2590306	2909204	3153749	3496219	3817462	4300092	5051470	5542976
固定资产净值平均余额	1582335	1756358	1888985	2076331	2298696	2411178	2748064	3167717	3820512
资产总计	4277157	4722014	5406433	5891896	6629858	7582870	9251983	10675036	12728342
流动负债合计	1954242	2101611	2306733	2551023	2729096	3220482	3871544	4505124	4881277
负债合计	2666746	2859586	3148273	3328496	3637202	4148846	5014353	5802134	6722111
主营业务收入	2531715	2916883	3212467	3538980	4296915	5679012	7490187	9351579	12350206
主营业务成本	1714194	1963016	2171292	2399290	2944484	3842496	5428851	6753573	8770195
主营业务税金及附加	322040	348163	370445	356460	356106	402640	580931	648061	714015
营业利润	363206	455412	506053	579018	759425	1115558	558645	688131	1172544
利润总额	99866	176898	211786	240180	332138	470195	569891	640280	950519
亏损企业亏损额	94747	79032	55843	60056	66425	60483	80676	62222	48274
应交增值税	173616	192623	207553	237311	248126	285078	347826	482333	572429

注:1. 从1998年起工业企业主要经济指标为规模以上工业企业(即年主营业务收入500万元以上独立核算工业企业)主要经济指标。
2. 2008年数据按第二次经济普查数据修正。
3. 从2011年起,规模以上工业企业统计标准由年主营业务收入500万元以上变更为2000万元及以上。

单位:万元

2007 年	2008 年	2009 年	2010 年	2011 年	2012 年	2013 年	2014 年	2015 年	2016 年	2017 年
2047	2575	2527	2617	2219	2282	2407	2593	2708	2793	2886
133	139	172	83	107	133	133	162	215	162	221
17326728	28153645	33728555	45716906	59756609	70583246	82891332	95447615	105459223	115582830	117562858
17105805	27807656	33256951	45390816	59014457	69289554	81506860	91924403	101995173	116536722	111368232
5845815	11296207	12360165	15722264	21092400	23098396	26532834	30420534	32282141	32530272	35332603
7761100	12471386	14094846	21065939	24386980	31078962	34637238	41059381	44827621	48302600	53668587
2564681	4130906	4820399	5985926	6907187	8391415	9349379	11166999	12561060	13521522	14516957
1010958	1154176	1377478	1833303	1894490	2589496	2360520	3473773	3851748	4090793	4372825
5181152	9879593	12853030	13662049	14022082	16886035		23249698	24152862	25806732	25404048
6435469	12819906	14421067	15780005	18563250	21314194		31458658	34316223	38403910	42442237
4112795	7985703	10379476	11360425	13364154						
15679718	27347526	30867064	40568029	47623577	58250722	62596081	74286273	80761003	89110901	99104880
5891835	8910948	9765456	13402078	17902397	21572983		25564713	28907233	31729208	36023466
8464062	14926586	16705263	21315603	25903355	32693115	33628362	40306440	42917138	48558797	50384464
17518483	27181162	32754428	45087877	58597585	68645424	77588408	90240638	99478355	108795018	111472203
12115525	19484114	23391354	33142414	42733271	51359043	59274178	69004779	76844816	85833548	87343048
899198	2452071	2617761	3388886	4043661	4748995	5385138	5950556	6377474	6304222	6422320
1756969	3356097	4234120	5160913	5882254	5977448	5615275	6321657	6432841	5896892	7193825
1704861	2924227	3341951	4962418	5632994	6084527	5896607	6549215	6754329	6355174	7515701
161573	124990	101164	28593	157392	197853	190173	258971	476813	527415	147362
792824	1657657	1504850	2296193	2558087	2697660	3029488	3719432	3944615	3685395	3693179

10－5 规模以上工业企业主要经济指标(2021年)

指　　标	企业单位数(个)	#亏损企业(个)	流动资产合计	#应收账款
总　　计	**2872**	**414**	**70083484**	**22162480**
按登记注册类型分组				
内资企业	2737	382	59383353	18198921
国有企业	12		7346770	171209
集体企业	9	1	8854	3523
股份合作企业	1		2763	1284
联营企业	1	1	6693	2501
国有联营企业	1	1	6693	2501
有限责任公司	327	76	11838573	4793233
国有独资公司	27	4	1048263	381419
其他有限责任公司	300	72	10790310	4411814
股份有限公司	56	9	20797415	6921372
私营企业	2329	295	19190432	6149619
私营独资企业	105	1	307144	101013
私营合伙企业	72	1	103209	38866
私营有限责任公司	2007	270	13586967	4677965
私营股份有限公司	145	23	5193113	1331776
其他企业	2		191853	156180
港、澳、台商投资企业	65	14	6121116	2377776
合资经营企业(港或澳、台资)	30	7	2595958	1002373
合作经营企业(港或澳、台资)	3	2	139906	35339
港、澳、台商独资经营企业	26	5	898780	275305
港、澳、台商投资股份有限公司	6		2486472	1064759
外商投资企业	70	18	4579016	1585783
中外合资经营企业	30	10	2815892	955918
中外合作经营企业	2		4729	2343
外资企业	37	8	1412229	614424
外商投资股份有限公司	1		346166	13098

单位:万元

存货	#产成品	资产总计	固定资产原价	累计折旧	固定资产净额	负债合计	流动负债合计	应付账款	所有者权益合计
12703398	**3919959**	**123771149**	**45848727**	**19744047**	**25247735**	**65333942**	**51171461**	**17589996**	**58083442**
11356965	3268581	96179941	29534985	12402842	16515596	51649141	43059562	14493520	44530790
3584869	69136	12822005	8454247	4537236	3915920	3871237	3044794	957682	8950767
2571	1399	27081	16431	3859	10496	10786	6966	1823	16295
1268	362	2979	317	101	216	1177	1177	28	1802
1002	504	10134	3425	1024	2401	9184	9184	2095	950
1002	504	10134	3425	1024	2401	9184	9184	2095	950
2035984	856776	23565869	10016361	4018805	5896694	14548849	11205762	4503918	9017020
102375	42871	2244832	625548	189593	416591	1510641	1272630	375008	734191
1933609	813905	21321037	9390813	3829212	5480103	13038207	9933132	4128911	8282829
1394347	506342	28346506	2226604	805481	1406048	16905055	15027688	4386421	11441450
4315631	1833913	31183845	8788934	3030783	5260709	16200613	13661765	4554614	14983223
69512	45073	785669	296674	53226	215002	386252	281261	77631	399417
30386	23041	253316	120455	32730	67355	120603	80650	35676	132714
3115367	1303646	21416530	6596317	2367996	3832516	12073594	10196398	3484396	9342929
1100366	462153	8728330	1775488	576831	1145837	3620164	3103456	956912	5108164
21292	149	221523	28666	5554	23113	102241	102227	86940	119282
636004	340643	18826973	11580001	4584562	6962882	9005786	4562149	1816132	9821187
280355	118722	10183534	10031174	3629876	6369055	5996932	2425441	875054	4186602
16206	14984	153002	13167	1848	11319	117745	117519	102205	35257
110180	50799	1210480	389304	197334	191934	545275	492363	196749	665205
229263	156138	7279957	1146357	755504	390574	2345835	1526826	642125	4934122
710429	310735	8764235	4733742	2756643	1769257	4679016	3549751	1280344	3731465
410054	156220	5871866	3380387	2072180	1124602	3541271	2454823	712183	2003025
711	323	15452	9558	1474	7991	5632	4702	2385	9820
259659	114186	2438595	1304919	671031	609744	997570	958414	537484	1414840
40006	40006	438322	38879	11958	26921	134543	131813	28292	303779

10－5 续表 1

指　　标	企业单位数（个）	#亏损企业（个）	流动资产合计	#应收账款
按经济组织类型分组				
独资企业	189	15	9973776	1165474
国有企业	12		7346770	171209
集体企业	9	1	8854	3523
私营独资企业	105	1	307144	101013
港澳台商独资经营企业	26	5	898780	275305
外资企业	37	8	1412229	614424
合作合伙企业	81	4	449153	236513
股份合作企业	1		2763	1284
国有联营企业	1	1	6693	2501
私营合伙企业	72	1	103209	38866
合作经营企业（港或澳、台资）	3	2	139906	35339
中外合作经营企业	2		4729	2343
其他企业（内资）	2		191853	156180
股份有限公司	208	32	28823166	9331005
股份有限公司（内资）	56	9	20797415	6921372
私营股份有限公司	145	23	5193113	1331776
港澳台商投资股份有限公司	6		2486472	1064759
外商投资股份有限公司	1		346166	13098
有限责任公司	2394	363	30837389	11429489
国有独资公司	27	4	1048263	381419
私营有限责任公司	2007	270	13586967	4677965
合资经营企业（港或澳、台资）	30	7	2595958	1002373
中外合资经营企业	30	10	2815892	955918
其他有限责任公司	300	72	10790310	4411814
在总计中：国有控股企业	161	33	31450865	8195207
在总计中：大型企业	48	5	41774467	12881257
中型企业	241	29	12544802	3759025
小型企业	2310	330	14163616	4755608
微型企业	273	50	1600599	766590
在总计中：亏损企业	414	414	6147630	1586862

单位:万元

存货	#产成品	资产总计	固定资产原价	累计折旧	固定资产净额	负债合计	流动负债合计	应付账款	所有者权益合计
4026790	280594	17283829	10461574	5462686	4943095	5811120	4783798	1771369	11446525
3584869	69136	12822005	8454247	4537236	3915920	3871237	3044794	957682	8950767
2571	1399	27081	16431	3859	10496	10786	6966	1823	16295
69512	45073	785669	296674	53226	215002	386252	281261	77631	399417
110180	50799	1210480	389304	197334	191934	545275	492363	196749	665205
259659	114186	2438595	1304919	671031	609744	997570	958414	537484	1414840
70864	39362	656406	175587	42731	112393	356581	315458	229328	299825
1268	362	2979	317	101	216	1177	1177	28	1802
1002	504	10134	3425	1024	2401	9184	9184	2095	950
30386	23041	253316	120455	32730	67355	120603	80650	35676	132714
16206	14984	153002	13167	1848	11319	117745	117519	102205	35257
711	323	15452	9558	1474	7991	5632	4702	2385	9820
21292	149	221523	28666	5554	23113	102241	102227	86940	119282
2763982	1164639	44793115	5187328	2149773	2969380	23005597	19789782	6013749	21787516
1394347	506342	28346506	2226604	805481	1406048	16905055	15027688	4386421	11441450
1100366	462153	8728330	1775488	576831	1145837	3620164	3103456	956912	5108164
229263	156138	7279957	1146357	755504	390574	2345835	1526826	642125	4934122
40006	40006	438322	38879	11958	26921	134543	131813	28292	303779
5841761	2435364	61037799	30024238	12088857	17222867	36160645	26282424	9575550	24549576
102375	42871	2244832	625548	189593	416591	1510641	1272630	375008	734191
3115367	1303646	21416530	6596317	2367996	3832516	12073594	10196398	3484396	9342929
280355	118722	10183534	10031174	3629876	6369055	5996932	2425441	875054	4186602
410054	156220	5871866	3380387	2072180	1124602	3541271	2454823	712183	2003025
1933609	813905	21321037	9390813	3829212	5480103	13038207	9933132	4128911	8282829
5738217	919182	53265657	22692077	9641058	13010455	30761336	23882262	6728715	22504320
7334842	1557061	70025022	22006554	8967954	12976022	36347525	29345023	10025761	33677497
2550970	1165618	21581400	7253947	3372138	3832985	10753780	8355846	2974374	10827620
2661177	1145901	25286593	9279881	3455251	5388520	13688179	10978638	3881266	11598405
156409	51380	6878134	7308345	3948705	3050207	4544459	2491954	708596	1979920
1161201	495522	12005464	5464654	2341401	2950039	8495564	6917102	1870757	3509898

10－5 续表2

指　　标	企业单位数（个）	#亏损企业（个）	流动资产合计	#应收账款
按行业大类分组				
采矿业	27	5	144095	76017
黑色金属矿采选业	2		6910	613
有色金属矿采选业	5	1	21700	6215
非金属矿采选业	20	4	115485	69190
制造业	2778	400	68075439	21734733
农副食品加工业	165	26	804169	166307
食品制造业	100	23	1099743	160229
酒、饮料和精制茶制造业	46	5	377758	112087
烟草制品业	2		7211535	155571
纺织业	24	9	478426	170006
纺织服装、服饰业	13	4	81446	9217
皮革、毛皮、羽毛及其制品和制鞋业	4	1	15405	4617
木材加工和木、竹、藤、棕、草制品业	38	1	54631	16346
家具制造业	35	3	81019	24580
造纸和纸制品业	69	4	249804	95448
印刷和记录媒介复制业	73	8	321410	81855
文教、工美、体育和娱乐用品制造业	12	1	86515	29106
石油、煤炭及其他燃料加工业	11	1	27549	9890
化学原料和化学制品制造业	436	23	1640922	513316
医药制造业	102	18	1606833	295498
橡胶和塑料制品业	91	13	557870	165185
非金属矿物制品业	287	36	2844986	1451116
黑色金属冶炼和压延加工业	6	1	35595	8602
有色金属冶炼和压延加工业	46	6	2167899	449880
金属制品业	175	27	1339924	442041
通用设备制造业	267	35	19027791	6273501
专用设备制造业	235	47	8257207	2861599
汽车制造业	133	45	4593449	2403481
铁路、船舶、航空航天和其他运输设备制造业	27	7	1589642	848331
电气机械和器材制造业	151	15	3433443	1263461
计算机、通信和其他电子设备制造业	139	30	8827948	3284353
仪器仪表制造业	71	10	1082183	354187
其他制造业	9	1	40649	11527
废弃资源综合利用业	11		139689	73396
电力、热力、燃气及水生产和供应业	67	9	1863950	351731
电力、热力生产和供应业	25	3	941016	203606
燃气生产和供应业	17	2	272468	18904
水的生产和供应业	25	4	650466	129220

单位:万元

存货	#产成品	资产总计	固定资产原价	累计折旧	固定资产净额	负债合计	流动负债合计	应付账款	所有者权益合计
8805	5644	254119	90985	27672	32293	181241	67860	17156	72878
527	402	11248	13738	10057	3682	4209	3253		7039
4745	1901	43970	25982	9802	16180	28484	28066	6812	15486
3533	3341	198901	51265	7814	12431	148548	36541	10344	50353
12608899	3900443	107537859	28303659	12678479	14839443	54412837	45832149	16615523	52771258
247250	108623	1634718	686520	221811	422143	760232	631453	151358	874485
214486	91725	1994764	880808	307445	529344	872638	688519	178535	1122127
69657	36128	670139	362540	154201	192270	252913	222160	73759	391041
3566410	67934	9084008	2404448	1500259	904189	1376656	1366166	452372	7707353
125331	92260	832863	299249	105293	185971	507953	477160	183192	324910
33278	24453	114753	28524	15077	13447	51425	47354	20014	63328
3753	3354	25542	7771	3544	4227	7811	6053	1286	17731
13562	9499	117526	62116	15539	33563	44314	27950	7096	73212
14935	9464	137680	39169	16365	20296	76548	59688	13977	61132
61362	24294	487059	256513	87711	160454	244849	206879	83525	242210
72623	23279	621300	427651	235099	186625	274650	232529	91980	346650
26073	16658	116116	22884	6489	15065	76080	64874	40066	40035
5278	2714	45196	20366	11500	4807	15027	13603	3864	30168
371612	240651	3229424	1144659	389334	664583	1374335	1138638	362657	1855089
327653	153536	3643074	1000702	334224	600660	1031809	901985	198172	2611264
121179	56924	1003456	575698	270171	282175	403149	325515	93188	600307
319341	123793	4411907	1175431	448715	642061	2728754	2304538	961913	1683152
2973	1719	75457	14936	4908	10025	11355	9908	3489	64102
715665	187024	3963368	2153398	1463379	667744	2807338	1579192	398188	1156030
264602	113105	2067047	721871	306117	382290	1075366	938886	290906	991680
1311400	608243	23043461	1426278	601168	785547	16006994	14556038	4256245	7036466
1431086	567378	12276665	1932362	783036	1129149	6569247	5813636	2030292	5707418
781860	253855	8792548	4679177	2792169	1685140	6447812	5320479	2373126	2017165
373124	35139	2812055	790726	210324	580342	1051510	859879	378625	1760545
797703	434257	5309295	1271500	359101	900106	3203467	2656827	1111882	2105827
1136585	540022	19091011	5505119	1895778	3575915	6423993	4810407	2652068	12667018
172716	55761	1510920	214080	65392	141250	553548	505353	183885	957373
14026	10803	81480	38756	10158	27477	39662	32889	10731	41818
13378	7850	345030	160409	64176	92580	123403	33594	9136	221627
85695	13873	15979171	17454084	7037896	10375999	10739864	5271452	957317	5239306
60959	1993	11703895	14717701	6251138	8428944	7867179	3507872	716665	3836716
14061	10975	725917	490133	109543	379152	491313	441834	47217	234604
10675	904	3549359	2246250	677215	1567903	2381372	1321746	193434	1167986

10－5 续表 3

指　　标	#实收资本			
		国家资本	集体资本	法人资本
总　　计	**21493651**	**3418874**	**228094**	**11004482**
按登记注册类型分组				
内资企业	15320014	2296863	160475	8842735
国有企业	1441794	452169	1107	987518
集体企业	6823		2171	2932
股份合作企业	1722			420
联营企业	950	484		
国有联营企业	950	484		
有限责任公司	5776482	892066	24292	4654307
国有独资公司	309966	209167		100799
其他有限责任公司	5466516	682900	24292	4553508
股份有限公司	2643586	944799	60593	486767
私营企业	5412649	7344	72310	2674783
私营独资企业	253494			217979
私营合伙企业	59338		1000	17892
私营有限责任公司	3553900	6388	44112	1943328
私营股份有限公司	1545917	956	27199	495583
其他企业	36008			36008
港、澳、台商投资企业	4092458	618738	48069	1769586
合资经营企业(港或澳、台资)	3103265	602967	1981	1564631
合作经营企业(港或澳、台资)	39292	1350		36442
港、澳、台商独资经营企业	288236	9386		
港、澳、台商投资股份有限公司	661664	5035	46088	168513
外商投资企业	2081179	503274	19550	392162
中外合资经营企业	1487402	503274	19550	275291
中外合作经营企业	9064			800
外资企业	567850			116071
外商投资股份有限公司	16863			

单位:万元

个人资本	港澳台资本	外商资本	营业收入	营业成本	销售费用	管理费用	财务费用	利息费用	利息收入
4003947	**1588475**	**1248778**	**91109132**	**67036381**	**3270427**	**3538005**	**556678**	**693904**	**202167**
3796231	171030	51679	77097540	56091123	2865430	2858601	297491	430283	185573
1000			12813752	4912884	114178	624686	－36555	1805	68238
1720			64479	54532	1439	1574	592		
1302			5674	4377	506	348	21	11	
465			10010	8512	335	508	334	334	1
465			10010	8512	335	508	334	334	1
200003		5814	17248242	14190669	424059	525131	116082	139552	25648
			1026934	888652	18520	37147	6910	16293	3582
200003		5814	16221308	13302016	405539	487984	109172	123259	22066
954362	160349	36717	9674345	7849348	516969	248549	－14230	114019	87300
2637380	10682	9149	36343272	28182860	1807037	1456918	231390	174560	4535
32120	3395		1520498	1238096	38035	43690	8808	5523	－46
40446			1063671	887534	24620	26741	4961	1226	8
1552751	2237	4083	29029464	23107664	1113581	1134864	176966	127666	－1111
1012063	5050	5066	4729639	2949566	630801	251622	40655	40144	5683
			937765	887942	908	888	－144	3	－148
182568	1415485	58012	5929634	4376550	195774	331618	234572	230195	22990
58806	874881		2749857	2028522	58616	155692	190017	189970	7980
	1500		78169	85407	2546	10182	－840		60
1901	230931	46018	915723	696356	72835	30403	2277	5579	2779
121862	308173	11994	2185885	1566264	61777	135341	43118	34646	12171
25148	1960	1139086	8081958	6568708	209223	347787	24616	33425	－6397
3832	1960	683496	5132462	4245785	90605	236952	23189	29526	287
8264			19981	15939	539	1512	78	2	－9
13052		438727	2641125	2103614	116248	89960	3405	2772	－3492
		16863	288391	203371	1831	19363	－2056	1126	－3182

10－5 续表 4

指　　标	#实收资本	国家资本	集体资本	法人资本
按经济组织类型分组				
独资企业	2558197	461555	3278	1324500
国有企业	1441794	452169	1107	987518
集体企业	6823		2171	2932
私营独资企业	253494			217979
港澳台商独资经营企业	288236	9386		
外资企业	567850			116071
合作合伙企业	146374	1834	1000	91562
股份合作企业	1722			420
国有联营企业	950	484		
私营合伙企业	59338		1000	17892
合作经营企业(港或澳、台资)	39292	1350		36442
中外合作经营企业	9064			800
其他企业(内资)	36008			36008
股份有限公司	4868031	950790	133880	1150863
股份有限公司(内资)	2643586	944799	60593	486767
私营股份有限公司	1545917	956	27199	495583
港澳台商投资股份有限公司	661664	5035	46088	168513
外商投资股份有限公司	16863			
有限责任公司	13921049	2004694	89935	8437557
国有独资公司	309966	209167		100799
私营有限责任公司	3553900	6388	44112	1943328
合资经营企业(港或澳、台资)	3103265	602967	1981	1564631
中外合资经营企业	1487402	503274	19550	275291
其他有限责任公司	5466516	682900	24292	4553508
在总计中:国有控股企业	6735140	2764345	54437	2485564
在总计中:大型企业	10697054	2183607	72491	4851329
中型企业	3802516	535812	44487	2125892
小型企业	5790513	656581	110748	2957372
微型企业	1203568	42875	367	1069889
在总计中:亏损企业	3181930	819759	42504	972348

单位:万元

个人资本	港澳台资本	外商资本	营业收入	营业成本	销售费用	管理费用	财务费用	利息费用	利息收入
49793	234326	484745	17955578	9005482	342734	790313	-21472	15679	67479
1000			12813752	4912884	114178	624686	-36555	1805	68238
1720			64479	54532	1439	1574	592		
32120	3395		1520498	1238096	38035	43690	8808	5523	-46
1901	230931	46018	915723	696356	72835	30403	2277	5579	2779
13052		438727	2641125	2103614	116248	89960	3405	2772	-3492
50478	1500		2115269	1889710	29455	40178	4410	1576	-89
1302			5674	4377	506	348	21	11	
465			10010	8512	335	508	334	334	1
40446			1063671	887534	24620	26741	4961	1226	8
	1500		78169	85407	2546	10182	-840		60
8264			19981	15939	539	1512	78	2	-9
			937765	887942	908	888	-144	3	-148
2088286	473572	70640	16878260	12568549	1211378	654875	67488	189935	101973
954362	160349	36717	9674345	7849348	516969	248549	-14230	114019	87300
1012063	5050	5066	4729639	2949566	630801	251622	40655	40144	5683
121862	308173	11994	2185885	1566264	61777	135341	43118	34646	12171
		16863	288391	203371	1831	19363	-2056	1126	-3182
1815391	879077	693393	54160026	43572639	1686860	2052640	506253	486714	32803
			1026934	888652	18520	37147	6910	16293	3582
1552751	2237	4083	29029464	23107664	1113581	1134864	176966	127666	-1111
58806	874881		2749857	2028522	58616	155692	190017	189970	7980
3832	1960	683496	5132462	4245785	90605	236952	23189	29526	287
200003		5814	16221308	13302016	405539	487984	109172	123259	22066
762357	509007	159430	28362483	17862395	657287	1043356	199117	378211	168933
1259740	1417291	912596	39826365	26143048	1398942	1469456	179121	386327	180228
799862	57839	238624	16802647	12905661	743408	637942	108929	117963	824
1856781	112365	95666	28991363	23192010	1097326	1278558	236777	182982	19480
87564	980	1892	5488757	4795662	30750	152050	31852	6633	1635
629533	37966	678820	6201315	5516446	256931	405942	121050	128365	11615

10－5 续表5

指　　标	#实收资本	国家资本	集体资本	法人资本
按行业大类分组				
采矿业	57361	25400		14070
黑色金属矿采选业	1320			520
有色金属矿采选业	15253			11000
非金属矿采选业	40788	25400		2550
制造业	18550931	2555619	207894	9392814
农副食品加工业	388665	34289	31097	164599
食品制造业	478292	23192	4680	146471
酒、饮料和精制茶制造业	108268	22886	367	35480
烟草制品业	446000	446000		
纺织业	164756	15	513	7386
纺织服装、服饰业	29800	4945	500	5787
皮革、毛皮、羽毛及其制品和制鞋业	10375	415	511	7369
木材加工和木、竹、藤、棕、草制品业	24740			2217
家具制造业	29451			12441
造纸和纸制品业	106135	2642	2003	32927
印刷和记录媒介复制业	132954	1449	3630	70972
文教、工美、体育和娱乐用品制造业	8452			1242
石油、煤炭及其他燃料加工业	14326			3757
化学原料和化学制品制造业	610537	51779	23504	226920
医药制造业	785222	17060	2500	267533
橡胶和塑料制品业	326656	323		88737
非金属矿物制品业	700876	109534	9199	293347
黑色金属冶炼和压延加工业	50158			49707
有色金属冶炼和压延加工业	583988	44250	2240	509903
金属制品业	399794	16239	923	217315
通用设备制造业	1628223	156600	7860	558681
专用设备制造业	1326839	65238	6815	814015
汽车制造业	1867283	538920	1395	472387
铁路、船舶、航空航天和其他运输设备制造业	740222	446990		121177
电气机械和器材制造业	964253	173631	11768	474070
计算机、通信和其他电子设备制造业	6277156	396062	95545	4606149
仪器仪表制造业	259967	3163	2689	139323
其他制造业	11132		155	7095
废弃资源综合利用业	76413			55808
电力、热力、燃气及水生产和供应业	2885359	837855	20200	1597599
电力、热力生产和供应业	2262555	725931	20000	1161588
燃气生产和供应业	46106	8650		18050
水的生产和供应业	576699	103274	200	417961

单位:万元

			营业收入	营业成本	销售费用	管理费用	财务费用		
个人资本	港澳台资本	外商资本						利息费用	利息收入
17891			279850	233980	6984	13500	1971	1103	7
800			22076	15576	123	2647	13		
4253			33376	24401	1033	3779	451	438	8
12838			224398	194004	5828	7074	1507	665	－1
3914071	1240006	1240528	85681561	62492186	3217255	3373026	289135	438237	191461
140084	1971	16625	2670612	2233803	109655	98422	16412	13453	1713
200170	23102	80677	2045790	1559994	144321	105611	5934	6748	－3717
13130	14730	21674	1067346	844741	67451	25258	3588	2808	847
			10162876	2358450	112561	569652	－66775	713	66149
156843			600866	454281	97309	30060	4769	5034	365
15750		2818	124410	94738	9913	14512	442	344	113
1069	507	504	63016	51799	1967	2298	281		－37
22523			388735	316122	14332	18241	1998	1382	
17010			358224	298920	10229	12293	1523	872	77
60026	8538		1270158	1003672	51546	53866	8952	2445	208
36344	20559		1064907	880503	25100	45192	3933	3306	34
5590	1620		229439	193026	5419	4777	1845	772	33
10570			58192	44610	2612	2744	678	264	1
279803	8621	19910	7130805	5680774	227325	248274	33137	17462	3441
488930	8050	1149	1817329	904649	463455	113701	9570	9318	2665
49353	626	187618	1131798	906885	39482	48352	4575	4318	－916
275612	13184		4062704	3294685	162827	166880	49957	38192	1880
451			41976	36169	788	2610	60	106	81
27595			4433646	3796608	46178	81823	23893	18878	1578
157987	7329		2387838	1907701	66563	104871	23048	14935	41
679483	163568	62031	9971526	8339688	412190	266623	－18021	91303	77061
406744	9905	24123	8832207	6558976	618261	276003	37462	55990	7066
66630	23061	764890	9017496	7807454	141263	414235	34238	39673	－1242
163916		8139	1253764	867594	42910	58726	10108	12394	4379
262511	37914	4358	4639280	3952475	114795	143595	26551	31586	1358
243455	893151	42794	9742834	7471538	171634	390682	62490	59807	27434
114272		520	793365	430167	50241	53951	4524	3928	1035
3882			118936	79295	4521	8511	2704	591	2
14337	3570	2698	201488	122870	2408	11263	1261	1616	－190
71986	348470	8250	5147721	4310215	46188	151479	265572	254564	10699
10666	344370		3881144	3365849	2386	84279	218709	198248	3830
6056	4100	8250	608665	528232	19539	20005	2890	3101	389
55264			657912	416134	24263	47196	43973	53215	6480

10－5 续表6

指　　标	税金及附加	营业利润	投资收益	其他收益	营业外收入
总　　计	**6890675**	**7302893**	**509339**	**557732**	**298460**
按登记注册类型分组					
内资企业	6680416	6114762	449516	414133	257740
国有企业	6015812	1009861	－12508	2690	28025
集体企业	1359	4590			
股份合作企业	7	78			
联营企业	43	－249			53
国有联营企业	43	－249			53
有限责任公司	156276	1107756	24902	112194	46618
国有独资公司	5094	32214	－2092	5589	1423
其他有限责任公司	151181	1075542	26994	106605	45195
股份有限公司	45660	999842	335629	116551	38584
私营企业	458964	2944342	101344	179456	144460
私营独资企业	61566	127805		31988	170
私营合伙企业	36167	74639			268
私营有限责任公司	325875	2158968	58094	85497	119680
私营股份有限公司	35356	582930	43251	61972	24342
其他企业	2295	48543	149	3242	1
港、澳、台商投资企业	53937	503345	15952	73486	12791
合资经营企业(港或澳、台资)	27177	166651	－8605	26428	7402
合作经营企业(港或澳、台资)	693	－31753		1754	14
港、澳、台商独资经营企业	7855	95124	10361	4758	3885
港、澳、台商投资股份有限公司	18213	273323	14195	40546	1490
外商投资企业	156322	684786	43872	70113	27929
中外合资经营企业	138382	370681	29148	42768	6690
中外合作经营企业	273	1019			16
外资企业	16370	259348	14724	27346	18129
外商投资股份有限公司	1297	53739			3095

单位:万元

营业外支出	利润总额	所得税费用	亏损企业亏损额	本年应付职工薪酬	本年应交增值税	平均用工人数（人）	总资产贡献率（%）	资产负债率（%）	流动资产周转率（次/年）
139107	**7462246**	**854577**	**760931**	**7397668**	**3141884**	**619881**	**14.7**	**52.79**	**1.3**
120603	6251899	754502	432155	5679380	2749244	465538	16.75	53.7	1.3
35991	1001895	287849		865139	1083243	24733	63.19	30.19	1.74
5	4585	229	5	6341	3708	1038	35.64	39.83	7.28
5	73	2		497	51	73	4.73	39.5	2.05
	-196		196	714	164	123	3.4	90.63	1.5
	-196		196	714	164	123	3.4	90.63	1.5
11592	1142782	135617	202429	1217508	379055	99546	7.71	61.74	1.46
746	32891	1854	7002	63362	21232	5287	3.36	67.29	0.98
10847	1109891	133764	195427	1154145	357823	94259	8.17	61.15	1.5
9096	1029330	73006	5589	630117	193485	37664	4.88	59.64	0.47
63900	3024902	245823	223936	2935938	1077693	299497	15.19	51.95	1.89
158	127817	12716	159	113889	36343	16124	29.43	49.16	4.95
306	74601	7250	43	69165	43051	9401	61.21	47.61	10.31
53727	2224920	172923	133728	2192535	826548	233084	16.37	56.38	2.14
9709	597563	52934	90006	560350	171751	40888	9.68	41.48	0.91
14	48530	11976		23126	11844	2864	28.29	46.15	4.89
6507	509629	78432	58974	1151287	215227	117791	5.36	47.83	0.97
1553	172499	24714	23192	544296	79604	52048	4.61	58.89	1.06
9	-31748	471	33621	6661	5905	704	-16.44	76.96	0.56
629	98380	24898	2161	83591	25770	7254	11.37	45.05	1.02
4316	270497	28349		516739	103949	57785	5.87	32.22	0.88
11997	700719	21643	269802	567001	177413	36552	12.18	53.39	1.76
2846	374524	-17290	258078	296249	130018	16180	11.45	60.31	1.82
12	1023	164		2879	823	381	13.73	36.45	4.23
7150	270327	31367	11724	257402	38639	19429	13.45	40.91	1.87
1990	54845	7402		10471	7934	562	14.88	30.69	0.83

10－5 续表7

指　　标	税金及附加	营业利润	投资收益	其他收益	营业外收入
按经济组织类型分组					
独资企业	6102962	1496727	12578	66781	50208
国有企业	6015812	1009861	－12508	2690	28025
集体企业	1359	4590			
私营独资企业	61566	127805	31988	170	
港澳台商独资经营企业	7855	95124	10361	4758	3885
外资企业	16370	259348	14724	27346	18129
合作合伙企业	39478	92277	149	4996	351
股份合作企业	7	78			
国有联营企业	43	－249		53	
私营合伙企业	36167	74639		268	
合作经营企业(港或澳、台资)	693	－31753	1754	14	
中外合作经营企业	273	1019		16	
其他企业(内资)	2295	48543	149	3242	1
股份有限公司	100525	1909834	393075	219069	67511
股份有限公司(内资)	45660	999842	335629	116551	38584
私营股份有限公司	35356	582930	43251	61972	24342
港澳台商投资股份有限公司	18213	273323	14195	40546	1490
外商投资股份有限公司	1297	53739		3095	
有限责任公司	647710	3804055	103538	266886	180390
国有独资公司	5094	32214	－2092	5589	1423
私营有限责任公司	325875	2158968	58094	85497	119680
合资经营企业(港或澳、台资)	27177	166651	－8605	26428	7402
中外合资经营企业	138382	370681	29148	42768	6690
其他有限责任公司	151181	1075542	26994	106605	45195
在总计中:国有控股企业	6150320	2040918	270354	168791	93245
在总计中:大型企业	6219390	3341589	334313	297528	48024
中型企业	207094	1614082	107485	153141	56692
小型企业	384774	1914004	66662	101911	162391
微型企业	79418	433218	880	5152	31352
在总计中:亏损企业	92228	－761410	18624	68366	38952

单位:万元

营业外支出	利润总额	所得税费用	亏损企业亏损额	本年应付职工薪酬	本年应交增值税	平均用工人数（人）	总资产贡献率（%）	资　产负债率（%）	流动资产周转率（次/年）
43933	1503004	357059	14048	1326363	1187703	68578	50.97	33.62	1.8
35991	1001895	287849		865139	1083243	24733	63.19	30.19	1.74
5	4585	229	5	6341	3708	1038	35.64	39.83	7.28
158	127817	12716	159	113889	36343	16124	29.43	49.16	4.95
629	98380	24898	2161	83591	25770	7254	11.37	45.05	1.02
7150	270327	31367	11724	257402	38639	19429	13.45	40.91	1.87
345	92283	19864	33860	103042	61838	13546	29.73	54.32	4.71
5	73	2		497	51	73	4.73	39.5	2.05
	-196		196	714	164	123	3.4	90.63	1.5
306	74601	7250	43	69165	43051	9401	61.21	47.61	10.31
9	-31748	471	33621	6661	5905	704	-16.44	76.96	0.56
12	1023	164		2879	823	381	13.73	36.45	4.23
14	48530	11976		23126	11844	2864	28.29	46.15	4.89
25111	1952235	161691	95595	1717677	477119	136899	6.07	51.36	0.59
9096	1029330	73006	5589	630117	193485	37664	4.88	59.64	0.47
9709	597563	52934	90006	560350	171751	40888	9.68	41.48	0.91
4316	270497	28349		516739	103949	57785	5.87	32.22	0.88
1990	54845	7402		10471	7934	562	14.88	30.69	0.83
69718	3914725	315963	617427	4250587	1415224	400858	10.59	59.24	1.76
746	32891	1854	7002	63362	21232	5287	3.36	67.29	0.98
53727	2224920	172923	133728	2192535	826548	233084	16.37	56.38	2.14
1553	172499	24714	23192	544296	79604	52048	4.61	58.89	1.06
2846	374524	-17290	258078	296249	130018	16180	11.45	60.31	1.82
10847	1109891	133764	195427	1154145	357823	94259	8.17	61.15	1.5
49566	2084597	412833	206584	1885919	1406321	81295	18.81	57.75	0.9
56216	3333398	475206	243168	3616884	1725238	241555	16.66	51.91	0.95
20342	1650432	204430	266414	1366792	483440	121790	11.39	49.83	1.34
52573	2023823	171895	234680	2101562	803852	231957	13.43	54.13	2.05
9976	454594	3046	16668	312430	129354	24579	9.74	66.07	3.43
38473	-760931	-59926	760931	746147	100872	66724	-3.66	70.76	1.01

10－5 续表8

指　　标	税金及附加	营业利润	投资收益	其他收益	营业外收入
按行业大类分组					
采矿业	5383	13257		49	137
黑色金属矿采选业	634	1783			25
有色金属矿采选业	1061	1440		49	68
非金属矿采选业	3689	10034			43
制造业	6849848	6964424	497474	528609	269706
农副食品加工业	13482	159434	22676	30345	10612
食品制造业	13599	175666	8186	5641	11678
酒、饮料和精制茶制造业	8936	110153	2667	1117	10455
烟草制品业	6007345	1009368	－14600	1036	6203
纺织业	3420	11796	9500	64	2798
纺织服装、服饰业	1777	145	49	195	1280
皮革、毛皮、羽毛及其制品和制鞋业	744	4949			90
木材加工和木、竹、藤、棕、草制品业	5299	30099			125
家具制造业	4368	25884	30	113	619
造纸和纸制品业	21092	105790	1195	489	2145
印刷和记录媒介复制业	11179	79088	2032	799	4118
文教、工美、体育和娱乐用品制造业	2967	14867	31	15	276
石油、煤炭及其他燃料加工业	775	5468	449	66	180
化学原料和化学制品制造业	240411	562891	26669	6931	9157
医药制造业	19895	211854	37553	19062	6529
橡胶和塑料制品业	7651	84478	46	599	5405
非金属矿物制品业	42169	212743	705	3009	44753
黑色金属冶炼和压延加工业	614	798	177	28	78
有色金属冶炼和压延加工业	24711	322479	－9236	13703	7284
金属制品业	13485	126580	639	3178	13158
通用设备制造业	40652	799234	246059	69484	30819
专用设备制造业	52742	836878	33001	120381	37124
汽车制造业	155886	370054	18857	31985	15826
铁路、船舶、航空航天和其他运输设备制造业	8605	200569	17524	22121	6026
电气机械和器材制造业	23070	261774	41129	22038	14852
计算机、通信和其他电子设备制造业	115114	933238	21460	148252	21480
仪器仪表制造业	7742	218147	18974	23162	5223
其他制造业	386	17943		99	1226
废弃资源综合利用业	1735	72058	11704	4698	188
电力、热力、燃气及水生产和供应业	35444	325212	11865	29075	28618
电力、热力生产和供应业	25082	164076	－3479	7841	25337
燃气生产和供应业	1948	31490	468	2800	829
水的生产和供应业	8413	129646	14876	18434	2452

单位：万元

营业外支出	利润总额	所得税费用	亏损企业亏损额	本年应付职工薪酬	本年应交增值税	平均用工人数（人）	总资产贡献率（%）	资产负债率（%）	流动资产周转率（次/年）
213	13181	575	1658	17225	9240	2797	11.38	71.32	1.94
5	1803			4540	1961	653	39.1	37.42	3.19
65	1443	354	616	4381	833	584	8.58	64.78	1.54
143	9935	221	1042	8304	6446	1560	10.42	74.68	1.94
127531	7106599	808675	717135	6891364	2989045	590152	16.17	50.6	1.26
2957	167089	19443	28333	167244	32103	19563	13.83	46.51	3.32
22081	165262	31616	35788	180638	58466	19204	12.24	43.75	1.86
592	120016	13673	1720	68525	24418	8375	23.31	37.74	2.83
27713	987857	289017		610837	1037937	8951	88.44	15.15	1.41
3959	10635	-1366	6651	56368	12144	6449	3.75	60.99	1.26
532	892	221	2100	22472	4843	2948	6.85	44.81	1.53
3	5037	818	119	12926	1046	1627	26.73	30.58	4.09
80	30145	24	173	20879	11087	3119	40.77	37.71	7.12
388	26115	2669	217	33414	18852	3795	36.47	55.6	4.42
426	107509	6442	1862	57047	39000	7358	34.91	50.27	5.08
1046	82160	6138	1376	93293	24782	10156	19.54	44.21	3.31
1	15143	2422	614	26382	7374	2226	22.61	65.52	2.65
110	5537	97	315	3755	1705	515	18.32	33.25	2.11
3631	568418	43658	9263	567121	253047	70278	33.42	42.56	4.35
6323	212061	14167	56184	196433	114787	19210	9.77	28.32	1.13
2274	87609	11788	3044	78567	26489	8641	12.56	40.18	2.03
2997	254498	26399	18855	197435	119438	23196	10.3	61.85	1.43
11	866	52	981	3665	549	367	2.83	15.05	1.18
3937	325826	44649	10365	238743	43357	14546	10.41	70.83	2.05
1925	137813	9487	4460	178537	47809	19023	10.35	52.02	1.78
8164	821889	60743	11185	565495	207782	45607	5.04	69.46	0.52
12345	861656	82106	115653	891388	290411	52318	10.27	53.51	1.07
8009	377871	-21637	276061	626710	161167	54697	8.35	73.33	1.96
1931	204664	17594	8939	162730	30562	8362	9.11	37.39	0.79
2317	274309	24755	48020	242039	75039	24607	7.61	60.34	1.35
8976	945742	92361	66641	1444602	298230	143330	7.43	33.65	1.1
3876	219494	23191	7218	118986	38914	9431	17.88	36.64	0.73
619	18550	-166	999	6573	2857	824	27.47	48.68	2.93
309	71937	8317		18565	4851	1429	23.23	35.77	1.44
11363	342467	45327	42138	489079	143599	26932	4.86	67.21	2.76
10140	179273	22387	19061	383198	117693	19754	4.45	67.22	4.12
518	31801	7262	12764	26988	15068	2212	7.15	67.68	2.23
705	131393	15679	10313	78893	10838	4966	5.74	67.09	1.01

10－6　规模以上国有及国有控股工业企业主要经济指标(2021 年)

指　　　标	企业单位数(个)	#亏损企业(个)	流动资产合计	#应收账款
总　　　计	**161**	**33**	**31450865**	**8195207**
按登记注册类型分组				
内资企业	154	30	30472733	8011784
国有企业	12		7346770	171209
联营企业	1	1	6693	2501
国有联营企业	1	1	6693	2501
有限责任公司	120	28	3954849	1218012
国有独资公司	27	4	1048263	381419
其他有限责任公司	93	24	2906586	836593
股份有限公司	20	1	19156148	6618419
其他企业	1		8274	1643
港、澳、台商投资企业	5	2	406658	153548
合资经营企业(港或澳、台资)	4	1	406451	153496
合作经营企业(港或澳、台资)	1	1	207	52
外商投资企业	2	1	571473	29874
中外合资经营企业	2	1	571473	29874
按经济组织类型分组				
独资企业	12		7346770	171209
国有企业	12		7346770	171209
合作合伙企业	3	2	15174	4196
国有联营企业	1	1	6693	2501
合作经营企业(港或澳、台资)	1	1	207	52
其他企业(内资)	1		8274	1643
股份有限公司	20	1	19156148	6618419
股份有限公司(内资)	20	1	19156148	6618419
有限责任公司	126	30	4932773	1401383
国有独资公司	27	4	1048263	381419
合资经营企业(港或澳、台资)	4	1	406451	153496
中外合资经营企业	2	1	571473	29874
其他有限责任公司	93	24	2906586	836593
在总计中:国有控股企业	161	33	31450865	8195207
在总计中:大型企业	8	2	25849635	6540561
中型企业	28	7	3043566	1011068
小型企业	111	20	2126798	531551
微型企业	14	4	430865	112027
在总计中:亏损企业	33	33	1581216	276159

单位:万元

存货	#产成品	资产总计	固定资产原价	累计折旧	固定资产净额	负债合计	流动负债合计	应付账款	所有者权益合计
5738217	**919182**	**53265657**	**22692077**	**9641058**	**13010455**	**30761336**	**23882262**	**6728715**	**22504320**
5578978	844503	46407474	14779577	6794544	7948792	25824335	22050869	6358755	20583137
3584869	69136	12822005	8454247	4537236	3915920	3871237	3044794	957682	8950767
1002	504	10134	3425	1024	2401	9184	9184	2095	950
1002	504	10134	3425	1024	2401	9184	9184	2095	950
814729	346447	8728752	4512792	1616039	2864249	5742728	4532665	1219183	2986023
102375	42871	2244832	625548	189593	416591	1510641	1272630	375008	734191
712354	303576	6483919	3887245	1426446	2447658	4232087	3260036	844175	2251832
1177403	428267	24837372	1808228	639900	1165683	16199587	14462641	4179158	8637785
976	149	9212	884	345	539	1599	1586	638	7613
24469	4183	5784504	7501186	2645074	4856092	4288194	1291750	185288	1496310
24445	4183	5784254	7501016	2644916	4856080	4282439	1285995	185264	1501815
24		251	170	158	12	5755	5755	24	-5504
134770	70496	1073679	411315	201441	205571	648807	539643	184672	424872
134770	70496	1073679	411315	201441	205571	648807	539643	184672	424872
3584869	69136	12822005	8454247	4537236	3915920	3871237	3044794	957682	8950767
3584869	69136	12822005	8454247	4537236	3915920	3871237	3044794	957682	8950767
2002	653	19596	4479	1527	2952	16538	16524	2757	3058
1002	504	10134	3425	1024	2401	9184	9184	2095	950
24		251	170	158	12	5755	5755	24	-5504
976	149	9212	884	345	539	1599	1586	638	7613
1177403	428267	24837372	1808228	639900	1165683	16199587	14462641	4179158	8637785
1177403	428267	24837372	1808228	639900	1165683	16199587	14462641	4179158	8637785
973944	421126	15586684	12425123	4462396	7925900	10673974	6358303	1589119	4912710
102375	42871	2244832	625548	189593	416591	1510641	1272630	375008	734191
24445	4183	5784254	7501016	2644916	4856080	4282439	1285995	185264	1501815
134770	70496	1073679	411315	201441	205571	648807	539643	184672	424872
712354	303576	6483919	3887245	1426446	2447658	4232087	3260036	844175	2251832
5738217	919182	53265657	22692077	9641058	13010455	30761336	23882262	6728715	22504320
4613888	454947	38697732	12236831	4932841	7299406	22162659	17150925	4565353	16535073
757875	348231	5368058	1969378	750757	1211798	2988475	2613702	982352	2379583
344015	112319	4781820	2537424	932790	1587991	2722348	2091026	599149	2059471
22438	3685	4418046	5948444	3024671	2911260	2887854	2026609	581861	1530192
402494	159642	4150176	2246966	898366	1342897	3403982	2723418	518728	746194

10－6 续表1

指　　标	企业单位数（个）	#亏损企业（个）	流动资产合计	#应收账款
按行业大类分组				
采矿业	1		934	
有色金属矿采选业	1		934	
制造业	133	27	30338797	7971444
农副食品加工业	7	2	45324	3850
食品制造业	5	3	22463	2591
酒、饮料和精制茶制造业	2		18416	3488
烟草制品业	2		7211535	155571
纺织业	1	1	1968	15
纺织服装、服饰业	3		21669	1191
造纸和纸制品业	1	1	14465	2932
印刷和记录媒介复制业	3		71536	21584
化学原料和化学制品制造业	4		299329	35145
医药制造业	7	2	63414	7732
橡胶和塑料制品业	1	1	2626	1432
非金属矿物制品业	19		713404	422602
有色金属冶炼和压延加工业	7	1	118657	15349
金属制品业	3		92489	8687
通用设备制造业	12	4	15950943	5206923
专用设备制造业	15	1	1916503	700858
汽车制造业	13	6	703691	138619
铁路、船舶、航空航天和其他运输设备制造业	7	1	1451584	786611
电气机械和器材制造业	5	3	412253	85043
计算机、通信和其他电子设备制造业	12	1	1132986	355481
仪器仪表制造业	4		73545	15740
电力、热力、燃气及水生产和供应业	27	6	1111134	223763
电力、热力生产和供应业	9	3	732496	150614
燃气生产和供应业	5		38611	2112
水的生产和供应业	13	3	340027	71038

单位:万元

存货	#产成品	资产总计	固定资产原价	累计折旧	固定资产净额	负债合计	流动负债合计	应付账款	所有者权益合计
357	107	16871	15042	3579	11464	5257	5219	164	11614
357	107	16871	15042	3579	11464	5257	5219	164	11614
5676711	917484	39864805	6005472	2798669	3167542	21507901	19382253	5975735	18356904
27734	9697	110272	53130	11971	28842	78759	57135	15477	31513
4116	2372	65302	44487	11392	33095	47519	38125	8638	17783
8955	4899	50915	18722	3843	14879	17774	17496	4435	33142
3566410	67934	9084008	2404448	1500259	904189	1376656	1366166	452372	7707353
428	202	18464	13759	5938	7821	10681	10304	90	7783
6177	3754	29533	7660	4625	3035	10514	10119	4498	19020
6586	1694	16758	4662	2555	2107	8564	8564	4739	8194
12928	4059	107631	75149	51921	23227	40357	39822	15931	67273
45396	34102	496383	66758	31867	33823	174838	169604	25518	321545
17087	3862	139959	54406	23424	27278	52167	47834	9734	87792
390	39	2899	498	224	274	854	854	215	2046
47949	34353	1002842	378007	166881	198012	720067	682925	314593	282776
40855	8302	313116	170590	53628	116098	193794	126422	23640	119322
27774	10681	135940	28870	16225	12645	30141	30137	2958	105798
623297	298252	18914230	529651	265027	263014	13765173	12551585	3394132	5149057
357799	140637	2845078	397806	110958	286473	2035038	1662479	628655	810041
137255	54819	1247791	515341	237581	271693	892190	769915	308237	355601
340050	26253	2600699	740830	193850	546924	920583	761456	340697	1680116
174137	104263	630302	194743	29829	164914	546836	489515	156107	83467
206189	101731	1955559	296696	73839	222772	557252	524693	259654	1398308
25199	5581	97124	9261	2832	6429	28147	17107	5417	68977
61149	1591	13383981	16671564	6838811	9831450	9248179	4494790	752816	4135802
56761	1374	10776623	14501613	6192311	8309132	7358983	3344064	648192	3417640
2069	177	96569	57619	11056	46563	58142	46797	6740	38427
2319	41	2510789	2112331	635444	1475755	1831055	1103928	97884	679734

10－6 续表 2

指　　标	#实收资本	国家资本	集体资本	法人资本
总　　计	**6735140**	**2764345**	**54437**	**2485564**
按登记注册类型分组				
内资企业	5546795	2173995	34888	2372676
国有企业	1441794	452169	1107	987518
联营企业	950	484		
国有联营企业	950	484		
有限责任公司	1972976	855916	7377	1055766
国有独资公司	309966	209167		100799
其他有限责任公司	1663010	646750	7377	954966
股份有限公司	2130067	865425	26404	328385
其他企业	1008			1008
港、澳、台商投资企业	954546	590350		15538
合资经营企业(港或澳、台资)	953196	589000		15538
合作经营企业(港或澳、台资)	1350	1350		
外商投资企业	233800		19550	97350
中外合资经营企业	233800		19550	97350
按经济组织类型分组				
独资企业	1441794	452169	1107	987518
国有企业	1441794	452169	1107	987518
合作合伙企业	3308	1834		1008
国有联营企业	950	484		
合作经营企业(港或澳、台资)	1350	1350		
其他企业(内资)	1008			1008
股份有限公司	2130067	865425	26404	328385
股份有限公司(内资)	2130067	865425	26404	328385
有限责任公司	3159971	1444917	26927	1168654
国有独资公司	309966	209167		100799
合资经营企业(港或澳、台资)	953196	589000		15538
中外合资经营企业	233800		19550	97350
其他有限责任公司	1663010	646750	7377	954966
在总计中:国有控股企业	6735140	2764345	54437	2485564
在总计中:大型企业	3204462	1669186	26404	192774
中型企业	1259893	533973	20332	644156
小型企业	1278206	543711	7702	679834
微型企业	992578	17475		968801
在总计中:亏损企业	664532	276622	7182	269011

单位:万元

个人资本	港澳台资	外商资本	营业收入	营业成本	销售费用	管理费用	财务费用	利息费用	利息收入
762357	**509007**	**159430**	**28362483**	**17862395**	**657287**	**1043356**	**199117**	**378211**	**168933**
762357	160349	42531	26520105	16467420	626124	972073	26519	200580	167001
1000			12813752	4912884	114178	624686	-36555	1805	68238
465			10010	8512	335	508	334	334	1
465			10010	8512	335	508	334	334	1
48103		5814	5000315	4281146	131291	170129	78907	92647	8671
			1026934	888652	18520	37147	6910	16293	3582
48103		5814	3973381	3392494	112771	132982	71997	76354	5089
712789	160349	36717	8690976	7262630	379419	176455	-16158	105794	90102
			5052	2249	901	295	-9		-11
	348658		817666	472423	9509	23082	169760	173375	298
	348658		816416	470147	9457	22772	169592	173375	294
			1250	2275	52	310	169		4
		116900	1024713	922552	21655	48200	2838	4256	1634
		116900	1024713	922552	21655	48200	2838	4256	1634
1000			12813752	4912884	114178	624686	-36555	1805	68238
1000			12813752	4912884	114178	624686	-36555	1805	68238
465			16311	13036	1287	1113	493	334	-7
465			10010	8512	335	508	334	334	1
			1250	2275	52	310	169		4
			5052	2249	901	295	-9		-11
712789	160349	36717	8690976	7262630	379419	176455	-16158	105794	90102
712789	160349	36717	8690976	7262630	379419	176455	-16158	105794	90102
48103	348658	122714	6841443	5673845	162403	241102	251336	270278	10599
			1026934	888652	18520	37147	6910	16293	3582
	348658		816416	470147	9457	22772	169592	173375	294
		116900	1024713	922552	21655	48200	2838	4256	1634
48103		5814	3973381	3392494	112771	132982	71997	76354	5089
762357	509007	159430	28362483	17862395	657287	1043356	199117	378211	168933
679315	504718	132067	19450875	9955199	501202	771570	108323	293522	152782
38133	1750	21550	2967639	2511318	84181	103451	33153	39300	3979
38606	2538	5814	3133237	2673208	70571	117875	29254	44479	12150
6303			2810732	2722670	1333	50460	28387	910	22
11829	2538	97350	1737764	1628413	55213	91331	48946	62382	7645

10－6 续表3

指　　标	#实收资本	国家资本	集体资本	法人资本
按行业大类分组				
采矿业	12500			10000
有色金属矿采选业	12500			10000
制造业	4170741	1926490	54437	1110140
农副食品加工业	45067	28981		5283
食品制造业	33192	23192		10000
酒、饮料和精制茶制造业	16782	13500		2887
烟草制品业	446000	446000		
纺织业	2000			2000
纺织服装、服饰业	9945	4945		5000
造纸和纸制品业	5180	2642		
印刷和记录媒介复制业	25067	500		24567
化学原料和化学制品制造业	94729	51779	19550	3850
医药制造业	40626	17030	1107	21407
橡胶和塑料制品业	706	323		
非金属矿物制品业	187831	101706		66750
有色金属冶炼和压延加工业	137409	44250		93159
金属制品业	56260	15689		38275
通用设备制造业	932366	156600	7182	117781
专用设备制造业	306327	63603		127507
汽车制造业	306694	25511	195	181888
铁路、船舶、航空航天和其他运输设备制造业	696960	442865		100486
电气机械和器材制造业	115796	94163		21633
计算机、通信和其他电子设备制造业	708200	391027	26404	286459
仪器仪表制造业	3607	2187		1208
电力、热力、燃气及水生产和供应业	2551900	837855		1365425
电力、热力生产和供应业	2116592	725931		1046292
燃气生产和供应业	18600	8650		5700
水的生产和供应业	416707	103274		313433

单位:万元

个人资本	港澳台资	外商资本	营业收入	营业成本	销售费用	管理费用	财务费用	利息费用	利息收入
2500			4801	3310		504	174	174	
2500			4801	3310		504	174	174	
755607	164637	159430	24189492	14267729	633952	940148	-45292	148482	162560
10803			147310	136883	3521	2845	948	931	16
			60022	51982	6968	2196	1122	1414	64
395			38204	28045	2812	2190	457	497	115
			10162876	2358450	112561	569652	-66775	713	66149
			4346	4364	51	1429	71	71	1
			27419	16731	901	8241	-160	3	165
	2538		23918	21183	827	901	-63	6	69
			105832	86505	2296	9146	-93	97	-279
		19550	426904	358116	15819	10530	-2345	285	2333
1083			62102	29815	15383	5783	466	491	-519
384			4282	3627	550	240	11		
19374			960435	811318	25477	29840	8422	8294	159
			857025	799488	1803	9604	5379	4842	189
2296			36578	28778	1465	2036	414	429	181
456727	160349	33727	6025514	5217888	268285	105988	-40309	77078	77514
114228		989	1456839	1146294	89941	40062	29078	27812	8104
	1750	97350	1220550	1122373	29568	58798	5018	6665	336
147796		5814	954860	643896	33880	38236	7158	10241	4359
			336608	338937	4051	15117	6689	6384	152
2310		2000	1232667	1048761	15859	22651	-1182	1770	3378
212			45198	14297	1935	4665	404	462	76
4250	344370		4168190	3591356	23335	102703	244234	229555	6373
	344370		3616857	3191093	283	73317	209557	187539	2568
4250			148698	131603	4954	2727	370	475	109
			402635	268660	18098	26659	34308	41540	3696

10－6 续表4

指　　标	税金及附加	营业利润	投资收益	其他收益	营业外收入
总　　计	**6150320**	**2040918**	**270354**	**168791**	**93245**
按登记注册类型分组					
内资企业	6087079	1942499	253228	156026	89751
国有企业	6015812	1009861	－12508	2690	28025
联营企业	43	－249			53
国有联营企业	43	－249			53
有限责任公司	35546	143587	9741	55363	25006
国有独资公司	5094	32214	－2092	5589	1423
其他有限责任公司	30452	111373	11833	49774	23583
股份有限公司	35624	788149	255846	97786	36667
其他企业	55	1151	149	187	1
港、澳、台商投资企业	11310	103686	－12263	2976	3406
合资经营企业(港或澳、台资)	10791	112162	－12263	1581	3406
合作经营企业(港或澳、台资)	519	－8476		1395	
外商投资企业	51931	－5267	29390	9789	88
中外合资经营企业	51931	－5267	29390	9789	88
按经济组织类型分组					
独资企业	6015812	1009861	－12508	2690	28025
国有企业	6015812	1009861	－12508	2690	28025
合作合伙企业	617	－7574	149	1583	54
国有联营企业	43	－249			53
合作经营企业(港或澳、台资)	519	－8476		1395	
其他企业(内资)	55	1151	149	187	1
股份有限公司	35624	788149	255846	97786	36667
股份有限公司(内资)	35624	788149	255846	97786	36667
有限责任公司	98268	250482	26867	66733	28500
国有独资公司	5094	32214	－2092	5589	1423
合资经营企业(港或澳、台资)	10791	112162	－12263	1581	3406
中外合资经营企业	51931	－5267	29390	9789	88
其他有限责任公司	30452	111373	11833	49774	23583
在总计中:国有控股企业	6150320	2040918	270354	168791	93245
在总计中:大型企业	6101465	1817705	240815	115119	19564
中型企业	15537	90342	27037	15694	7297
小型企业	23866	135126	2284	35631	46263
微型企业	9452	－2254	218	2346	20121
在总计中:亏损企业	60466	－208573	22194	33937	6003

单位:万元

营业外支出	利润总额	所得税费用	亏损企业亏损额	本年应付职工薪酬	本年应交增值税	平均用工人数（人）	总资产贡献率（%）	资产负债率（%）	流动资产周转率（次/年）
49566	**2084597**	**412833**	**206584**	**1885919**	**1406321**	**81295**	**18.81**	**57.75**	**0.90**
46961	1985289	377270	151155	1720132	1327910	74484	20.69	55.65	0.87
35991	1001895	287849		865139	1083243	24733	63.19	30.19	1.74
	-196		196	714	164	123	3.40	90.63	1.50
	-196		196	714	164	123	3.40	90.63	1.50
4026	164566	31279	150952	364640	87840	24033	4.36	65.79	1.26
746	32891	1854	7002	63362	21232	5287	3.36	67.29	0.98
3281	131675	29426	143950	301277	66609	18746	4.71	65.27	1.37
6944	817873	58078	7	488246	156294	25497	4.49	65.22	0.45
	1151	63		1393	369	98	17.10	17.36	0.61
906	106186	23915	8770	110713	64493	3285	6.14	74.13	2.01
906	114661	23915	294	110202	64493	3256	6.28	74.04	2.01
	-8476		8476	511		29	-3174.98	2296.45	6.03
1699	-6879	11648	46660	55074	13918	3526	5.89	60.43	1.79
1699	-6879	11648	46660	55074	13918	3526	5.89	60.43	1.79
35991	1001895	287849		865139	1083243	24733	63.19	30.19	1.74
35991	1001895	287849		865139	1083243	24733	63.19	30.19	1.74
	-7520	63	8672	2618	533	250	-30.80	84.39	1.07
	-196		196	714	164	123	3.40	90.63	1.50
	-8476		8476	511		29	-3174.98	2296.45	6.03
	1151	63		1393	369	98	17.10	17.36	0.61
6944	817873	58078	7	488246	156294	25497	4.49	65.22	0.45
6944	817873	58078	7	488246	156294	25497	4.49	65.22	0.45
6632	272349	66842	197906	529915	166251	30815	5.18	68.48	1.39
746	32891	1854	7002	63362	21232	5287	3.36	67.29	0.98
906	114661	23915	294	110202	64493	3256	6.28	74.04	2.01
1699	-6879	11648	46660	55074	13918	3526	5.89	60.43	1.79
3281	131675	29426	143950	301277	66609	18746	4.71	65.27	1.37
49566	2084597	412833	206584	1885919	1406321	81295	18.81	57.75	0.90
36032	1801237	370232	50870	1210878	1258380	37298	24.43	57.27	0.75
2410	95229	14229	120983	205425	39575	13349	3.53	55.67	0.98
2686	178702	28680	34249	218623	58313	15020	6.39	56.93	1.47
8438	9430	-308	482	250992	50052	15628	1.58	65.36	6.52
4014	-206584	2931	206584	150950	26268	9891	-1.38	82.02	1.10

10－6 续表5

指　　标	税金及附加	营业利润	投资收益	其他收益	营业外收入
按行业大类分组					
采矿业	183	593		17	15
有色金属矿采选业	183	593		17	15
制造业	6121453	1880195	275122	150130	67928
农副食品加工业	505	2329	37	2242	345
食品制造业	379	－2414		970	56
酒、饮料和精制茶制造业	216	2085		362	316
烟草制品业	6007345	1009368	－14600	1036	6203
纺织业	123	－1618	75		133
纺织服装、服饰业	112	1918	130	195	19
造纸和纸制品业	53	－300		378	33
印刷和记录媒介复制业	604	6766	2032	194	22
化学原料和化学制品制造业	1631	45487	15765	1432	410
医药制造业	627	6185	185	1076	347
橡胶和塑料制品业	12	－489			75
非金属矿物制品业	6346	49773	－2439	1520	36153
有色金属冶炼和压延加工业	10351	20904	102	2932	4786
金属制品业	231	2752	61	589	6
通用设备制造业	22468	493661	242404	60239	11826
专用设备制造业	6822	37520	－1392	32523	2197
汽车制造业	52669	－43633	15123	10709	821
铁路、船舶、航空航天和其他运输设备制造业	6364	176592	16973	21629	1090
电气机械和器材制造业	1208	－39445		3009	2206
计算机、通信和其他电子设备制造业	2879	91367	517	8665	696
仪器仪表制造业	511	21388	150	432	190
电力、热力、燃气及水生产和供应业	28684	160131	－4768	18644	25303
电力、热力生产和供应业	22213	99875	－6402	2598	24212
燃气生产和供应业	236	7440		37	216
水的生产和供应业	6235	52816	1634	16008	876

单位:万元

营业外支出	利润总额	所得税费用	亏损企业亏损额	本年应付职工薪酬	本年应交增值税	平均用工人数(人)	总资产贡献率(%)	资产负债率(%)	流动资产周转率(次/年)
5	603	158		578	22	91	5.82	31.16	5.14
5	603	158		578	22	91	5.82	31.16	5.14
38932	1909190	385122	177371	1458522	1279155	59296	23.73	53.95	0.80
184	2490	103	75	4505	7700	473	10.54	71.42	3.25
79	-2437	136	3608	5966	853	697	0.32	72.77	2.67
63	2338	274		3329	18	412	6.03	34.91	2.07
27713	987857	289017		610837	1037937	8951	88.44	15.15	1.41
1	-1487		1487	1317	162	173	-6.12	57.85	2.21
14	1923	117		5062	742	452	9.41	35.60	1.27
27	-294	101	294	1926	387	143	0.90	51.10	1.65
11	6777			16439	1710	1064	8.54	37.50	1.48
594	45303	3581		13792	1206	901	9.76	35.22	1.43
103	6429	748	391	8986	3290	953	7.74	37.27	0.98
19	-432		432	425		26	-14.51	29.45	1.63
841	85084	12753		33679	32821	2734	13.22	71.80	1.35
30	25661	8275	8476	29222	2456	1451	13.83	61.89	7.22
154	2603	283		6527	359	503	2.66	22.17	0.40
5170	500317	31065	3732	224193	91606	14493	3.66	72.78	0.38
1177	38539	2309	61641	156982	39338	7107	3.95	71.53	0.76
2239	-45051	9217	54149	85759	18692	6294	2.64	71.50	1.73
215	177467	17174	1708	132707	23225	5835	8.36	35.40	0.66
71	-37310	19	38601	19479	-2532	1370	-5.12	86.76	0.82
219	91845	7572	2778	87609	15508	4480	5.73	28.50	1.09
9	21570	2380		9782	3677	784	27.00	28.98	0.61
10629	174804	27552	29213	426819	127144	21908	4.19	69.10	3.75
10130	113956	17889	19061	367193	117688	18596	4.10	68.29	4.94
11	7645	1135		4680	1676	251	10.39	60.21	3.85
488	53203	8529	10152	54945	7781	3061	4.33	72.93	1.18

10－7 规模以上大中型工业企业主要经济指标(2021年)

指　　标	企业单位数(个)	#亏损企业(个)	流动资产合计	#应收账款
总　　计	**289**	**34**	**54319269**	**16640282**
按登记注册类型分组				
内资企业	242	26	45179808	13261128
国有企业	1		7162970	153438
集体企业	1		2145	
有限责任公司	56	11	8317459	3725202
国有独资公司	6		492805	191963
其他有限责任公司	50	11	7824654	3533239
股份有限公司	18	1	19956811	6730166
私营企业	165	14	9556846	2497785
私营独资企业	4		116773	3243
私营合伙企业	1		1840	266
私营有限责任公司	124	8	5526578	1639808
私营股份有限公司	36	6	3911654	854468
其他企业	1		183579	154537
港、澳、台商投资企业	18	2	5415532	2219590
合资经营企业(港或澳、台资)	6	1	2177442	886867
合作经营企业(港或澳、台资)	1	1	134440	35268
港、澳、台商独资经营企业	5		617178	232696
港、澳、台商投资股份有限公司	6		2486472	1064759
外商投资企业	29	6	3723929	1159564
中外合资经营企业	10	5	2447419	715944
外资企业	18	1	930344	430523
外商投资股份有限公司	1		346166	13098
按经济组织类型分组				
独资企业	29	1	8829409	819900
国有企业	1		7162970	153438
集体企业	1		2145	
私营独资企业	4		116773	3243
港澳台商独资经营企业	5		617178	232696
外资企业	18	1	930344	430523
合作合伙企业	3	1	319860	190071
私营合伙企业	1		1840	266
合作经营企业(港或澳、台资)	1	1	134440	35268
其他企业(内资)	1		183579	154537
股份有限公司	61	7	26701103	8662491
股份有限公司(内资)	18	1	19956811	6730166
私营股份有限公司	36	6	3911654	854468
港澳台商投资股份有限公司	6		2486472	1064759
外商投资股份有限公司	1		346166	13098
有限责任公司	196	25	18468898	6967821
国有独资公司	6		492805	191963
私营有限责任公司	124	8	5526578	1639808
合资经营企业(港或澳、台资)	6	1	2177442	886867
中外合资经营企业	10	5	2447419	715944
其他有限责任公司	50	11	7824654	3533239

单位:万元

存货	#产成品	资产总计	固定资产原价	累计折旧	固定资产净额	负债合计	流动负债合计	应付账款	所有者权益合计
9885812	**2722679**	**91606422**	**29260502**	**12340091**	**16809007**	**47101305**	**37700869**	**13000135**	**44505117**
8744901	2146100	66987869	14770019	6240257	8479504	35143751	30416227	10190637	31844118
3566083	67934	9017629	2366804	1479269	887535	1353571	1343168	452345	7664057
1198	254	12366	10221	1841	8380	5054	3726		7312
1467702	623466	16175261	7308306	3049800	4251703	9987362	7899095	3480017	6187900
47113	8946	690253	108133	22586	80190	408315	387366	170064	281938
1420589	614520	15485008	7200173	3027214	4171512	9579047	7511728	3309953	5905962
1245743	476447	26489207	1579839	556914	1022126	16245505	14474290	4228711	10243702
2443859	977999	15081095	3477066	1147225	2287187	7451616	6595308	1943263	7629478
13185	2035	421699	134534	2339	132040	202453	139442	16263	219246
628	310	13635	11052	2468	3773	5957	4196		7679
1569941	616618	8258194	2063950	751214	1293318	4723674	4174439	1251816	3534520
860105	359037	6387566	1267531	391204	858058	2519532	2277231	675184	3868034
20316		212311	27782	5209	22574	100642	100642	86302	111669
537770	293422	17756641	11115902	4384065	6721905	8386563	4099844	1703374	9370078
232949	100923	9490401	9712795	3511718	6191425	5596023	2163363	820762	3894378
15804	14911	142169	6794	530	6264	106116	105889	99761	36053
59753	21450	844114	249955	116313	133642	338590	303766	140727	505524
229263	156138	7279957	1146357	755504	390574	2345835	1526826	642125	4934122
603141	283157	6861912	3374581	1715769	1607597	3570991	3184797	1106124	3290921
343386	148528	4564780	2217627	1126393	1040101	2690238	2365738	677742	1874543
219750	94624	1858810	1118074	577418	540576	746210	687247	400090	1112599
40006	40006	438322	38879	11958	26921	134543	131813	28292	303779
3859969	186296	12154617	3879589	2177181	1702173	2645879	2477349	1009424	9508738
3566083	67934	9017629	2366804	1479269	887535	1353571	1343168	452345	7664057
1198	254	12366	10221	1841	8380	5054	3726		7312
13185	2035	421699	134534	2339	132040	202453	139442	16263	219246
59753	21450	844114	249955	116313	133642	338590	303766	140727	505524
219750	94624	1858810	1118074	577418	540576	746210	687247	400090	1112599
36748	15220	368115	45628	8207	32610	212714	210727	186063	155401
628	310	13635	11052	2468	3773	5957	4196		7679
15804	14911	142169	6794	530	6264	106116	105889	99761	36053
20316		212311	27782	5209	22574	100642	100642	86302	111669
2375117	1031628	40595053	4032606	1715580	2297678	21245415	18410159	5574312	19349637
1245743	476447	26489207	1579839	556914	1022126	16245505	14474290	4228711	10243702
860105	359037	6387566	1267531	391204	858058	2519532	2277231	675184	3868034
229263	156138	7279957	1146357	755504	390574	2345835	1526826	642125	4934122
40006	40006	438322	38879	11958	26921	134543	131813	28292	303779
3613977	1489535	38488637	21302679	8439124	12776546	22997296	16602635	6230336	15491340
47113	8946	690253	108133	22586	80190	408315	387366	170064	281938
1569941	616618	8258194	2063950	751214	1293318	4723674	4174439	1251816	3534520
232949	100923	9490401	9712795	3511718	6191425	5596023	2163363	820762	3894378
343386	148528	4564780	2217627	1126393	1040101	2690238	2365738	677742	1874543
1420589	614520	15485008	7200173	3027214	4171512	9579047	7511728	3309953	5905962

10－7 续表1

指　标	企业单位数（个）	#亏损企业（个）	流动资产合计	#应收账款
在总计中：国有控股企业	36	9	28893202	7551629
在总计中：大型企业	48	5	41774467	12881257
中型企业	241	29	12544802	3759025
在总计中：亏损企业	34	34	3406372	766986
按行业大类分组				
采矿业	2		8192	893
黑色金属矿采选业	1		5564	
有色金属矿采选业	1		2628	893
制造业	279	31	53520022	16431262
农副食品加工业	12		154636	39099
食品制造业	10		587615	30946
酒、饮料和精制茶制造业	5		96247	13593
烟草制品业	2		7211535	155571
纺织业	4	1	424845	154127
纺织服装、服饰业	4	1	56766	5079
皮革、毛皮、羽毛及其制品和制鞋业	2		8880	4244
造纸和纸制品业	1		1430	201
印刷和记录媒介复制业	6		120906	25974
文教、工美、体育和娱乐用品制造业	3		5218	967
化学原料和化学制品制造业	41		530328	132565
医药制造业	15	2	994871	128954
橡胶和塑料制品业	4		212301	53910
非金属矿物制品业	11	2	946744	362912
有色金属冶炼和压延加工业	5		1781338	366107
金属制品业	10	2	559343	124857
通用设备制造业	25	2	17877131	5875346
专用设备制造业	29	3	6497613	2325754
汽车制造业	23	7	3581208	1932327
铁路、船舶、航空航天和其他运输设备制造业	4	1	1328139	745487
电气机械和器材制造业	18	4	2343958	873963
计算机、通信和其他电子设备制造业	33	5	7497170	2875432
仪器仪表制造业	10	1	649371	186968
废弃资源综合利用业	2		52431	16882
电力、热力、燃气及水生产和供应业	8	3	791055	208127
电力、热力生产和供应业	2	1	366834	136239
燃气生产和供应业	2	1	194694	2336
水的生产和供应业	4	1	229527	69552

单位:万元

存货	#产成品	资产总计	固定资产原价	累计折旧	固定资产净额	负债合计	流动负债合计	应付账款	所有者权益合计
5371764	803178	44065791	14206209	5683598	8511204	25151135	19764627	5547705	18914656
7334842	1557061	70025022	22006554	8967954	12976022	36347525	29345023	10025761	33677497
2550970	1165618	21581400	7253947	3372138	3832985	10753780	8355846	2974374	10827620
697773	285757	6841900	3679613	1631616	1981884	5004566	4105725	1188018	1837333
589	448	13393	16664	13005	3659	7103	6969	2032	6289
		8416	11823	9322	2501	3253	3253		5163
589	448	4977	4841	3683	1158	3850	3716	2032	1127
9834862	2714673	83188543	19511002	8908776	10490823	41089547	35235084	12774408	42098996
47347	12391	390796	157029	44156	110803	182859	171576	42370	207937
113191	57350	1094977	501428	194774	306654	310172	288172	101131	784806
24590	15285	176124	120455	56918	62357	83837	76512	14995	92287
3566410	67934	9084008	2404448	1500259	904189	1376656	1366166	452372	7707353
105804	79528	709157	219501	76237	143264	445174	437181	175850	263983
28252	22199	64315	11921	7818	4103	21891	20243	13754	42424
2912	2801	18276	5486	2185	3301	4651	4651	1127	13625
843	235	4815	1689	475	1214	1516	1264	10	3299
33958	6369	219110	152536	99003	53533	97799	81687	30405	121311
2704	1027	13153	8017	2352	5326	5424	4573	1746	7730
135638	88586	931520	258199	93658	156827	300748	248052	101551	630772
188643	89293	2554533	535460	180064	338918	523960	448601	72169	2030572
58929	25376	465757	331418	152478	178939	130452	122968	33099	335305
99087	18497	1601524	231954	81917	137003	908684	707529	160881	692840
610107	152062	3266655	1852631	1350210	497609	2397666	1248295	339644	868989
119491	40354	880181	428653	197783	230463	393619	351144	100438	486562
1020610	512297	21290333	850999	380829	468420	15004937	13680086	3920834	6285395
1136966	461532	9841790	1377931	564378	808507	5144523	4499117	1513765	4697267
549764	172498	6411230	3068730	1632626	1387584	4816523	4521466	2038417	1594708
322401	23944	2237103	624460	162616	461792	824612	675358	298952	1412491
634459	370594	3635315	930099	255353	674745	2294228	1897143	811646	1341087
927020	462004	17307020	5233152	1800286	3422931	5538794	4140754	2456673	11768226
105398	32471	807253	116084	32672	83347	249961	226826	87122	557292
339	48	183600	88723	39727	48995	30864	15722	5459	152736
50361	7558	8404486	9732836	3418311	6314525	6004654	2458816	223694	2399832
36248	65	5970393	7970721	2922488	5048232	4420587	1389688	157915	1549806
7493	7493	543627	383202	89406	293796	386732	354054	32425	156895
6620		1890466	1378913	406417	972497	1197334	715074	33355	693132

10－7 续表 2

指　　标	#实收资本	国家资本	集体资本	法人资本
总　　计	**14499570**	**2719419**	**116978**	**6977221**
按登记注册类型分组				
内资企业	8854830	1618639	51340	5052271
国有企业	430000	430000		
集体企业	5323		2129	2395
有限责任公司	4060263	485681	782	3563519
国有独资公司	176325	168875		7450
其他有限责任公司	3883938	316806	782	3556069
股份有限公司	2086217	702243	26404	259625
私营企业	2238026	715	22026	1191732
私营独资企业	202059			200000
私营合伙企业	6151			3145
私营有限责任公司	1023709	715	4409	735315
私营股份有限公司	1006108		17617	253273
其他企业	35000			35000
港、澳、台商投资企业	3793012	600780	46088	1657898
合资经营企业(港或澳、台资)	2881261	586359		1452944
合作经营企业(港或澳、台资)	36442			36442
港、澳、台商独资经营企业	213645	9386		
港、澳、台商投资股份有限公司	661664	5035	46088	168513
外商投资企业	1851728	500000	19550	267052
中外合资经营企业	1393771	500000	19550	213588
外资企业	441094			53464
外商投资股份有限公司	16863			
按经济组织类型分组				
独资企业	1292121	439386	2129	255859
国有企业	430000	430000		
集体企业	5323		2129	2395
私营独资企业	202059			200000
港澳台商独资经营企业	213645	9386		
外资企业	441094			53464
合作合伙企业	77593			74586
私营合伙企业	6151			3145
合作经营企业(港或澳、台资)	36442			36442
其他企业(内资)	35000			35000
股份有限公司	3770853	707279	90108	681410
股份有限公司(内资)	2086217	702243	26404	259625
私营股份有限公司	1006108		17617	253273
港澳台商投资股份有限公司	661664	5035	46088	168513
外商投资股份有限公司	16863			
有限责任公司	9359004	1572754	24741	5965365
国有独资公司	176325	168875		7450
私营有限责任公司	1023709	715	4409	735315
合资经营企业(港或澳、台资)	2881261	586359		1452944
中外合资经营企业	1393771	500000	19550	213588
其他有限责任公司	3883938	316806	782	3556069

单位:万元

个人资本	港澳台资本	外商资本	营业收入	营业成本	销售费用	管理费用	财务费用	利息费用	利息收入
2059602	**1475130**	**1151220**	**56629012**	**39048709**	**2142351**	**2107397**	**288050**	**504289**	**181051**
1924689	165905	41986	45694590	30456735	1783149	1555797	35328	246027	164812
			10151093	2350616	110748	566857	-64989	664	67986
798			13782	10903	555	542	165		
10282			12265777	10033826	271374	340323	69511	81084	14730
			401801	352669	5639	19458	3175	2962	470
10282			11863976	9681157	265735	320864	66336	78122	14261
900881	160349	36717	9011386	7321183	493546	206142	-18032	104731	82109
1012728	5557	5270	13319839	9854513	906919	441342	48808	59545	124
2059			150189	124467	4485	5566	3030	3060	-87
3007			11145	9687	325	238	77	13	
278760	507	4004	9925924	7869750	363990	265634	25816	33082	-4243
728903	5050	1266	3232580	1850610	538120	169904	19885	23390	4454
			932713	885693	7	593	-135	3	-137
121862	1309225	57160	5269894	3855427	173044	297989	231452	226572	22350
	841959		2467434	1817422	47715	136240	187457	188057	7518
			67478	76456	1730	9644	-1021		55
	159093	45166	549098	395285	61823	16765	1898	3869	2605
121862	308173	11994	2185885	1566264	61777	135341	43118	34646	12171
13052		1052074	5664528	4736547	186158	253611	21270	31691	-6111
		660632	3272698	2893313	85677	160478	23708	28582	410
13052		374578	2103440	1639863	98649	73771	-382	1983	-3339
		16863	288391	203371	1831	19363	-2056	1126	-3182
15910	159093	419744	12967602	4521134	276260	663500	-60279	9576	67165
			10151093	2350616	110748	566857	-64989	664	67986
798			13782	10903	555	542	165		
2059			150189	124467	4485	5566	3030	3060	-87
	159093	45166	549098	395285	61823	16765	1898	3869	2605
13052		374578	2103440	1639863	98649	73771	-382	1983	-3339
3007			1011336	971836	2062	10474	-1079	15	-82
3007			11145	9687	325	238	77	13	
			67478	76456	1730	9644	-1021		55
			932713	885693	7	593	-135	3	-137
1751645	473572	66840	14718242	10941428	1095274	530749	42915	163892	95553
900881	160349	36717	9011386	7321183	493546	206142	-18032	104731	82109
728903	5050	1266	3232580	1850610	538120	169904	19885	23390	4454
121862	308173	11994	2185885	1566264	61777	135341	43118	34646	12171
		16863	288391	203371	1831	19363	-2056	1126	-3182
289041	842466	664636	27931832	22614311	768755	902674	306492	330805	18415
			401801	352669	5639	19458	3175	2962	470
278760	507	4004	9925924	7869750	363990	265634	25816	33082	-4243
	841959		2467434	1817422	47715	136240	187457	188057	7518
		660632	3272698	2893313	85677	160478	23708	28582	410
10282			11863976	9681157	265735	320864	66336	78122	14261

10－7 续表3

指　　标	#实收资本	国家资本	集体资本	法人资本
在总计中:国有控股企业	4464356	2203159	46735	836930
在总计中:大型企业	10697054	2183607	72491	4851329
中型企业	3802516	535812	44487	2125892
在总计中:亏损企业	1901247	717566	11399	264587
按行业大类分组				
采矿业	1008			
黑色金属矿采选业	800			
有色金属矿采选业	208			
制造业	13101271	1962443	116978	6697296
农副食品加工业	82137	300		38600
食品制造业	225594			1649
酒、饮料和精制茶制造业	29489	9386		8346
烟草制品业	446000	446000		
纺织业	144021		500	
纺织服装、服饰业	17018			5200
皮革、毛皮、羽毛及其制品和制鞋业	8015	415	511	5569
造纸和纸制品业	2350			1050
印刷和记录媒介复制业	44597		2129	41534
文教、工美、体育和娱乐用品制造业	2421			1242
化学原料和化学制品制造业	143162		19550	57084
医药制造业	497094			114688
橡胶和塑料制品业	202150			23522
非金属矿物制品业	163863	71800		20391
有色金属冶炼和压延加工业	363451		2240	357645
金属制品业	156479			134099
通用设备制造业	1203874	134557	1440	313612
专用设备制造业	833669	55381		524014
汽车制造业	1515150	500000		253417
铁路、船舶、航空航天和其他运输设备制造业	560750	385554		25400
电气机械和器材制造业	501535	95287		283007
计算机、通信和其他电子设备制造业	5767807	262763	90108	4339862
仪器仪表制造业	131725	1000	500	104196
废弃资源综合利用业	58920			43170
电力、热力、燃气及水生产和供应业	1397291	756976		279925
电力、热力生产和供应业	1023585	679216		
燃气生产和供应业	15000			6750
水的生产和供应业	358706	77761		273175

单位:万元

个人资本	港澳台资	外商资本	营业收入	营业成本	销售费用	管理费用	财务费用	利息费用	利息收入
717448	506468	153616	22418514	12466517	585383	875021	141476	332822	156761
1259740	1417291	912596	39826365	26143048	1398942	1469456	179121	386327	180228
799862	57839	238624	16802647	12905661	743408	637942	108929	117963	824
265218		642478	3467515	3113685	113774	227335	76667	81846	5766
1008			24466	16933	263	3583	35	27	2
800			17964	12252		2412	9		
208			6502	4681	263	1171	25	27	2
2050823	1130761	1142970	54924346	37827444	2113892	2049308	80660	293111	180295
29406		13831	625665	497155	33415	31068	3878	4110	-256
124510	19611	79824	1017058	746278	78685	51913	-3379	1792	-4152
3008		8749	285510	208998	43359	5080	-495	7	587
			10162876	2358450	112561	569652	-66775	713	66149
143521			454153	326260	90937	22353	2878	3912	362
9000		2818	68171	50932	8447	6041	87	24	86
509	507	504	38017	30641	1026	1075	169		-37
1300			8014	6668	237	246	57	54	
933			316626	258100	5345	16311	112	155	71
1179			111327	95031	1250	1361	545	41	
46753	226	19550	1784275	1400428	74001	69560	5979	2524	1501
377357	5050		929443	346241	349271	59638	2789	4640	2714
500		178128	467112	372350	17265	17538	292	372	-393
59469	12204		722571	583012	16567	34374	18939	18634	1647
3567			2740133	2266979	33095	53275	10214	9223	1430
22380			863329	634588	22964	36102	6883	4421	-72
532922	160349	60994	7824019	6627478	332227	140110	-34026	81061	76667
252020		2255	7060475	5184237	533919	165678	17109	40702	4745
22309	1750	737673	6034783	5440283	118615	287110	27840	32647	-1128
149796			1038543	707153	33732	38431	7381	9240	3215
85327	37914		3043055	2656396	61710	80320	17540	23069	743
145977	893151	35946	8820154	6803907	119840	330760	61598	53270	25272
26029			425548	199168	25385	25448	666	1589	1305
13052		2698	83490	26713	38	5866	380	912	-160
7771	344370	8250	1680200	1204332	28196	54507	207355	211152	754
	344370		950843	637739	254	18313	174318	177548	346
		8250	375457	331143	9434	13285	2377	2482	240
7771			353900	235450	18509	22910	30660	31121	168

10－7 续表 4

指　　标	税金及附加	营业利润	投资收益	其他收益	营业外收入
总　　计	**6426483**	**4955671**	**441798**	**450669**	**104716**
按登记注册类型分组					
内资企业	6292831	4253973	386025	311622	75305
国有企业	6007132	1009095	－14600	1014	6192
集体企业	51	1494			
有限责任公司	119754	838521	17187	63742	18553
国有独资公司	1704	4695	－274	560	219
其他有限责任公司	118051	833826	17461	63182	18334
股份有限公司	39746	965744	326540	109519	11395
私营企业	123909	1391728	56898	134293	39165
私营独资企业	4580	18019		31988	11
私营合伙企业	14	736			
私营有限责任公司	95758	920456	26301	58358	31347
私营股份有限公司	23558	452517	30597	43948	7807
其他企业	2240	47392		3055	
港、澳、台商投资企业	46803	462385	15048	70245	10135
合资经营企业(港或澳、台资)	22930	149792	－9508	25271	5919
合作经营企业(港或澳、台资)	142	－25146		202	1
港、澳、台商独资经营企业	5518	64416	10361	4226	2726
港、澳、台商投资股份有限公司	18213	273323	14195	40546	1490
外商投资企业	86850	239313	40725	68801	19276
中外合资经营企业	71083	－48696	26696	42420	5809
外资企业	14470	234270	14030	26381	10372
外商投资股份有限公司	1297	53739			3095
按经济组织类型分组					
独资企业	6031750	1327294	9791	63609	19301
国有企业	6007132	1009095	－14600	1014	6192
集体企业	51	1494			
私营独资企业	4580	18019		31988	11
港澳台商独资经营企业	5518	64416	10361	4226	2726
外资企业	14470	234270	14030	26381	10372
合作合伙企业	2396	22982		3257	1
私营合伙企业	14	736			
合作经营企业(港或澳、台资)	142	－25146		202	1
其他企业(内资)	2240	47392		3055	
股份有限公司	82813	1745323	371332	194013	23787
股份有限公司(内资)	39746	965744	326540	109519	11395
私营股份有限公司	23558	452517	30597	43948	7807
港澳台商投资股份有限公司	18213	273323	14195	40546	1490
外商投资股份有限公司	1297	53739			3095
有限责任公司	309525	1860073	60675	189791	61628
国有独资公司	1704	4695	－274	560	219
私营有限责任公司	95758	920456	26301	58358	31347
合资经营企业(港或澳、台资)	22930	149792	－9508	25271	5919
中外合资经营企业	71083	－48696	26696	42420	5809
其他有限责任公司	118051	833826	17461	63182	18334

单位:万元

营业外支出	利润总额	所得税费用	亏损企业亏损额	本年应付职工薪酬	本年应交增值税	平均用工人数(人)	总资产贡献率(%)	资产负债率(%)	流动资产周转率(次/年)
76558	4983829	679636	509582	4983676	2208678	363345	15.42	51.42	1.04
59966	4269312	596417	214201	3422137	1901057	223195	18.97	52.46	1.01
27700	987586	288785		605241	1037198	8315	89.08	15.01	1.42
	1494	229		3015	305	493	14.96	40.87	6.43
5753	851321	93638	134112	865093	283795	69912	8.26	61.74	1.47
178	4736	198		35548	6195	2833	2.26	59.15	0.82
5575	846585	93441	134112	829545	277600	67079	8.53	61.86	1.52
7463	969676	64352	7	565661	176560	32722	4.87	61.33	0.45
19036	1411856	137499	80082	1361396	391723	108987	13.18	49.41	1.39
	18030	7521		17110	-15877	2141	2.32	48.01	1.29
	736	132		4152	134	521	6.57	43.68	6.06
11102	940701	87114	16945	901659	275309	77529	16.29	57.20	1.80
7934	452390	42732	63137	438474	132157	28796	9.89	39.44	0.83
14	47378	11913		21733	11476	2766	28.78	47.40	5.08
6084	466437	66978	41098	1092687	203201	111897	5.31	47.23	0.97
1302	154409	22782	15953	513674	75616	48980	4.65	58.97	1.13
	-25146		25146	5728	5722	625	-13.56	74.64	0.50
466	66676	15846		56547	17915	4507	11.13	40.11	0.89
4316	270497	28349		516739	103949	57785	5.87	32.22	0.88
10508	248081	16241	254284	468852	104420	28253	6.86	52.04	1.52
2664	-45551	-20356	253409	234557	62581	11555	2.56	58.93	1.34
5855	238788	29195	875	223824	33905	16136	15.56	40.14	2.26
1990	54845	7402		10471	7934	562	14.88	30.69	0.83
34021	1312574	341576	875	905736	1073446	31592	69.33	21.77	1.47
27700	987586	288785		605241	1037198	8315	89.08	15.01	1.42
	1494	229		3015	305	493	14.96	40.87	6.43
	18030	7521		17110	-15877	2141	2.32	48.01	1.29
466	66676	15846		56547	17915	4507	11.13	40.11	0.89
5855	238788	29195	875	223824	33905	16136	15.56	40.14	2.26
14	22969	12046	25146	31613	17331	3912	11.60	57.78	3.16
	736	132		4152	134	521	6.57	43.68	6.06
	-25146		25146	5728	5722	625	-13.56	74.64	0.50
14	47378	11913		21733	11476	2766	28.78	47.40	5.08
21703	1747407	142835	63144	1531345	420600	119865	5.95	52.33	0.55
7463	969676	64352	7	565661	176560	32722	4.87	61.33	0.45
7934	452390	42732	63137	438474	132157	28796	9.89	39.44	0.83
4316	270497	28349		516739	103949	57785	5.87	32.22	0.88
1990	54845	7402		10471	7934	562	14.88	30.69	0.83
20820	1900880	183179	420418	2514982	697301	207976	8.41	59.75	1.51
178	4736	198		35548	6195	2833	2.26	59.15	0.82
11102	940701	87114	16945	901659	275309	77529	16.29	57.20	1.80
1302	154409	22782	15953	513674	75616	48980	4.65	58.97	1.13
2664	-45551	-20356	253409	234557	62581	11555	2.56	58.93	1.34
5575	846585	93441	134112	829545	277600	67079	8.53	61.86	1.52

10－7 续表5

指　　标	税金及附加	营业利润	投资收益	其他收益	营业外收入
在总计中:国有控股企业	6117003	1908046	267853	130814	26861
在总计中:大型企业	6219390	3341589	334313	297528	48024
中型企业	207094	1614082	107485	153141	56692
在总计中:亏损企业	75098	－512735	21193	49527	11959
按行业大类分组					
采矿业	736	1669			79
黑色金属矿采选业	526	1577			25
有色金属矿采选业	211	91			53
制造业	6406319	4787455	437349	431652	99301
农副食品加工业	3192	86939	19252	25547	270
食品制造业	7326	123093	5743	3331	5225
酒、饮料和精制茶制造业	2024	23949	273	172	3413
烟草制品业	6007345	1009368	－14600	1036	6203
纺织业	1882	13216	9424	46	1494
纺织服装、服饰业	440	－478	－102	74	970
皮革、毛皮、羽毛及其制品和制鞋业	558	4547			84
造纸和纸制品业	12	744			
印刷和记录媒介复制业	2540	28665	2032	554	267
文教、工美、体育和娱乐用品制造业	1458	8760			
化学原料和化学制品制造业	53103	141003	16372	1700	1311
医药制造业	10812	104629	28364	14729	1551
橡胶和塑料制品业	3267	39332	37	340	2635
非金属矿物制品业	5049	35796	2429	1947	1045
有色金属冶炼和压延加工业	9820	261952	－12357	8383	1323
金属制品业	5539	59150	541	803	6208
通用设备制造业	27934	685716	243273	62090	16513
专用设备制造业	41479	759946	31387	102290	23245
汽车制造业	85078	－46971	15339	23687	8511
铁路、船舶、航空航天和其他运输设备制造业	6589	198982	18263	18406	934
电气机械和器材制造业	16086	144829	29651	18451	6591
计算机、通信和其他电子设备制造业	108994	879126	19212	127303	10516
仪器仪表制造业	4572	164201	11112	18022	940
废弃资源综合利用业	1223	60965	11704	2741	55
电力、热力、燃气及水生产和供应业	19428	166547	4449	19017	5337
电力、热力生产和供应业	12169	87198	－9356	1659	4247
燃气生产和供应业	1474	15478	30	2596	537
水的生产和供应业	5786	63872	13775	14763	553

单位:万元

营业外支出	利润总额	所得税费用	亏损企业亏损额	本年应付职工薪酬	本年应交增值税	平均用工人数(人)	总资产贡献率(%)	资产负债率(%)	流动资产周转率(次/年)
38442	1896465	384460	171853	1416303	1297955	50647	21.89	57.08	0.78
56216	3333398	475206	243168	3616884	1725238	241555	16.66	51.91	0.95
20342	1650432	204430	266414	1366792	483440	121790	11.39	49.83	1.34
8806	-509582	-56378	509582	479748	53327	36626	-4.37	73.15	1.02
52	1696	23		6807	2076	967	33.86	53.04	2.99
	1603			4235	1509	598	43.22	38.66	3.23
52	93	23		2572	567	369	18.02	77.36	2.47
74184	4812572	649922	473809	4799321	2130127	355289	16.40	49.39	1.03
425	86784	8257		58592	7233	6381	25.93	46.79	4.05
2562	125756	26346		96931	31323	8569	15.18	28.33	1.73
234	27128	6216		26817	10774	2770	22.67	47.60	2.97
27713	987857	289017		610837	1037937	8951	88.44	15.15	1.41
3756	10953	-1485	1313	43898	10440	4874	3.83	62.78	1.07
504	-12	105	1917	16318	1382	2270	2.85	34.04	1.20
3	4628	818		9244	700	1441	32.21	25.45	4.28
	744	172		1541	107	354	19.02	31.48	5.61
80	28851	1660		39722	8982	3381	18.50	44.63	2.62
	8760	1605		17507	2957	1384	100.47	41.24	21.33
463	141851	15744		176706	61824	19257	27.84	32.29	3.36
4768	101411	4683	48705	120693	76480	10826	7.57	20.51	0.93
988	40979	6565		34456	9404	2734	11.60	28.01	2.20
534	36307	2435	6951	53235	17085	4834	4.81	56.74	0.76
3613	259662	34099		183713	23616	10646	9.25	73.40	1.54
747	64612	2741	631	75647	15728	6631	10.26	44.72	1.54
5769	696460	53495	3419	370397	117294	25427	4.33	70.48	0.44
7943	775249	75206	82908	710331	246010	34549	11.21	52.27	1.09
5678	-44139	-26748	248755	480483	77599	40446	2.36	75.13	1.69
146	199770	17006	384	131026	25214	5843	10.76	36.86	0.78
510	150910	17676	43138	156776	45949	15000	6.49	63.11	1.30
7305	882337	87767	33250	1311623	272322	133295	7.61	32.00	1.18
303	164837	19567	2439	63000	25520	4708	24.34	30.96	0.66
143	60877	6976		9828	4248	718	36.63	16.81	1.59
2322	169562	29690	35773	177547	76475	7089	5.67	71.45	2.12
1734	89711	18152	18845	107124	66423	2763	5.79	74.04	2.59
204	15811	4071	12718	19004	3314	1366	4.25	71.14	1.93
385	64040	7468	4210	51420	6738	2960	5.70	63.34	1.54

10－8 规模以上工业企业主要能源按行业分组消费量(2021 年)

行业	能源消费量(吨标准煤)	原煤(吨)	1.无烟煤(吨)	2.炼焦烟煤(吨)	3.一般烟煤(吨)	4.褐煤(吨)
总计	6124088	3196406	159946	47269	2989191	
采矿业	10167					
黑色金属矿采选业	2264					
有色金属矿采选业	3226					
非金属矿采选业	4677					
制造业	2637349	442729	34089	47269	361370	
农副食品加工业	77989	441	441			
食品制造业	108410					
酒、饮料和精制茶制造业	29742	380	142		238	
烟草制品业	16651					
纺织业	10661					
纺织服装、服饰业	2517					
皮革、毛皮、羽毛及其制品和制鞋业	888					
木材加工和木、竹、藤、棕、草制品业	2738					
家具制造业	2927					
造纸和纸制品业	74075	11158			11158	
印刷和记录媒介复制业	23482	22			22	
文教、工美、体育和娱乐用品制造业	943	45			45	
石油加工、炼焦和核燃料加工业	2124	272			272	
化学原料和化学制品制造业	120514	20875	2299		18576	
医药制造业	67030					
化学纤维制造业						
橡胶和塑料制品业	67922	10	10			
非金属矿物制品业	597158	395501	18663	47269	329569	
黑色金属冶炼和压延加工业	5604					
有色金属冶炼和压延加工业	176352					
金属制品业	116854					
通用设备制造业	70695					
专用设备制造业	127718	12534	12534			
汽车制造业	145915					
铁路、船舶、航空航天和其他运输设备制造业	12701					
电气机械和器材制造业	128756	1491			1491	
计算机、通信和其他电子设备制造业	608323					
仪器仪表制造业	7184					
其他制造业	16880					
废弃资源综合利用业	14597					
电力、热力、燃气及水生产和供应业	3476572	2753677	125857		2627820	
电力、热力生产和供应业	3293803	2753677	125857		2627820	
燃气生产和供应业	90573					
水的生产和供应业	92196					

其他洗煤（吨）	煤制品（吨）	焦炭（吨）	转炉煤气（万立方米）	天然气（万立方米）	液化天然气（吨）	氢气（万立方米）	原油（吨）	汽油（吨）	煤油（吨）
		185	1	39310	4974	16		10577	5
								24	
								24	
		185	1	28621	4804	15		10372	4
				2213	4			679	
				3149	47			570	
				13	56			405	
				789					
				84	5			35	
				95				26	
				20					
				11				53	
			1	269				62	
				258				332	
				2				39	
				40				2	
				1017				602	2
				1794				216	
				1140				638	
				1808	2482			1199	2
				116				58	
				2965	1282			244	
				3117	547	15		404	
		149		1245	379			1013	
		36		1480				832	
				4926	1			1604	
				332	2			41	
				864				365	
				435				627	
				95				121	
				341					
				2				204	
				10689	169			181	
				3100				27	
				7047	169			103	
				542				50	

10－8 续表

行　业	柴油（吨）	燃料油（吨）	液化石油气（吨）	润滑油（吨）	石蜡（吨）	溶剂油（吨）
总　计	35886	3865	527	17186	192	4155
采矿业	1133					
黑色金属矿采选业	99					
有色金属矿采选业	60					
非金属矿采选业	974					
制造业	33941	3865	526	17176	192	4155
农副食品加工业	394			21		
食品制造业	1262			8		
酒、饮料和精制茶制造业	98					
烟草制品业	291					
纺织业	37					
纺织服装、服饰业	49					
皮革、毛皮、羽毛及其制品和制鞋业						
木材加工和木、竹、藤、棕、草制品业	88					
家具制造业	121					
造纸和纸制品业	210			4		
印刷和记录媒介复制业	331					
文教、工美、体育和娱乐用品制造业	35					
石油加工、炼焦和核燃料加工业	48			690		
化学原料和化学制品制造业	617		1	1		4111
医药制造业	248					
化学纤维制造业						
橡胶和塑料制品业	307			200		
非金属矿物制品业	10228	2004	143	68	192	
黑色金属冶炼和压延加工业	6					
有色金属冶炼和压延加工业	709			57		
金属制品业	1067		22			
通用设备制造业	2735		344	948		1
专用设备制造业	8620			14991		
汽车制造业	1080		14	101		43
铁路、船舶、航空航天和其他运输设备制造业	188			3		
电气机械和器材制造业	402		2	12		
计算机、通信和其他电子设备制造业	873			20		
仪器仪表制造业	11					
其他制造业	1			3		
废弃资源综合利用业	3887	1861		50		
电力、热力、燃气及水生产和供应业	812			10		
电力、热力生产和供应业	376			4		
燃气生产和供应业	107					
水的生产和供应业	328			6		

石油焦（吨）	石油沥青（吨）	其他石油制品（吨）	热力（百万千焦）	电力（万千瓦时）	煤矸石（用于燃料）（吨）	城市生活垃圾（用于燃料）	生物燃料（吨标准煤）	余热余压（百万千焦）	其他燃料（吨标准煤）
340	59757	4673	6694212	1732062	129460	2081081	50917	607685	10516
				6900					
				1696					
				2554					
				2651					
340	59757	4673	6602945	1145516	129460		15292	607685	10516
			405775	21721			4254		1960
			753443	26334			1055		4603
			196328	16006			1547		514
				5609					
			1656	7633					
				937					
				723					
				1908					
				2060					
			1114999	17782			31		2444
			84303	13069			123		
				631					
				281					
			474868	49606			6322	6633	
			408831	22432			336		653
			96344	38890					
340	59757	3136	26745	77956	129460		727	601052	254
				3229					
			1803763	58432					
			6717	58545			26		
		155	14973	36054			872		2
		1334		48276					
		48		61971					
				6536					
			883687	69033					85
			330327	480389					
			187	4657					
				10040					
				4776					
			91267	579645		2081081	35625		
			91267	510527		2081081	35625		
				425					
				68694					

10－9 规模以上工业企业能源购进、消费及库存(2021年)

指　　标	计量单位	年初库存量	购进实物量	工业生产消费量	#用于原材料	#运输工作消费	年末库存量
原煤	吨	403050	3188057	3196406	541	19	394383
无烟煤	吨	7145	161714	159946	105		8912
炼焦烟煤	吨	6276	53182	47269			12189
一般烟煤	吨	389629	2973161	2989191	436	19	373282
褐煤	吨						
其他洗煤	吨						
煤制品	吨						
焦炭	吨	22	175	185			12
转炉煤气	万立方米		1	1			
天然气	万立方米	962	157474	39310	134	244	980
液化天然气	吨	63	5303	4974			60
氢气	万立方米		16	16			
原油	吨						
汽油	吨	136	11843	10577	130	7474	62
煤油	吨	2	4	5			1
柴油	吨	1454	38338	35886	1369	16718	1284
燃料油	吨	767	4813	3865			1714
液化石油气	吨	5	371	527	22		
润滑油	吨	479	17730	17186	14750		249
石蜡	吨	10	182	192	192		
溶剂油	吨	87	4284	4155			217
石油焦	吨		340	340	340		
石油沥青	吨	3498	64525	59757	46383		8085
其他石油制品	吨	167	4584	4673	134		75
热力	百万千焦		6635098	6694212			
电力	万千瓦时		1686030	1732062		22229	
煤矸石(用于燃料)	吨	2593	136432	129460			9565
城市生活垃圾(用于燃料)	吨		1624036	2081081			
生物燃料	吨标准煤	71	26924	50917			73
余热余压	百万千焦		64262	607685			
其他燃料	吨标准煤	93	10448	10516	164	2	
能源合计	吨标准煤			6124088	87986		

10－10 规模以上工业企业能源加工转换与回收利用表(2021 年)

指　　标	计量单位	工业生产消费量	加工转换投入合计			能源加工转换产出	回收利用
				火力发电	供热		
原煤	吨	3113918	2753677	2414666	339011		
无烟煤	吨	125857	125857	18923	106934		
炼焦烟煤	吨	47269					
一般烟煤	吨	2940792	2627820	2395743	232077		
褐煤	吨						
煤制品	吨						
焦炭	吨						
转炉煤气	万立方米						
天然气	万立方米						
液化天然气	吨						
原油	吨						
汽油	吨						
煤油	吨	393	70	70			
柴油	吨						
燃料油	吨						
液化石油气	吨						
润滑油	吨	44					
石蜡	吨						
溶剂油	吨						
石油焦	吨						
石油沥青	吨						
其他石油制品	吨						
热力	百万千焦	91267				5529057	
电力	万千瓦时	84403				746410	
城市生活垃圾(用于燃料)	吨	2081081	2081081	2081081			
生物燃料	吨标准煤	35605	35605	24581	11023		
余热余压	百万千焦	601052	601052	601052			1895776
其他燃料	吨标准煤						
能源合计	吨标准煤	3029096	2642013	2400206	241807	1105879	64646

10－11　主要耗能规模以上工业企业单位产品能源消耗情况

指　标	计量单位	2020 年	2021 年
吨水泥熟料综合能耗	千克标准煤/吨	113	112
吨水泥熟料综合电耗	千瓦时/吨	56	54
吨水泥熟料烧成标准煤耗	千克标准煤/吨	106	106
吨水泥综合能耗	千克标准煤/吨	66	62
吨水泥综合电耗	千瓦时/吨	63	60
吨水泥标准煤耗	千克标准煤/吨	59	56
吨铝加工材消耗能源量	千克标准煤/吨	889	
吨铝加工材消耗电量	千瓦时/吨	1319	
电厂火力发电标准煤耗	克标准煤/千瓦时	289	289
电厂火力供电标准煤耗	克标准煤/千瓦时	305	304
发电厂用电率	%	5	5

10－12 规模以上工业企业用水情况(2021年)

单位:万立方米

指　　标	全市	芙蓉区	天心区	岳麓区	开福区
取水量合计	138412	75	74977	1408	237
1. 地表淡水	127122		74926	381	27
2. 地下淡水	396	1	18	10	9
3. 自来水	10745	74	33	1014	202
4. 其他水	22				
5. 外排水量	109868	4611	87	3592	15655
6. 重复用水量	5331	6	3692	135	2
7. 直流冷却水量(河湖水)	33266		174		
8. 污水处理企业污水处理量	101354	4563	4	2574	15530
用新水量	14520	75	103	1408	237

10－12 续表

单位:万立方米

指　　标	雨花区	望城区	长沙县	浏阳市	宁乡市
取水量合计	21795	10640	10220	11320	7742
1. 地表淡水	21435	9526	7092	7869	5867
2. 地下淡水		100	20	207	31
3. 自来水	359	1010	3071	3154	1828
4. 其他水			7	14	1
5. 外排水量	40480	18730	17482	2782	6449
6. 重复用水量	34	627	169	552	115
7. 直流冷却水量(河湖水)		33088	4		
8. 污水处理企业污水处理量	40205	17322	15614	345	5196
用新水量	398	2559	3254	4365	2121

11 运输和邮电

11－1 2000－2021年全社会客、货运输量

指 标	单位	2000年	2001年	2002年	2003年	2004年	2005年	2006年	2007年	2008年
一、货物运输量	万吨	5910	7550	8766	10632	11066	10991	12478	16184	17158
# 铁路	万吨	206	188	162	189	196	218	233	244	164
公路	万吨	4972	6668	7929	9572	9831	9834	10905	13994	14651
水运	万吨	729	691	671	867	1035	934	1334	1939	2336
民航(吞吐量)	万吨	1.9	2	2.5	3.5	4.3	5.2	6.3	6.9	7.1
民航(发送量)	万吨	0.9	1	1.4	2.1	2.6	3.1	3.5	3.6	3.7
二、货物周转量	万吨公里	1404785	1396492	799550	910771	1011770	1003793	1094995	1296332	1323224
# 公路	万吨公里	308200	322125	434100	445990	446428	447386	480520	517363	535795
水运	万吨公里	1094511	1072216	58837	69841	124605	99596	142569	277565	287962
三、旅客运输量	万人	9052	8578	10032	10609	11580	10895	11863	11919	13488
# 铁路	万人	981	1070	984	942	1187	1218	1243	1305	1442
公路	万人	7825	7242	8743	9351	10003	9228	10022	9934	11334
水运	万人	43	44	45	17	9	7	3		
民航(吞吐量)	万人	203	222	260	299	380	442	595	680	713
民航(发送量)	万人	101	111	130	149	191	221	281	341	355
四、旅客周转量	万人公里	348315	398125	739488	835591	978328	995729	1073632	1190289	1249445
# 公路	万人公里	275029	322154	393873	457038	496035	469947	506305	540261	596745
水运	万人公里	3580	3094	4103	2362	1459	1211	467		

注:1. 铁路旅客发送量从2018年报起,采用广铁集团报送省统计局数据,2018年、2017年、2016年、2015年、2014年实际数为5392.31万、4769.52万、4102.51万、3633.37万、3053.42万人。

2. 2020年,水运沿海部分的货运周转量数据省局不再分市州;疫情期间高速公路免费通行,无法获取客货运数据;全省铁路相关数据未分市州。

2009 年	2010 年	2011 年	2012 年	2013 年	2014 年	2015 年	2016 年	2017 年	2018 年	2019 年	2020 年	2021 年
21074	22947	25651	26145	28048	30449	33932	36767	41739	43792	49017		
158	167	172	157	149	133	138	113	114	123	128		
18084	19270	21788	23139	24627	27098	30412	34047	38808	41265	46497		
2669	3369	3529	2668	3080	3014	3159	2388	2603	2330	2122		
8.7	10.8	11.5	11.1	11.8	12.5	12.2	13	13.9	15.6	17.6	19.2	20.9
4.5	6.0	6.0	5.6	5.9	6.2	6.0	6.3	6.8	8.0	9.0	10.7	11.0
1769962	2192493	2571162	3016629	3340723	3597375	3861850	3876534	4487906	4874183	5674719		
1036295	1285375	1609109	2061286	2352483	2642698	2898610	3274392	3833118	4233826	5000574		
210498	369090	408774	425713	485042	498947	546979	186206	203338	171022	176890		
31304	33983	35525	36440	37922	13610	13078	12655	12435	12488	12705		
1479	1642	1816	1954	2088	3053	3633	4103	4770	5392	6049		
28868	31257	33102	33847	35143	9765	8606	7578	6558	5889	5351		
16	18	15	1						10	21		
942	1066	1183	1278	1390	1588	1684	1949	2218	2527	2691	1922	1998
471	535	592	638	691	792	839	974	1108	1196	1285	926	953
1747800	1945489	2454122	2544691	2767006	2210039	2436877	2736009	2792997	3003678	3062983		
1060178	1130385	1206736	1236101	1304296	611156	517820	495170	429333	412031	381250		
116	141	125	9						122	246		

11－2 陆运工具情况

单位:辆

年份	汽车	载客汽车	载货汽车	其他汽车	摩托车	普通	轻便	拖拉机	大型	小型	挂车
2005年	190684	149154	38759	2771	221983	216528	5455	8759	20	8739	607
# 私人	126289	104718	20309	1262	215481	210112	5369	8759	20	8739	155
2006年	233388	188563	41492	3333	221008	216475	4533	10351	439	9912	648
# 私人	163162	138760	23002	1400	215401	210932	4469	10351	439	9912	140
2007年	298280	239870	45384	13026	218738	214406	4332	12112	725	11387	751
# 私人	221801	184369	26878	10554	213957	209680	4277	12112	725	11387	154
2008年	375305	308420	50298	16587	219100	215010	4090	12763	4700	8063	842
# 私人	290783	245501	31898	13384	215313	211275	4038	12757	4699	8058	181
2009年	520622	441276	62932	16414	253653	251639	2014	15098	5641	9210	2324
# 私人	403195	347324	43213	12658	249451	247474	1977	15098	5641	9210	313
2010年	672275	572881	82361	17033	312693	310253	2440	18172	6464	11422	2873
# 私人	546834	473654	59529	13651	308761	306358	2403	18172	6464	11422	560
2011年	826223	712671	96161	17391	340740	339181	1559	20002	6814	12832	3521
# 私人	689957	604727	71360	13870	337480	335933	1547	20002	6814	12832	750
2012年	1001039	876321	107715	17003	375796	373989	1807	22949	7819	14493	4049
# 私人	856813	761391	82028	13394	372928	371126	1802	22949	7819	14493	942
2013年	1189387	1058547	114695	16145	365006	363081	1925	25954	8980	15900	4391
# 私人	1055542	953004	89766	12772	363903	361983	1920	25954	8980	15900	1160
2014年	1444002	1296480	129278	18244	377168	375074	2094	28188	9693	17239	5043
# 私人	1285080	1172006	99836	13238	374169	372080	2089	28188	9693	17239	1328
2015年	1688299	1540228	129994	18077	376321	374307	2014	29585	10748	17511	5768
# 私人	1522538	1408674	101230	12634	373522	371509	2013	29585	10748	17511	1558
2016年	1942362	1795437	131152	15773	275607	273899	1708	30694	11375	17983	6981
# 私人	1762027	1651429	100344	10254	272751	271043	1708	30694	11375	17983	8853
2017年	2177513	2039624	122812	15077	339770	337936	1834	29824	10987	17730	8968
# 私人	1978243	1880184	88705	9354	336076	334242	1834	29824	10987	17730	2209
2018年	2428064	2279041	133329	15694	338436	336612	1824	31749	12760	18169	9791
# 私人	2190072	2086715	94273	9084	336076	334242	1834	31749	12760	18169	2473
2019年	2648012	2487280	143553	17179	343820	342003	1817	29120			12791
# 私人	2384485	2275818	99478	9189	338089	336272	1817	29120			2790
2020年	2833006	2656811	157197	18998	362038	351781	10257	23574			15348
# 私人	2549808	2438836	101970	9002	355466	345234	10232				3463
2021年	3010353	2819168	172085		360404	329643	30761	23260			16375
# 私人	2712313	2599769	105304		357593	326932	30661				3722

注:1. 2021年年报中拖拉机(农机部门数据)未分大型、小型。

2. 2020年开展了电动摩托车的上牌整治活动,新注册轻便摩托车数量大幅增长;由于省交警总队表式调整,拖拉机无相关分组。

3. 2020年3月开始“机动车统计报表”中三轮汽车、低速货车划至载货汽车中。

11－3 公路里程与桥梁情况(2021年)

指标	单位	合计	国运公路	省运公路	市县公路	乡公路	村道
一、通车里程	公里	16299	1076	1801	2161	2710	8550
# 绿化里程	公里	13772	905	1562	1946	2361	6998
其中:高级	公里	15961	1076	1766	2154	2645	8321
简易	公里	80		13		26	42
二、常年养护里程	公里	16299	1076	1801	2161	2710	8550
三、桥梁	米	248427	154969	49790	15853	9859	17956
	座	3275	757	640	409	498	971

11－4　电信业务基本情况

指　　标	单位	2011 年	2012 年	2013 年	2014 年	2015 年
一、电信业务总量及收入						
电信业务总量	万元	990885	1073997	1141689	1643333	2088712
电信业务收入	万元	864138	942093	1027921	994611	995652
二、电信设备和服务能力						
光缆线路长度	公里	137803	161811	173035	190015	222696
# 长途光缆线路长度	公里	2285	2366	3031	3320	4244
移动电话基站	个	11835	15785	19408	30154	33374
互联网宽带接入端口	万个	176.88	239.23	202.57	254.34	268.4
三、电信主要业务						
固定电话通话时长	亿分钟	48.55	38.12	35.09	32.79	27.9
移动电话通话时长	亿分钟	428.85	457.67	486.07	471.95	484.5
移动短信业务量	亿条	96.2	97.89	86.79	70.05	67.6
移动电话年末用户	万户	898.48	984.45	1086.5	1118.2	1122.77
# 3G 移动电话用户	万户	98.52	216.7	380.96	494.59	416.9
4G 移动电话用户	万户				103.75	353.8
固定本地电话年末用户	万户	214.43	211.65	206.57	194.74	181.94
# 普通电话用户	万户	169.98	170.83	163.54	176.58	171.64
公用电话用户	万户	30.33	30.23	21.76	18.16	10.3
互联网宽带用户	万户	115.6	134.25	142.98	152.83	180.27

注：2019 年制度修订，公用电话用户指标取消。

11－4 续表

指　　标	单位	2016 年	2017 年	2018 年	2019 年	2020 年	2021 年
一、电信业务总量及收入							
电信业务总量	万元	3201210	2468859	6438951	10029578	12717582	1525300
电信业务收入	万元	1084510	1141809	1184780	1126082	1167662	1328900
二、电信设备和服务能力							
光缆线路长度	公里	261353	281728	315335	305862	303365	343393
# 长途光缆线路长度	公里	4140	4575	4549	4671	4605	4702
移动电话基站	个	42667	45400	50600	63304	75236	75200
互联网宽带接入端口	万个	582.93	635.44	751.21	657.5	648.85	675.06
三、电信主要业务							
固定电话通话时长	亿分钟	24.04	22.91	17.77	17.96	22.27	
移动电话通话时长	亿分钟	470.9	454.1	426.1	411.18	364.71	350.27
移动短信业务量	亿条	59.06	27.78	35.13	32.55	104.91	109.19
移动电话年末用户	万户	1047.7	1202.96	1250.86	1308.27	1320.95	1368.98
# 3G 移动电话用户	万户	93.9	92.59	99.67	55.57	30.64	6.33
4G 移动电话用户	万户	784.4	943.97	1027.49	1059.06	1053.39	955.43
固定本地电话年末用户	万户	170.69	152.97	156.38	155.86	150.07	144.54
# 普通电话用户	万户	160.24	144.96	145.95	155.86	84.59	82.96
公用电话用户	万户	10.45	8.01	1			
互联网宽带用户	万户	226.92	279.25	328.17	379.51	434.51	488.83

注：1. 2021 年电信业务总量使用 2020 年不变价格。
2. 2020 年电信业务总量使用 2015 年不变价格。
3. 固定电话时长因中国联通管理系统无法区分。

11－5 邮政业务基本情况

指标	单位	2013年	2014年	2015年	2016年	2017年	2018年	2019年	2020年	2021年
一、邮政行业业务总量及收入										
邮政行业业务总量	万元	211548	305265	422810	579942	828553	1128893	1552100	2118700	1308400
邮政行业业务收入	万元	184008	221701	269113	368747	481560	580336	747700	948100	1132400
二、邮政行业通信网络										
营业网点	处	863	1556	1540	1899	2068	2074	2943	3410	4347
# 快递营业网点	处	634	1370	1310	1669	1837	1842	1748	1952	1777
信筒信箱	个	309	309	306	306	301	244	275	275	273
邮路总长度	公里	1907	1931	2047	2339	2554	2121	3798	3326	1859
农村投递路线长度	公里	14706	14557	14706	14872	19773	17526	14656	14656	14297
城市投递路线长度	公里	11870	11864	11870	14513	16633	24998	19074	19046	20183
三、邮政普遍服务										
函件	万件	2120	1793	1569	1221	1209	1351	1317	1220	1480
订销报纸累计数	万份	15224	12207	12028	11701	12667	12928	11391	11032	15623
订销杂志累计数	万份	1809	847	821	746	657	654	615	627	787
四、快递服务										
快递业务量	万件	8682	13470	18676	26028	33134	44408	64123	93034	118868
# 国内同城快递	万件	1742	2163	4127	5770	8372	11872	13497	15164	15952
国内异地快递	万件	6775	10913	14062	19648	23640	31034	49488	77448	101820
国际及港澳台快递	万件	165	394	487	610	1122	1502	1147	422	1096
快递业务收入	万元	129107	165977	198518	282125	364503	442471	584240	755787	900898
# 同城	万元	12231	14446	34700	37429	62772	84645	74398	86051	98187
异地	万元	95004	111194	110111	158756	189115	242598	328011	444068	523016
国际及港澳台	万元	11660	16405	19995	25533	37184	41719	46008	28789	35708

注：2021 年邮政行业业务总量使用 2020 年不变价格，2020 年邮政行业业务总量使用 2015 年不变价格。

11-6 民用车辆拥有量(2021年)

单位:辆

指标	总计	营运	非营运	总计中:		
				#进口	#个人	#新注册
合计	**3387132**	**165658**	**3192996**	**231776**	**3073628**	**345487**
一、汽车	3010353	149711	2832164	228019	2712313	288231
1. 载客汽车	2819168	42306	2748384	227311	2599769	262389
大型	17305	15121	2014	95	37	663
中型	3930	450	2235	200	368	151
小型	2789347	26535	2735749	225252	2591558	261569
微型	8586	200	8386	1764	7806	6
在载客汽车中:轿车						
2. 载货汽车	172085	105690	66395	615	105304	24012
重型	47886	45900	1986	260	21691	6075
中型	4280	3280	1000		2379	297
轻型	118420	55755	62665	355	79766	17636
微型	40	2	38		25	4
在载货汽车中:普通载货						
3. 其他汽车						
# 三轮汽车	44	8	36		44	
低速货车	1415	745	670		1399	
三、摩托车	360404	16	360388	3747	357593	55490
1. 普通	329643	16	329627	3747	326932	34977
2. 轻便	30761		30761		30661	20513
四、拖拉机	23260		23260		23260	1048
五、挂车	16375	15931	444	10	3722	1766
六、其他类型车						

注:1. 2021年全市机动车驾驶员3762642人,其中:汽车驾驶员3685940人。
2. 2020年3月开始“机动车统计报表”中三轮汽车、低速货车划至载货汽车中。

12 国内外贸易、对外经济和旅游

长沙统计年鉴

12－1 历年社会消费品零售总额

单位：万元

年份	全市	市区	县区
1978	77191	45539	31652
1979	95027	56574	38453
1980	112891	66721	46170
1981	123518	73330	50188
1982	133437	77260	56177
1983	150016	88953	61063
1984	184280	113789	70491
1985	243928	159701	84227
1986	284219	187672	96547
1987	335287	222449	112838
1988	441905	299143	142762
1989	482953	331689	151264
1990	513871	363110	150761
1991	564467	404684	159783
1992	649946	469391	180555
1993	835459	592123	243336
1994	1159079	858308	300771
1995	1655077	1256370	398707
1996	1924013	1478084	445929
1997	2229804	1730180	499624
1998	2507440	1969477	537963
1999	2854019	2267977	586042
2000	3321613	2669100	652513
2001	3823830	3105442	718388
2002	4379470	3602472	776998
2003	5057128	3940616	1116512
2004	5943647	4633177	1310470
2005	6912442	5199309	1713133
2006	8079595	6060923	2018672
2007	9715761	7287745	2428016
2008	11813109	8801598	3011511
2009	13573325	10034272	3539053
2010	16220858	11799069	4421789
2011	19505532	14638919	4866613
2012	22231254	16573985	5657269
2013	25284617	18712375	6572242
2014	28314880	20683590	7631290
2015	31502425	22605983	8896441
2016	34819847	24583066	10236781
2017	38222477	26627789	11594688
2018	41692424	28814181	12878244
2019	45894043	31686226	14207817
2020	44697628	31024597	13673031
2021	51115732	35367337	15748395

注：根据第四次全国经济普查结果对1993－2019年社会消费品零售总额进行了调整。由于2003年以前未进行区域统计，故未对2003年以前市区、县区分组数据进行调整。1993－2002年全市数据与市区、县区分组数据之和存在差异。

12－2　分行业社会消费品零售总额

单位:万元

年　份	全　市	批发零售业	住宿餐饮业	其　他
1993	835459	622920	46608	165931
1994	1159079	868057	79121	211901
1995	1655077	1278041	100585	276451
1996	1924013	1464289	121422	338302
1997	2229804	1721170	159386	349248
1998	2507440	1887088	237897	382455
1999	2854019	2103875	323298	426846
2000	3321613	2444695	382903	494015
2001	3823830	3308505	478511	36813
2002	4379470	3771819	568728	38923
2003	5057128	4324156	688413	44559
2004	5943647	5065323	826946	51378
2005	6912442	5827325	1020732	64385
2006	8079595	6813635	1193443	72517
2007	9715761	8187983	1446195	81583
2008	11813109	9956699	1763593	92817
2009	13573325	11504156	1965279	103890
2010	16220858	14411005	1809853	
2011	19505532	17359190	2146342	
2012	22231254	19813380	2417874	
2013	25284617	22763498	2521119	
2014	28314880	25626829	2688051	
2015	31502425	28563406	2939019	
2016	34819847	31605585	3214262	
2017	38222477	34717779	3504698	
2018	41692424	37568788	4123636	
2019	45894043	41491804	4402239	
2020	44697628	40594288	4103340	
2021	51115732	46320236	4795496	

注:根据第四次全国经济普查结果对 1993－2019 年社会消费品零售总额进行了调整。因方法制度改革,从 2010 年开始取消行业分组中的“其他”。

12－3 限额以上批发和零售业法人企业商品购进、销售和库存(2021年)

单位:万元

指标	购进总额	销售总额	#通过公共网络实现的销售额	批发	零售	#通过公共网络实现的零售额	年末库存总额
总计	**63830653**	**63330487**	**7663945**	**44568491**	**18116706**	**3050507**	**4052745**
一、批发业	49261635	45385921	4691861	43407024	1343795	184658	2829583
1. 按登记注册类型分组							
内资企业	47722517	43118323	4608971	41222798	1260423	108067	2726432
国有企业	1871547	2312157	1384786	2312157			53290
有限责任公司	19519753	19986666	2346745	19152435	291876	14117	1189166
股份有限公司	7894845	1165318		1158738	6580		445555
私营企业	18432727	19650058	877440	18595369	961941	93949	1038368
其他企业	3644	4125		4099	26		53
港、澳、台商投资企业	412360	825249	82890	741876	83373	76592	27348
外商投资企业	1126758	1442349		1442349			75803
2. 按国民经济行业分组							
农、林、牧、渔产品批发	807254	746128		740326	1848		158852
食品、饮料及烟草制品批发	4295047	5177141	1453785	4462867	159122	22554	181690
纺织、服装及家庭用品批发	1549548	1912057	44792	1752790	155226	12608	180461
文化、体育用品及器材批发	1253136	1355613	7253	1286873	64866	4033	109260
医药及医疗器材批发	8302329	8988556	280729	8843972	130568	60585	743900
矿产品、建材及化工产品批发	29134144	22682184	2431772	22041946	609540	1338	1260097
机械设备、五金产品及电子产品批发	3197236	3475405	106414	3310641	141398	7285	173006
贸易经纪与代理	38519	40762		39668	1094		552
其他批发业	684423	1008076	367117	927941	80135	76257	21767
二、零售业	14569018	17944566	2972084	1161467	16772910	2865849	1223162
1. 按登记注册类型分组							
内资企业	12837878	15692891	2358221	1093897	14588805	2271715	1085935
国有企业	24670	30326	279		30326	279	2309
集体企业	11699	12651		1430	11222		523
有限责任公司	3817346	5369844	276322	235666	5134178	242833	398114
股份有限公司	870328	1340068	111602	107370	1232699	94302	84845
私营企业	8113835	8940002	1970018	749432	8180380	1934301	600144
港、澳、台商投资企业	1034011	1204418	332093	66341	1138077	312364	88419
外商投资企业	697128	1047258	281770	1229	1046029	281770	48808
2. 按国民经济行业分组							
综合零售	2471878	2828288	285481	94187	2732622	249524	191037
食品、饮料及烟草制品专门零售	432849	523598	27662	36662	486358	27652	25912
纺织、服装及日用品专门零售	449543	554201	132290	46580	507621	132289	57653
文化、体育用品及器材专门零售	828781	786177	31577	27299	751927	31214	140056
医药及医疗器材专门零售	701653	899566	113832	73640	825926	112270	102477
汽车、摩托车、零配件和燃料及其他动力销售	6996615	9169518	115174	705303	8464216	81709	581603
家用电器及电子产品专门零售	530848	573238	58505	36095	536568	57929	34145
五金、家具及室内装饰材料专门零售	162952	193339	3791	8775	184053	3791	17680
货摊、无店铺及其他零售业	1993900	2416643	2203774	132928	2283621	2169472	72600

12－4 限额以上住宿和餐饮业法人企业经营情况(2021年)

单位:万元

指标	营业额	客房收入	餐费收入	商品销售额	其他营业收入
总计	**1352217**	**221664**	**1019962**	**44395**	**66196**
一、住宿业	383790	201048	123081	13935	45726
1. 按登记注册类型分组					
内资企业	367024	190305	117753	13722	45244
国有企业	24830	10222	9147	885	4577
集体企业	9151	2569	4692	1645	245
有限责任公司	134336	58616	45406	9285	21029
股份有限公司	3864	1570	1675	21	598
私营企业	194844	117328	56834	1886	18795
港、澳、台商投资企业	16766	10743	5328	213	482
2. 按国民经济行业分组					
旅游饭店	250878	114973	94618	5922	35365
一般旅馆	117261	81788	24860	862	9751
民宿服务	3695	1391	2168	68	67
露营地服务	8012	952		7060	
其他住宿业	3945	1945	1435	22	543
二、餐饮业	968427	20616	896881	30459	20470
1. 按登记注册类型分组					
内资企业	677321	20616	613708	29028	13969
国有企业	4152		4152		
有限责任公司	223183	7047	201779	9295	5062
股份有限公司	682		431	251	
私营企业	449304	13569	407346	19482	8907
港、澳、台商投资企业	64662		61218	1110	2335
外商投资企业	226443		221956	322	4166
2. 按国民经济行业分组					
正餐服务	572729	20121	518496	20260	13852
快餐服务	334553		327221	1110	6223
饮料及冷饮服务	53133		43905	8874	354
餐饮配送及外卖送餐服务	3335		3262	49	24
其他餐饮业	4676	495	3997	166	18

12－5 限额以上零售业、住宿业和餐饮业连锁经营情况

指标	单位	合计		直营店		加盟店	
		2021年	2020年	2021年	2020年	2021年	2020年
门店数	个	10379	9363	6151	5477	4228	3886
年末零售营业面积	m^2	3714057	3448664	3429238	3195638	284819	253026
年末餐饮营业面积	m^2	671057	548401	309874	231360	361183	317041
餐位数	个	196881	181412	75348	59149	121533	122263
年末从业人员数	人	97306	91626	73677	67077	23629	24549
商品购进(采购)总额	万元	6565230	5312641	6267320	5046796	297910	265845
商品销售总额	万元	7628704	6354885	7181049	6016406	447655	338479
# 零售额	万元	6955984	5930019	6522288	5601263	433696	328756
营业额	万元	816456	633002	610141	437456	206314	195546
# 餐费收入及商品销售额	万元	808945	629605	602631	434059	206314	195546

12－6 限额以上批发企业主要财务状况(2021年)

指　　标	法人企业数(个)	#执行《2006年企业会计准则》企业数(个)	流动资产合计	#存货	固定资产原价
总　　计	**1221**	**653**	**17092658**	**3020019**	**1514136**
1. 按登记注册类型分组					
内资企业	1201	639	16333712	2925823	1467280
国有企业	5	5	565672	53975	149843
有限责任公司	146	116	8667551	1668951	675300
股份有限公司	13	12	781761	179188	167087
私营企业	1035	505	6316627	1023426	475039
其他企业	2	1	2101	283	11
港、澳、台商投资企业	8	5	309436	26858	32640
外商投资企业	12	9	449511	67338	14216
2. 按国民经济行业分组					
农、林、牧、渔产品批发	29	17	389654	103456	123839
食品、饮料及烟草制品批发	131	74	2580957	830020	656274
纺织、服装及家庭用品批发	102	47	777084	171777	77504
文化、体育用品及器材批发	118	61	391129	88157	54858
医药及医疗器材批发	188	112	5085950	710919	260318
矿产品、建材及化工产品批发	440	231	6493201	915567	243701
机械设备、五金产品及电子产品批发	188	101	1092468	177534	87871
贸易经纪与代理	3	1	4467	671	1594
其他批发业	22	9	277748	21918	8178

单位:万元

累计折旧	#本年折旧	资产总计	流动负债合计	负债合计	所有者权益合计	#实收资本
565665	**68889**	**21339014**	**12751574**	**15368371**	**6112887**	**3122082**
547905	64596	20465990	12124041	14635261	5972973	3037176
109863	4053	744084	240674	241450	502634	30507
207672	17366	11096853	6122869	8225495	2475776	1553176
75502	6394	1317234	521475	718433	1228773	183769
154861	36782	7305719	5237984	5448844	1764729	1268714
7	2	2101	1040	1040	1061	1011
10768	3654	343867	245828	246875	96992	17039
6991	640	529157	381705	486235	42922	67868
57311	5380	714716	264108	417504	277064	149032
249944	13095	3668908	683493	2590498	728182	158392
20550	4160	897799	654105	681283	207504	367289
17568	3390	468221	282725	310448	156321	72745
84771	18626	5703666	4189488	4373356	1306727	695708
98462	15011	8117222	5459626	5723816	2982254	1509386
34213	8695	1464737	998400	1050904	371651	151547
386	106	6432	4157	4157	2276	1600
2459	427	297313	215473	216405	80908	16383

12－6 续表

指 标	营业收入	#主营业务收入	营业成本	税金及附加	销售费用
总 计	**40502768**	**39856064**	**37312605**	**238612**	**1527240**
1.按登记注册类型分组					
内资企业	38480070	37834177	35795836	230841	1153522
国有企业	2061066	2055697	1659096	167172	22455
有限责任公司	17542497	17098303	16801634	23240	347567
股份有限公司	1064899	1061297	975135	1639	41802
私营企业	17807513	17614785	16356012	38785	741619
其他企业	4095	4095	3959	5	80
港、澳、台商投资企业	738637	738511	440600	4688	182491
外商投资企业	1284061	1283375	1076169	3083	191226
2.按国民经济行业分组					
农、林、牧、渔产品批发	710468	692793	697333	358	17552
食品、饮料及烟草制品批发	4512878	4151834	3715942	173787	344339
纺织、服装及家庭用品批发	1777245	1735806	1499688	5411	191732
文化、体育用品及器材批发	1240798	1230708	1107404	8788	39493
医药及医疗器材批发	8119369	8064702	7238012	19259	399669
矿产品、建材及化工产品批发	20284695	20165409	19643730	23225	232845
机械设备、五金产品及电子产品批发	3149435	3109234	2875033	4676	207633
贸易经纪与代理	36054	36054	35067	49	486
其他批发业	671826	669523	500396	3060	93491

单位:万元

管理费用	财务费用	#利息费用	营业利润	利润总额	应付职工薪酬（本年贷方累计发生额）	应交增值税
589961	**172007**	**204344**	**769673**	**792244**	**642059**	**391174**
562138	170846	202572	685934	706374	587819	335833
44674	-4647	3026	167454	166005	43291	46983
178747	117231	135045	200441	203831	183833	97622
30019	8207	13925	2585	5083	44054	11398
308678	50053	50574	315442	331442	316546	179786
20	2	2	13	14	96	44
16827	290	895	82122	81661	37777	35904
10996	872	877	1618	4209	16463	19438
15973	7588	7968	-36984	-32255	23787	629
108414	19168	27712	197468	200096	140698	96596
28533	5022	5405	42303	45886	39567	28756
29407	3074	3778	37131	37535	33836	18482
194522	62208	67524	237555	235236	191708	122887
140643	64402	81079	252066	264383	119713	76930
59208	9482	9601	-9590	-8604	72767	24676
315	12	12	124	130	415	116
12947	1051	1266	49601	49838	19570	22102

12－7 限额以上零售企业主要财务状况(2021年)

指标	法人企业数(个)	#执行《2006年企业会计准则》企业数(个)	流动资产合计	#存货	固定资产原价
总计	**881**	**533**	**5907803**	**1434209**	**2284303**
1.按登记注册类型分组					
内资企业	847	503	4989835	1291209	1933349
国有企业	2	2	10083	5250	9837
集体企业	3	1	14229	343	11747
有限责任公司	133	101	1946133	382805	604193
股份有限公司	5	5	668948	327714	786880
私营企业	704	394	2350443	575097	520692
港、澳、台商投资企业	19	17	546796	85289	195495
外商投资企业	15	13	371173	57711	155459
2.按国民经济行业分组					
综合零售	88	63	1127175	428959	1100535
食品、饮料及烟草制品专门零售	65	37	153902	26932	26955
纺织、服装及日用品专门零售	34	18	169446	54832	18397
文化、体育用品及器材专门零售	38	25	768996	131690	139166
医药及医疗器材专门零售	27	17	639537	102359	111822
汽车、摩托车、零配件和燃料及其他动力销售	368	237	1991188	561746	807847
家用电器及电子产品专门零售	86	49	332597	38610	24824
五金、家具及室内装饰材料专门零售	64	28	68823	18151	9174
货摊、无店铺及其他零售业	111	59	656139	70930	45583

单位:万元

累计折旧	#本年折旧	资产总计	流动负债合计	负债合计	所有者权益合计	#实收资本
866609	**122761**	**10554836**	**5300446**	**6761915**	**3782390**	**3360720**
742702	99041	8556302	4475478	5619774	2925996	2835265
3555	399	17619	6140	10666	6953	6198
1023	26	25724	11457	11515	13206	1224
238113	31977	3010545	1745310	2058894	944133	955914
305669	31018	2275824	667060	1247581	1028243	196876
194341	35621	3226590	2045510	2291118	933461	1675053
40646	14257	1323683	614045	820703	502980	120306
83261	9463	674851	210924	321437	353414	405150
404725	52947	3247769	1237292	2035582	1208900	605925
9144	2265	195731	95534	144874	43200	20131
8747	1872	198718	144536	151948	46720	20991
73536	7300	968694	603644	626443	341461	169598
20966	4410	1432745	641990	849695	582802	105385
314380	48177	3290920	1832234	2151399	1134367	1715424
10680	1560	376785	306232	323153	50274	42812
3399	1167	79346	62187	62103	13259	18826
21032	3062	764128	376797	416719	361407	661630

12－7 续表

指　　标	营业收入	#主营业务收入	营业成本	税金及附加	销售费用
总　　计	**15864473**	**15470503**	**13539299**	**62853**	**1375842**
1. 按登记注册类型分组					
内资企业	13833692	13532323	11893497	54408	1109846
国有企业	28877	27508	26383	164	1177
集体企业	11567	8390	9376	120	951
有限责任公司	4851483	4751216	4117944	15604	406858
股份有限公司	837916	782949	626901	11956	84341
私营企业	8103850	7962261	7112892	26564	616519
港、澳、台商投资企业	1183994	1107556	918615	4888	179829
外商投资企业	846787	830625	727187	3557	86167
2. 按国民经济行业分组					
综合零售	2117828	1985181	1632011	20544	307874
食品、饮料及烟草制品专门零售	476462	471185	399889	1484	29585
纺织、服装及日用品专门零售	519605	493584	360024	2032	103885
文化、体育用品及器材专门零售	772409	754951	503693	3756	111163
医药及医疗器材专门零售	867302	834438	655532	2472	151405
汽车、摩托车、零配件和燃料及其他动力销售	8256887	8113535	7586839	24326	313189
家用电器及电子产品专门零售	512040	502923	464400	1021	33533
五金、家具及室内装饰材料专门零售	168643	161585	137405	764	13202
货摊、无店铺及其他零售业	2173296	2153122	1799506	6455	312006

单位:万元

管理费用	财务费用	#利息费用	营业利润	利润总额	应付职工薪酬（本年贷方累计发生额）	应交增值税
579647	**100356**	**87347**	**472155**	**302290**	**741177**	**317426**
486225	86893	76234	421598	250150	614279	279337
1174	191	176	-167	7	2241	722
846	-4647	8	439	442	966	198
179382	13477	14038	309820	129318	273455	87625
87779	36825	37515	25411	25270	60459	16027
217045	36564	24498	86095	95114	277158	174765
52374	7764	8991	58446	59487	92020	25810
41047	5699	2122	-7888	-7348	34878	12279
166060	58536	46987	-11464	-12518	168981	37810
25298	1648	1133	198839	20008	21118	7593
30182	523	485	23677	23922	37382	12843
72507	-3295	1452	81633	80341	97082	4446
44701	8671	9995	40578	41953	96760	28814
150821	29019	24083	156595	162403	202877	177620
15898	2618	532	-7027	-5884	17669	5668
14626	396	349	1316	1914	9706	3794
59554	2242	2332	-11992	-9848	89604	38840

12－8　限额以上住宿企业主要财务状况(2021年)

指　　标	法人企业数(个)	#执行《2006年企业会计准则》企业数(个)	流动资产合计	#存货	固定资产原价
总　　计	**178**	**98**	**505170**	**9179**	**944071**
1. 按登记注册类型分组					
内资企业	177	97	500613	9057	941921
国有企业	5	4	29741	1831	63880
集体企业	1	1	13665	203	9442
有限责任公司	36	28	200507	2067	524020
股份有限公司	2	1	2487	55	41931
私营企业	133	63	254213	4901	302650
港、澳、台商投资企业	1	1	4557	122	2149
2. 按国民经济行业分组					
旅游饭店	66	46	427539	7056	763529
一般旅馆	101	47	63529	2032	130886
民宿服务	5	2	4384	53	3342
露营地服务	1	1	7671	4	4337
其他住宿业	5	2	2048	34	41976

单位:万元

累计折旧	#本年折旧	资产总计	流动负债合计	负债合计	所有者权益合计	#实收资本
533415	**34363**	**1797098**	**513155**	**1146558**	**362476**	**396410**
532214	33943	1791592	510341	1143744	359785	393953
39445	1770	66968	41370	54861	12107	22384
8796	273	15114	4536	4536	10579	3500
287537	18146	550259	202954	264299	285576	253673
25819	69	647080	616	358039	1832	2380
170617	13685	512172	260865	462009	49691	112017
1201	420	5505	2814	2814	2692	2457
414233	26407	947428	345803	594283	352406	324468
92029	6517	181640	154721	179744	1781	67105
800	428	8904	5747	7435	1469	1412
2077	801	10547	4183	4372	6175	2000
24275	210	648579	2701	360725	645	1425

12－8 续表

指　　标	营业收入	#主营业务收入	营业成本	税金及附加	销售费用
总　　计	**365524**	**352392**	**173507**	**7382**	**68731**
1. 按登记注册类型分组					
内资企业	349711	336580	162113	7285	67897
国有企业	23499	22600	10942	216	3003
集体企业	8645	8645	4293	112	1111
有限责任公司	126808	121403	58786	4681	26716
股份有限公司	3745	1814	1354	94	230
私营企业	187014	182118	86737	2181	36838
港、澳、台商投资企业	15812	15812	11394	98	834
2. 按国民经济行业分组					
旅游饭店	239168	232625	110340	6143	45318
一般旅馆	111405	107167	53530	1141	22873
民宿服务	3488	3488	3377	32	116
露营地服务	7558	7558	4463	13	228
其他住宿业	3905	1554	1797	53	196

单位:万元

管理费用	财务费用	#利息费用	营业利润	利润总额	应付职工薪酬（本年贷方累计发生额）	应交增值税
143003	**12381**	**10997**	**-28265**	**-25574**	**102525**	**8335**
139784	12381	10997	-28533	-25981	99258	8016
14277	-329	31	-5109	-4842	10395	603
3034	21		74	71	2035	93
55884	2564	2702	-10311	-9972	37857	2725
955	1051		-1357	-1403	661	118
65634	9074	8264	-11830	-9834	48311	4477
3219	-4647		268	408	3266	319
99930	9556	9817	-18641	-16926	71243	5603
40933	1402	807	-8656	-8043	29385	2526
260	137	135	-654	-627	505	39
669	228	231	1510	1532	871	82
1210	1058	7	-1824	-1508	521	85

12－9 限额以上餐饮企业主要财务状况(2021年)

指 标	法人企业数(个)	#执行《2006年企业会计准则》企业数(个)	流动资产合计	#存货	固定资产原价
总 计	**411**	**233**	**315607**	**20177**	**317546**
1.按登记注册类型分组					
内资企业	404	230	301688	16963	237540
国有企业	1	1	923	359	903
有限责任公司	138	112	112856	3478	74676
股份有限公司	1		810	26	2934
私营企业	264	117	187098	13101	159027
港、澳、台商投资企业	2	1	2100	889	24267
外商投资企业	5	2	11820	2325	55739
2.按国民经济行业分组					
正餐服务	279	121	280993	16035	221529
快餐服务	10	4	15105	3295	90786
饮料及冷饮服务	115	106	16250	681	2297
餐饮配送及外卖送餐服务	2	1	2301	12	387
其他餐饮业	5	1	959	155	2547

单位:万元

累计折旧	#本年折旧	资产总计	流动负债合计	负债合计	所有者权益合计	#实收资本
180324	**19590**	**685557**	**376659**	**564081**	**117542**	**220048**
143335	16707	512005	347261	415909	92162	205583
744	39	1785		905	880	
46558	5588	168264	139379	151169	17084	26653
1144	315	2501		2819	-318	
94889	10765	339454	207883	261016	74515	178930
12425	718	53073	22574	46760	6313	10360
24564	2166	120480	6823	101412	19067	4105
134831	13924	471880	337690	396071	72024	197822
43368	4816	187395	28145	153920	33475	20282
1286	633	20184	8621	11152	8883	215
245	50	2544	440	1119	1425	983
595	167	3555	1763	1819	1736	747

12－9 续表

指　　标	营业成本	#主营业务成本	主营业务税金及附加	销售费用	管理费用
总　　计	**911511**	**892729**	**513123**	**2386**	**252510**
1. 按登记注册类型分组					
内资企业	637068	621762	376152	1907	163074
国有企业	3703	3703	2696	31	254
有限责任公司	212926	212024	103015	604	81911
股份有限公司	662	662	434	20	359
私营企业	419776	405373	270006	1253	80551
港、澳、台商投资企业	60976	60976	19454	62	35007
外商投资企业	213468	209991	117517	417	54429
2. 按国民经济行业分组					
正餐服务	538588	524048	314367	1841	134734
快餐服务	315725	312249	174955	480	89803
饮料及冷饮服务	49342	48577	18893	55	26548
餐饮配送及外卖送餐服务	3293	3293	2751	2	129
其他餐饮业	4563	4563	2157	9	1297

单位:万元

管理费用	财务费用	#利息支出	营业利润	利润总额	应付职工薪酬（本年贷方累计发生额）	应交增值税
98346	**11189**	**8795**	**34727**	**39258**	**214213**	**7032**
75180	7498	6549	13413	19345	144650	6278
379	32	2	412	412	626	10
17118	2333	2464	9037	11537	48503	1668
108	26	26	-286	-255	362	
57575	-4647	4058	4249	7651	95160	4599
3477	1426		1493	850	23840	651
19688	2266	2246	19821	19063	45723	103
72975	7099	6220	7185	12886	123256	5844
23388	4002	2548	23874	22355	77599	787
982	51		3328	3527	11569	289
371	22	22	18	21	680	9
630	16	6	321	470	1110	104

12－10 亿元以上商品交易市场基本情况(按市场类别分组)(2021年)

指　　标	市场数量(个)	总摊位数(个)	年末出租摊位数(个)	营业面积(m^2)	成交额(万元)
总　　计	**54**	**60692**	**48898**	**5858475**	**35278245**
一、按市场类别分组					
1. 综合市场	12	28466	20478	3041581	18735301
综合贸易市场	12	28466	20478	3041581	18735301
工业消费品综合市场	4	10665	10338	1492307	7760917
农产品综合市场	3	5082	5082	552934	10164516
其他综合市场	5	12719	5058	996340	809868
2. 专业市场	42	32226	28420	2816894	16542944
生产资料市场	10	9092	7104	436885	6873783
木材市场	1	170	170	18600	20900
建材市场	6	1944	1844	209895	194643
金属材料市场	1	2150	274	180000	6500000
机械设备市场	1	4160	4160	4200	139300
其他生产资料市场	1	668	656	24190	18940
农产品市场	3	6257	6179	887422	4825184
水产品市场	1	313	241	17972	306990
蔬菜市场	1	291	285	2350	16724
干鲜果品市场	1	5653	5653	867100	4501470
食品、饮料及烟酒市场	1	312	287	7600	19740
烟酒市场	1	312	287	7600	19740
纺织、服装、鞋帽市场	7	5656	4623	138678	184721
服装市场	7	5656	4623	138678	184721
日用品及文化用品市场	3	785	611	43965	468224
文具市场	1	57	57	12500	18300
图书、报刊市场	1	420	408	12585	184362
其他日用品及文化用品市场	1	308	146	18880	265562
黄金、珠宝、玉器等首饰市场	1	50	25	18500	130237
电器、通讯器材、电子设备市场	5	1308	1267	64026	933243
照相、摄像器材市场	2	370	340	23599	52198
计算机及辅助设备市场	3	938	927	40427	881045
家具、五金及装饰材料市场	8	6498	6132	839149	1319196
家具市场	2	295	295	43080	28013
装饰材料市场	4	4831	4620	506262	992943
五金材料市场	2	1372	1217	289807	298240
汽车、摩托车及零配件市场	4	2268	2192	380669	1788616
汽车市场	1	472	472	320000	1697200
摩托车市场	1	125	125	2800	26836
机动车零配件市场	2	1671	1595	57869	64580

12－11 亿元以上商品交易市场基本情况(按摊位类别分组)(2021年)

指　　标	年末出租摊位数(个)	成交额(万元)
总　　计	**48898**	**35278245**
1. 粮油、食品类	12794	16397980
2. 饮料类	551	286879
3. 烟酒类	1555	1545774
4. 服装、鞋帽、针纺织品类	5307	655328
5. 化妆品类	152	59328
6. 金银珠宝类	71	133392
7. 日用品类	1509	927264
8. 五金、电料类	4495	1687269
9. 体育、娱乐用品类	269	194338
10. 书报杂志类	326	131830
11. 电子出版物及音像制品类	97	53357
12. 家用电器和音像器材类	1125	423399
13. 中西药品类	318	563166
14. 文化办公用品类	1442	1245433
15. 家具类	998	150777
16. 通讯器材类	335	184983
17. 煤炭及制品类	1	10000
18. 木材及制品类	692	38137
19. 石油及制品类	301	20208
20. 化工材料及制品类	301	250932
21. 金属材料类	403	6513729
22. 建筑及装潢材料类	8394	1365575
23. 机电产品及设备类	2864	245362
24. 汽车类	3061	1904637
25. 种子饲料类	5	391
26. 棉麻类	7	253
27. 其他类	1525	288524

12－12 利用外商直接投资

单位:万美元

项目	实际利用外资	
	2021年	2020年
合计	**200734**	**728167**
一、按行业分		
1.农、林、牧、渔业	1359	1048
2.制造业	16394	229853
3.电力、燃气及水的生产和供应业	778	
4.建筑业	876	1744
5.交通运输、仓储和邮政业	71171	28442
6.信息传输、计算机服务和软件业	9850	19377
7.批发和零售业	6441	44423
8.住宿和餐饮业		928
9.金融业	1256	14896
10.房地产业	40007	345605
11.租赁和商务服务业	13118	7330
12.科学研究、技术服务和地质勘查业	39474	30295
13.教育		212
14.文化、体育和娱乐业	10	4014
二、按企业类型分		
中外合资企业	19093	227897
中外合作企业		3151
外资企业	181641	447544
外商投资股份制		49575
三、按主要国别(地区)分		
# 中国香港	186339	549108
中国台湾	60	14566
美国	129	3849
新加坡		19850
英属维尔京群岛		33638
日本	1216	24432
韩国	1	1651
澳大利亚	60	
意大利		8551
加拿大	5	4164
英国	1468	10593
德国	2980	20569

注:2021年实际利用外资统计口径发生调整。

12－13 对外贸易进出口总值

单位:万元

项目	2016年	2017年	2018年	2019年	2020年	2021年
进出口总额	**7267050**	**9380209**	**12833395**	**20024105**	**23525439**	**27802803**
1.出口	4857448	5878919	8231473	13972895	15484441	19774600
2.进口	2409602	3501290	4601922	6051210	8040998	8028200

12－14 主要进出口商品总值

单位：万元

指　　标	2016 年		2017 年		2018 年	
	出口	进口	出口	进口	出口	进口
一、机电产品	2626610	1568634	3222001	2233091	4148504	2892566
# 金属制品	266871	43184	286761	52784	547178	40149
机械设备	645313	542247	762070	706368	889916	765391
电器及电子产品	1224930	436598	1640566	775508	1878393	1075512
运输工具	321133	378129	330026	441948	341541	512949
仪器仪表	59271	150508	87402	220203	215756	425129
二、高新技术产品	1100149	586303	1459262	936143	1670641	1467462
# 生物技术	5547		920		1493	
生命科学技术	74174	25880	83382	29552	100487	30105
光电技术	8903	44853	7435	63324	13515	130980
计算机与通信技术	872080	117584	1131000	95764	1285484	183451
电子技术	109218	259909	191805	478720	209563	741425
计算机集成制造技术	26672	121488	35308	243778	48687	243252
航空航天技术	2091	14093	1586	15705	1882	22745
三、农产品	278852	203570	309765	309151	320353	481323

12－14 续表

单位：万元

指　　标	2019 年		2020 年		2021 年	
	出口	进口	出口	进口	出口	进口
一、机电产品	6986085	3389854	7735151	4538157	8981419	3302753
# 金属制品	853539	63467	847038	35116		
机械设备	1271221	602615	1302445	1009018		
电器及电子产品	3236559	1667898	3652188	2537502		
运输工具	376159	562882	382658	549756		
仪器仪表	551596	402877	762320	383354		
二、高新技术产品	2939167	1991402	3003411	3248264	3011014	2490742
# 生物技术	2390	31	2024		2086	846
生命科学技术	177160	28341	207779	25394	182230	25150
光电技术	35230	75902	30404	79612	73777	113230
计算机与通信技术	1982438	164030	1825350	512229	2253080	513380
电子技术	598789	1397576	765060	2238716	371247	1049802
计算机集成制造技术	99074	157845	129265	262508	92660	765265
航空航天技术	3387	24983	16415	14762	11399	15905
三、农产品	321395	899176	319271	1085941	391577	974373

12－15 进出口商品主要产销国别(地区)总值

单位:万元

国家(地区)	2021年		2021年比2020年±%	
	出口	进口	出口	进口
合　　计	**15978730**	**6196796**	**23.0**	**－5.3**
#德　国	455711	371270	25.2	－32.2
法　国	167149	20015	1.2	－27.8
英　国	482678	30263	21.3	－7.8
意大利	183568	44946	82.7	10.4
西班牙	167880	20562	46.2	－36.3
比利时	314544	30572	26.6	84.5
荷　兰	391091	326964	39.6	－13.3
印度尼西亚	370110	426763	83.5	622.2
马来西亚	542161	229717	22.1	－20.4
菲律宾	532872	32996	29.5	12.9
新加坡	228579	57739	－62.5	10.5
泰　国	597127	653007	37.8	1.5
越　南	1045189	160010	10.4	－68.3
美　国	3481109	269903	81.3	－26.5
中国香港	2370655	13760	－13.6	674.1
韩　国	824889	765721	28.2	－7.3
日　本	439999	758946	38.3	37.6
澳大利亚	311352	759291	22.7	121.1
印　度	559341	103966	55.5	60.6
墨西哥	256464	36584	125.0	－35.2
加拿大	386860	89161	39.8	－36.2
中国台湾	263090	833353	16.3	－39.2
沙特阿拉伯	346797	8708	13.4	54.2
巴　西	244325	34499	66.2	－63.5
俄罗斯联邦	480417	96157	－29.0	42.0
阿联酋	400843	20810	99.5	1328.0
巴基斯坦	133931	1111	48.3	－15.4

12－16 旅游业基本情况

项　　目	单　位	2016 年	2017 年	2018 年	2019 年	2020 年	2021 年
一、接待旅游者总人数	万人次	12450.0	14218.8	14973.5	16832.6	15194.3	11479.3
接待国内游客	万人次	12328.5	14089.6	14843.1	16699.6	15190.7	11475.5
接待海外游客	人次	1215203	1292000	1303686	1329766	36297	37911
外国人	人次	692827	713834	703576	664640	18053	24755
港澳台胞	人次	522376	578166	600110	665126	18244	13156
二、旅游业总收入（人民币）	亿元	1534.8	1659.9	1808	2029	1661.3	1290.2
国内旅游收入（人民币）	亿元	1482	1625	1767	1983.4	1660.6	1289.5
旅游创汇（美元）	万美元	79628	51661	61988	65932	1097.5	993.5
三、接待海外旅游者人天数	万人天	416.7	248.8	323.6	329.1	7.96	6.7
# 外国人	万人天	251.1	142.5	178.4	174.7	4.18	5.1
四、旅行社总数	个	290	329	330	420	472	520
出境组团社	个	52	59	68	68	69	69
非出境组团社	个	238	270	262	352	403	451
五、星级饭店总数	个	62	56	46	45	43	41
五星级	个	9	9	9	10	10	10
四星级	个	21	21	20	20	20	20
三星级	个	26	21	17	15	13	11
二星级	个	6	5				
星级饭店客房总数	间	12639	11755	11003	11001	10686	10521

注：2017 年开始旅游数据统计口径发生变化。2017 年按照原口径：接待旅游者总人数 13802.3 万人次，接待国内游客 13673.1 万人次；旅游业总收入（人民币）1770.1 亿元，国内旅游收入（人民币）1713.6 亿元，旅游创汇（美元）84519.2 美元；接待海外旅游者 421.7 万人天，其中外国人 255.5 万人天。

12－17 接待国际游客按国别(地区)分

单位:人次

国别(地区)	2016年	2017年	2018年	2019年	2020年	2021年
接待国际游客总数	1215203	1292000	1303686	1329766	36297	37911
港澳台胞	522376	578166	600110	665126	18244	13156
港澳同胞	391360	328494	372667	445711	11968	7398
台　胞	131016	249672	227443	219415	6276	5758
外国人	692827	713834	703576	664640	18053	24755
#美　国	43006	28939	42476	30298	1150	2949
日　本	31776	45499	61362	45100	1958	3886
韩　国	368651	71455	120508	180633	3430	5032
加拿大	11800	16458	16944	12966	568	1017
西班牙	2709	2941	5069	5996	217	129
马来西亚	2235	39488	38177	36899	918	335
新加坡	19749	21393	20152	26084	618	578
德　国	44682	12529	17166	20309	566	866
法　国	11263	12475	15969	17265	463	235
瑞　典	3051	2783	3712	4352	113	48
英　国	18960	14570	22253	20323	545	346
澳大利亚	14012	12523	14875	11510	427	420
俄罗斯	18268	14039	17184	14991	524	121

13 服务业

长沙统计年鉴

13－1 规模以上服务业企业财务状况(2021年)

指　　标	单位数	资产总计	负债合计	所有者权益合计	# 实收资本
总　　计	**1717**	**166074272**	**97663117**	**68411155**	**20790631**
交通运输、仓储和邮政业	184	80067479	52162660	27904819	7650977
铁路运输业	4	4794272	2928097	1866175	2456733
道路运输业	112	70371036	45896854	24474181	3415185
水上运输业	8	218693	113850	104842	64125
航空运输业	3	3141057	2243570	897486	985397
管道运输业	1	46914	16660	30254	3884
多式联运和运输代理业	23	216641	143903	72738	39814
装卸搬运和仓储业	22	1000560	564159	436401	178438
邮政业	11	278307	255566	22741	507400
信息传输、软件和信息技术服务业	263	7830059	3622908	4207151	2576091
电信、广播电视和卫星传输服务	23	3457913	1127589	2330325	1017763
互联网和相关服务	65	2051652	1374658	676994	945010
软件和信息技术服务业	175	2320494	1120661	1199833	613318
房地产业	174	3745265	2574326	1170938	401863
物业管理	125	836778	666364	170414	116823
房地产中介服务	19	129336	113892	15443	2970
房地产租赁经营	30	2779151	1794070	985081	282070
租赁和商务服务业	353	15671746	8405736	7266010	2235157
租赁业	30	111535	91657	19877	34260
商务服务业	323	15560212	8314079	7246133	2200897
科学研究和技术服务业	310	9823794	5181030	4642764	1971286
研究和试验发展	23	1206177	508628	697548	537890
专业技术服务业	263	7221736	3837655	3384081	1242884
科技推广和应用服务业	24	1395882	834746	561135	190512
水利、环境和公共设施管理业	60	36335854	19829292	16506562	3218133
生态保护和环境治理业	36	850527	560265	290262	169155
公共设施管理业	11	225983	134987	90996	67645
土地管理业	13	35259345	19134040	16125305	2981333
居民服务、修理和其他服务业	75	400276	349555	50720	35126
居民服务业	37	361118	330987	30131	24341
机动车、电子产品和日用产品修理业	13	4698	2556	2142	1205
其他服务业	25	34460	16013	18447	9580
教育	34	188723	130064	58659	51203
教育	34	188723	130064	58659	51203
卫生和社会工作	65	2833858	1493472	1340387	771690
卫生	62	2809917	1475006	1334912	766680
社会工作	3	23941	18466	5475	5010
文化、体育和娱乐业	199	9177219	3914075	5263144	1879105
新闻和出版业	25	1925560	335235	1590325	389728
广播、电视、电影和录音制作业	86	5770609	2252546	3518063	1280067
文化艺术业	13	58284	24091	34194	5083
体育	13	59903	51129	8774	19618
娱乐业	62	1362863	1251075	111788	184610

注:2022年7月,按国家统计局要求,规模以上服务业历年名录库剔除不得通过联网直报平台报送数据的单位。

单位:万元

流动资产合计	#应收账款	#存货	固定资产原价	累计折旧	#本年折旧	无形资产	#土地使用权	营业收入
68819525	**5382766**	**21699453**	**68957303**	**6863982**	**941338**	**5917941**	**2515806**	**28124592**
13013920	688493	197855	57348443	2446552	372234	4013901	1561672	6449519
81863	7679	2227	4205924	628882	90199	1110100	1110084	254181
11500190	448713	71821	50639546	1070095	166538	2514916	66970	4062420
61267	6920	1614	123688	46367	3281	20250	20217	95554
584344	27829	2227	1794217	510115	72802	245410	242656	275649
12249	608	2008	37449	9115	1246	645	468	42203
147651	57879	519	49790	12694	4227	11277	11074	520982
429458	20291	114471	393186	125934	20464	106441	105388	362956
196900	118575	2967	104642	43350	13478	4863	4815	835575
4006436	735815	210659	4421241	2610775	285401	167661	72678	4683563
917401	134395	9929	3984315	2466884	257151	78016	52207	1676838
1337007	146313	61486	148625	50927	8841	44994	3236	1092402
1752029	455108	139244	288301	92964	19408	44651	17235	1914322
1476997	192158	94288	615035	214648	29065	306605	282896	1142213
612988	128751	20801	106126	46841	7768	17112	16829	785757
120578	49608	152	4389	2526	297			202516
743431	13800	73336	504520	165281	21001	289493	266067	153940
6561311	681956	720274	2691071	350299	54405	130563	120435	4473197
71678	32558	15199	56991	26952	8110			80934
6489632	649398	705075	2634081	323347	46295	130563	120435	4392263
5911633	1173636	434111	1208577	412086	67599	259155	183524	5188412
468911	46711	18660	143028	56026	9542	36356	34595	256657
5125175	1090840	398300	891980	302194	48073	156279	133118	4818906
317547	36085	17151	173569	53866	9984	66520	15812	112849
30765295	1231922	19480523	713454	78350	22723	118735	59970	2020547
392797	132816	29375	99702	28064	8711	73456	15577	248460
125740	15990	42544	23499	14505	3554	309	190	58039
30246759	1083116	19408604	590253	35781	10458	44970	44203	1714048
304043	16430	39617	54930	18162	4734	5577	4245	312635
273045	6738	38008	45301	14196	4091	5573	4244	244147
2629	998	290	1780	926	116			15804
28369	8694	1320	7849	3039	527	4		52685
85548	3761	438	107640	27427	5039	15159	14281	248754
85548	3761	438	107640	27427	5039	15159	14281	248754
1242522	116361	29850	396984	180220	26088	88714	78266	773056
1234289	115703	29847	396060	179830	25975	88714	78266	768566
8234	658	3	924	390	112			4490
5451820	542232	491839	1399929	525464	74051	811871	137838	2832696
1015038	35541	70400	218008	91379	9613	65179	62752	437562
3731419	477459	198116	441841	257646	23917	654739		2126586
35062	927	1794	22368	5296	1678	111		29238
12851	1076	107	43283	23163	2202	8771	8325	18543
657451	27230	221423	674429	147980	36640	83070	66761	220767

13－1 续表

指　　标	营业成本	税金及附加	销售费用	管理费用	财务费用
总　　计	**21937922**	**311005**	**1657537**	**2114086**	**1725454**
交通运输、仓储和邮政业	5020244	41389	62025	338279	1469330
铁路运输业	290925	449	283	6046	114092
道路运输业	2670314	29163	20515	192132	1317496
水上运输业	83942	331		6507	971
航空运输业	333408	5200	8669	33947	18801
管道运输业	28561	146	3494	1563	－210
多式联运和运输代理业	539813	454	10105	11724	2446
装卸搬运和仓储业	304889	4551	11516	39001	11945
邮政业	768393	1095	7443	47360	3788
信息传输、软件和信息技术服务业	3126151	18108	729616	397195	43179
电信、广播电视和卫星传输服务	1043948	3924	178723	74952	10723
互联网和相关服务	795631	4307	407826	143472	26819
软件和信息技术服务业	1286572	9877	143068	178771	5637
房地产业	872017	18677	36000	132911	45702
物业管理	641670	5082	5279	82881	4621
房地产中介服务	166074	1103	21186	14829	393
房地产租赁经营	64274	12492	9535	35201	40688
租赁和商务服务业	3894432	31804	132013	289295	99016
租赁业	68074	577	1896	7506	1175
商务服务业	3826358	31227	130117	281789	97840
科学研究和技术服务业	4058908	27024	138152	403579	32186
研究和试验发展	167449	2392	7924	43818	6091
专业技术服务业	3814614	23439	121439	337546	7211
科技推广和应用服务业	76845	1192	8790	22215	18884
水利、环境和公共设施管理业	2010864	124835	8001	53784	30110
生态保护和环境治理业	187743	2129	4562	21084	6580
公共设施管理业	42612	274	609	6567	1029
土地管理业	1780509	122432	2830	26133	22501
居民服务、修理和其他服务业	214970	1785	46134	50790	1695
居民服务业	163099	1381	41765	43632	1522
机动车、电子产品和日用产品修理业	10589	124	1045	1404	33
其他服务业	41282	280	3323	5754	140
教育	134850	742	81765	34426	1941
教育	134850	742	81765	34426	1941
卫生和社会工作	485224	882	85516	125314	12053
卫生	481241	881	85298	124276	11825
社会工作	3983	2	218	1038	228
文化、体育和娱乐业	2120262	45760	338314	288514	－9758
新闻和出版业	286376	3947	67478	81332	－14234
广播、电视、电影和录音制作业	1633663	38107	227530	158774	－31011
文化艺术业	22447	175	3262	7089	296
体育	13073	281	1922	4641	656
娱乐业	164704	3251	38122	36678	34534

单位:万元

投资收益	营业利润	营业外收入	营业外支出	利润总额	所得税费用	应付职工薪酬	研发费用	应交增值税	平均用工人数(人)
880578	**1306269**	**392970**	**62925**	**1636315**	**221108**	**4834916**	**683358**	**609267**	**416829**
53052	-164552	37937	8408	-135022	50543	962005	22538	114928	88519
	-111902	24	699	-112577	-13	31017	1308	2587	1404
45087	4779	31117	4286	31611	32032	531059	16275	97087	52285
657	5899	381	80	6200	756	11805	548	494	931
5664	-96161	1928	1023	-95256	3657	130904	921	916	6929
	8642	2		8643	2174	2474	19	842	130
1635	15447	579	44	15982	3069	14838	980	1842	1274
7	-2199	2715	485	31	4789	96321	2486	5024	8983
3	10943	1191	1791	10343	4080	143586	2	6136	16583
-29252	88481	35734	11072	113142	62493	815776	280394	133295	53577
17992	371315	5163	6685	369793	45088	173377	5896	59384	8203
-55706	-403208	13744	2743	-392208	3519	180975	75157	16639	13559
8462	120373	16828	1644	135557	13885	461423	199342	57272	31815
18326	59588	4660	1798	62450	17109	307995	2307	37996	41660
1388	47643	2489	1063	49068	12531	237938	2307	23403	36142
-38	-2368	347	140	-2161	1496	44566		8633	3770
16976	14313	1825	595	15543	3082	25491		5960	1748
88078	144705	35863	5906	174662	17708	776942	10762	109892	107417
1	823	1423	189	2057	163	11081	245	2773	1218
88077	143882	34440	5717	172605	17545	765861	10517	107119	106199
215676	488344	24394	10829	501910	44886	994011	279798	108439	58790
14714	22033	6852	1040	27845	3496	68900	27450	5017	3727
130101	416678	14592	8366	422904	40887	905395	248208	101145	53741
70862	49634	2951	1424	51161	503	19717	4140	2276	1322
33491	196627	235596	7477	424745	7006	63786	11996	55402	5786
18728	36187	793	461	36519	2368	23941	10175	4809	2282
316	6444	481	222	6703	1425	13003	1530	1422	2070
14447	153995	234322	6794	381524	3212	26842	291	49172	1434
-157	-3497	1202	1785	-4080	1561	126624	4077	8770	15086
-167	-6998	963	1726	-7761	1310	103257	3031	6586	9594
	2420	23	1	2443	83	1936	201	405	329
11	1081	216	59	1238	167	21432	845	1779	5163
-2552	-12826	978	1783	-13631	1892	83011	7025	2727	6918
-2552	-12826	978	1783	-13631	1892	83011	7025	2727	6918
190109	204901	3948	2805	206044	13356	233130	22589	3963	17556
190094	205809	3844	2803	206850	13356	231087	22589	3957	17222
15	-908	104	2	-806		2043		6	334
313807	304498	12658	11063	306094	4553	471636	41873	33856	21520
3462	-39406	1354	1040	-39092	13	96527	3058	11015	4064
310204	397676	5585	6732	396529	696	312282	34442	17285	10484
37	3273	3754	28	6999	1024	10415	258	476	1107
	-2037	89	45	-1992	8	4906	76	381	891
103	-55008	1876	3219	-56351	2812	47506	4039	4700	4974

14 教育和科技

长沙统计年鉴

14－1 历年高等学校情况

单位：人

年 份	学校数(所)	招生数	毕业生数	在校学生数	校本部教职工数
1949	2			2685	1359
1950	2		428	2450	1558
1952	4	3240	973	6109	1604
1953	5	2836	1399	6490	2256
1955	6	2636	2054	8374	2834
1957	6	3448	1551	13557	3923
1958	10	8083	2494	18839	4407
1960	21	10354	2955	29104	6462
1962	12	3006	4528	25477	7756
1965	9	4973	5435	19412	8038
1966	8	196	1198	18972	8330
1970	7	2288	7688	5837	8486
1975	8	6357	5757	18390	13474
1976	8	5425	6590	16620	13953
1977	8	7168	5902	16544	14830
1978	8	6937	4619	18895	15778
1979	11	7369	4235	21549	16382
1980	11	6702	817	28491	16719
1981	10	7994	761	30720	12815
1982	11	6592	11459	25641	14168
1983	12	8498	7186	26600	15110
1984	14	9783	6346	30035	16193
1985	23	13831	6661	37182	18734
1986	21	11178	7632	40458	19886
1987	21	13121	11333	43114	20510
1988	22	14472	11103	46022	21902
1989	22	12550	12896	46444	21956
1990	21	12787	12726	46041	22297

14－1 续表

单位:人

年份	学校数(所)	招生数	毕业生数	在校学生数	校本部教职工数
1991	21	13327	12953	45810	22655
1992	21	15470	12404	48050	18244
1993	21	18769	11737	55810	18270
1994	21	18455	12857	61641	18531
1995	21	19532	15911	64866	18222
1996	21	20013	16365	67420	18205
1997	20	21444	17119	72020	18473
1998	20	23570	17484	78050	18408
1999	23	35823	19152	94493	19913
2000	23	49391	19777	125582	21165
2001	29	54329	21289	158158	24568
2002	30	73379	29094	201881	26331
2003	37	94527	48597	268613	29145
2004	39	107979	60985	329424	33950
2005	45	130337	79277	394399	37698
2006	45	132662	97149	418132	39378
2007	48	147825	108698	454288	47887
2008	49	155192	129419	483917	49401
2009	48	158215	130626	504111	50509
2010	48	149977	140840	508254	50267
2011	50	148780	143310	516765	50930
2012	50	157679	151428	523174	50902
2013	50	169685	153703	530635	51339
2014	50	168438	142835	547514	52972
2015	51	171791	143705	569400	51232
2016	51	179273	151137	590020	51733
2017	51	184950	159359	610379	52666
2018	51	197243	164868	635950	53167
2019	51	210500	172684	665860	55207
2020	52	220743	177151	697407	55925
2021	52	222074	185102	726846	56434

14－2 历年中等职业学校情况

单位：人

年　份	学校数(所)	招生数	毕业生数	在校学生数	校本部教职工数
1949	16			2296	513
1950	19	638	311	4955	283
1952	12	2227	708	6069	887
1953	11	1532	1246	6305	966
1955	10	2307	1135	5445	872
1957	16	1573	2057	10006	1900
1958	28	10438	2131	17457	2046
1960	32	11685	1699	28055	2229
1962	15	112	1751	8302	1827
1965	21	3420	2734	7771	2188
1966	12	132	899	5756	1894
1970	8	540	187	676	922
1975	21	3647	2582	9871	2722
1976	21	2964	4040	8171	2878
1977	21	5162	5529	7519	4149
1978	23	5509	2342	9782	3853
1979	30	4497	302	14492	4149
1980	31	4737	5699	12641	4408
1981	31	5054	6512	11425	4928
1982	32	5687	4110	13436	5508
1983	33	6398	4696	14762	5658
1984	32	6521	5746	15621	5622
1985	32	8469	5869	18218	4851
1986	34	6841	6160	18366	4898
1987	39	8457	8701	18681	6111
1988	40	10427	6002	23037	6074
1989	39	9256	5994	26152	6915
1990	40	8140	8581	25626	7926

14－2 续表

单位:人

年份	学校数(所)	招生数	毕业生数	在校学生数	校本部教职工数
1991	42	9540	8613	26480	7118
1992	43	13091	8536	30554	6157
1993	43	19526	8352	39202	6399
1994	42	16944	7153	47272	6689
1995	42	18477	9508	55438	6352
1996	47	23704	14060	66195	7065
1997	46	27215	16186	76808	6856
1998	47	29772	20282	85987	6899
1999	40	21406	15752	70406	4395
2000	40	19334	24192	84113	5238
2001	40	19478	25748	77270	5378
2002	24	22100	25465	64948	2588
2003	105	45505	30059	107475	6041
2004	112	48194	30227	116187	5697
2005	104	43902	36938	112698	4858
2006	84	42673	41176	123870	5935
2007	81	43490	51593	113018	5855
2008	78	39042	38980	99693	6141
2009	79	65028	39894	137568	6417
2010	67	41159	53368	113709	5708
2011	59	46540	35083	115596	4794
2012	50	43426	47767	120945	4890
2013	50	40367	30648	108232	4379
2014	52	33483	24603	86670	4019
2015	50	33929	21947	91472	4087
2016	51	35891	26565	93027	4325
2017	56	40032	27162	104685	4784
2018	57	42932	30231	111596	5447
2019	57	42995	31745	116484	6136
2020	57	38570	35337	114643	5844
2021	59	41591	38657	114845	6768

注:1. 2003 年开始,中等职业教育报表制度改革,现行报表制度包括前普通中专、职业高中。2002 年及以前年份的数据是中等专业学校情况。

2. 2014 年部分数据调整。

14－3 历年普通中学情况

单位：人

年份	学校数(所)	招生数	毕业生数	在校学生数	教职工数
1949	45			11347	1237
1950	38	4540	2352	10335	819
1952	40	7938	3387	23222	1289
1953	37	9950	5667	26384	1674
1955	37	11441	10172	31460	2199
1957	112	13864	10640	49484	3256
1958	164	25254	10224	49804	3105
1960	101	31992	12295	68205	3648
1962	129	22928	12152	51605	3933
1965	159	30945	17115	75367	5424
1966	293	21095	21298	71433	4598
1970	289	65230	29904	107921	6091
1975	567	136529	74396	237176	13796
1976	1473	198464	94903	331353	19991
1977	1148	192835	125324	372679	23992
1978	662	147133	159281	331109	22128
1979	676	116981	150239	268246	19564
1980	457	80492	52928	234707	19137
1981	466	82847	71738	215852	19292
1982	453	77146	58458	212388	18274
1983	438	65438	53829	199172	17887
1984	412	80035	56619	214658	18001
1985	422	80871	60933	221971	17916
1986	427	77229	53806	236055	18508
1987	433	87389	66953	245438	19421
1988	429	77029	67441	235257	19597
1989	429	82389	65762	238878	19915
1990	438	87892	72833	242065	20133

14－3 续表

单位：人

年　份	学校数(所)	招生数	毕业生数	在校学生数	教职工数
1991	422	86487	69188	243473	20309
1992	418	86754	68457	246662	20769
1993	421	88993	71579	248075	21347
1994	409	98763	70133	262655	21768
1995	391	106990	72276	284050	22231
1996	379	106047	78143	298924	23364
1997	379	108558	88071	309415	23737
1998	383	119832	95489	319792	24418
1999	379	131057	95136	345200	25946
2000	377	141865	97009	384192	26636
2001	368	149566	109141	413043	27330
2002	355	153589	124346	436307	27567
2003	358	132957	134525	432826	28429
2004	347	111583	144961	395687	27783
2005	339	102616	150972	345167	26814
2006	322	95515	130686	307095	25580
2007	310	99466	110263	292979	24888
2008	298	98650	97313	289960	24582
2009	291	102405	94639	295269	24924
2010	284	111383	96302	307427	24716
2011	280	114280	93657	325136	26871
2012	284	121302	100267	343769	28063
2013	285	126082	107723	357139	28057
2014	292	122120	110251	364653	28279
2015	296	125105	117408	369520	29207
2016	302	129426	121921	374262	30736
2017	313	131366	119528	383593	32986
2018	330	138684	122672	398801	35279
2019	341	148870	128695	417674	38616
2020	345	154888	130240	441520	41429
2021	365	167346	137894	471805	45454

14－4　历年小学情况

单位:人

年　份	学校数(所)	招生数	毕业生数	在校学生数	教职工数
1949	2640			147114	7810
1950	2378			154514	7881
1952	3685	79618	28137	309698	10697
1953	2787	61714	30528	315487	10753
1955	2487	95171	39718	340451	11270
1957	2737	95487	50993	440851	12179
1958	4073	102730	49306	517473	13467
1960	3768	106735	54607	541157	14664
1962	3475	95669	51696	401229	14214
1965	4755	116549	47117	593692	17203
1966	4485	80245	62524	574329	16919
1970	3575	132014	73946	464530	17310
1975	3668	138992	106360	727790	26935
1976	2693	144455	152006	703398	26093
1977	2787	134963	135165	673741	25873
1978	3231	136850	118693	680090	25719
1979	3069	133973	127970	685466	26752
1980	3244	122705	119369	673804	27056
1981	3272	126340	128653	667152	27046
1982	3253	110548	113744	649570	26687
1983	3268	102405	98641	641960	27525
1984	3276	98470	101218	629737	27503
1985	3270	92389	100920	616305	27098
1986	3257	91033	104750	601606	26521
1987	3260	91680	107676	583871	26929
1988	3241	98996	85465	578286	28119
1989	3243	97335	95557	576904	27973
1990	3212	92649	96433	570704	28193

14－4 续表

单位：人

年份	学校数(所)	招生数	毕业生数	在校学生数	教职工数
1991	3201	93372	90896	563850	28290
1992	3181	100555	90813	568617	28363
1993	3135	108385	87421	567721	28982
1994	3048	112303	92437	602788	28792
1995	3014	116075	93875	623662	28283
1996	2925	112256	88836	646190	28765
1997	2779	85984	90517	642950	28373
1998	2710	56648	99459	599897	27902
1999	2486	43026	109414	535127	27221
2000	2154	43689	113714	466515	25133
2001	1830	50945	114425	399513	22187
2002	1719	54293	112215	342110	20548
2003	1580	59466	87744	313587	19762
2004	1433	63519	59049	318024	19330
2005	1272	63328	46516	338655	20475
2006	1217	68104	44977	366100	21593
2007	1162	69292	52844	382981	21954
2008	1126	67278	55007	395059	22479
2009	1055	67924	61722	403562	22443
2010	1024	73977	66404	413498	22391
2011	987	74333	66371	425405	20865
2012	938	78853	69948	439532	21410
2013	937	84508	71078	457894	21800
2014	937	87655	70504	481333	22894
2015	939	94184	71580	509396	23641
2016	931	99495	78610	536458	25295
2017	918	110635	79852	574220	27814
2018	937	126247	85016	622174	29511
2019	944	128808	90654	666506	32991
2020	951	130459	93230	710213	35843
2021	923	142657	100110	761276	39409

14－5 历年高考录取人数

单位:人

年份	报名人数	大学录取人数	本科	专科	大学录取率(%)
1978	54649	2491			4.56
1979	32487	1362			4.19
1980	25700	1711	1407	304	6.66
1981	8537	1136	937	199	13.31
1982	5779	1142	969	173	19.76
1983	6986	2273	862	1411	32.54
1984	7501	3049	1846	1203	40.65
1985	9480	4320	2213	2107	45.57
1986	9308	3799	2008	1791	40.81
1987	9618	4431	2388	2043	46.07
1988	10358	5219	2201	3018	50.39
1989	16418	2674	1113	1561	16.29
1990	19248	3242	1705	1537	16.84
1991	17941	3032	1419	1613	16.9
1992	17455	4504	2028	2476	25.8
1993	15317	5569	2265	3304	36.36
1994	14642	6061	2367	3694	41.39
1995	13006	6073	2573	3500	46.69
1996	13765	5886	2577	3309	42.76
1997	13864	6003	3002	3001	43.3
1998	15241	6855	3469	3386	44.98
1999	16207	10383	5720	4663	64.06
2000	18953	12037	6108	5929	63.51
2001	22893	15177	8319	6858	66.3
2002	28965	21179	10619	10560	73.12
2003	32482	26197	11540	14657	80.65
2004	37886	30726	13020	17706	81.1
2005	50750	38871	16131	22740	76.59
2006	53845	33922	16557	17365	63
2007	62871	42250	18966	23284	67.2
2008	66149	43072	20618	22454	65.11
2009	56494	41603	22003	19600	73.64
2010	46553	38393	22187	16206	82.47
2011	42002	34432	21240	13192	81.98
2012	43969	35557	22888	12669	80.87
2013	46790	37710	23781	13929	80.59
2014	49707	39776	25514	14262	80.02
2015	52094	40759	27920	12839	78.24
2016	56395	43627	29861	13766	77.36
2017	55187	50633	33192	17441	91.75
2018	61628	55189	35070	20119	89.55
2019	68723	61554	36754	24800	89.57
2020	73767	65114	38133	26981	88.27
2021	83748	71655	37673	33982	85.56

14－6 历年高校研究生数

单位:人

年份	培养博士学位				培养硕士学位			
	机构(个)	招生人数	毕业人数	在学人数	机构(个)	招生人数	毕业人数	在学人数
1983	3	8		13	7	324	87	676
1984	3	7		22	7	389	31	1030
1985	4	24	1	44	7	751	224	1552
1986	4	36		80	7	645	342	1853
1987	5	47	10	112	9	670	424	2094
1988	6	73	14	174	9	587	750	1910
1989	4	62	22	212	9	518	637	1771
1990	6	70	42	237	9	578	621	1696
1991	6	92	62	260	9	540	606	1606
1992	7	89	43	282	9	567	445	1694
1993	7	114	102	337	9	702	513	1791
1994	8	191	78	431	9	899	497	2144
1995	7	205	73	544	9	878	564	2425
1996	8	219	90	676	10	1036	703	2779
1997	7	226	129	748	9	962	850	2789
1998	7	285	189	838	9	1198	829	3110
1999	7	479	196	1114	9	1559	1021	3708
2000	5	575	155	1534	6	2411	945	5158
2001	7	794	239	2142	10	3732	1383	8335
2002	5	899	285	2669	6	4075	1331	9501
2003	6	1350	371	3317	10	5983	2272	13390
2004	6	1553	493	4628	11	7585	3163	18214
2005	7	1602	577	5669	11	8237	3943	22657
2006	7	1645	773	6538	11	9463	5612	26663
2007	11	1687	948	7238	11	9988	7081	29670
2008	10	1723	1088	7889	10	10360	8062	31602
2009	10	1776	1136	8489	10	12157	9260	34686
2010	10	1809	1411	8863	10	12865	9521	37487
2011	10	1878	1297	9365	10	13128	10299	39679
2012	10	1918	1399	9935	10	13497	11611	40636
2013	10	1948	1429	10302	10	14052	12392	41788
2014	9	1956	1428	10584	9	14280	13633	41818
2015	8	1990	1415	10970	8	14608	12878	43353
2016	8	2025	1419	10973	10	14972	12944	44558
2017	8	2304	1716	11490	11	19207	13148	50089
2018	8	2812	1498	12674	11	19575	13867	54895
2019	8	2833	1652	13779	11	20007	14753	59630
2020	8	3188	1803	14894	11	22136	17099	64018
2021	8	3411	2089	15894	11	22627	18320	67578

14－7 历年技工学校情况

单位：人

年份	学校数(所)	招生数	毕业生数	在校学生数	教职工数
1979	23	3700	1552	4614	913
1980	26	2579	1739	6672	1362
1981	28	1784	4218	4179	1646
1982	27	192	3357	1693	1562
1983	24	1230	1787	1551	1471
1984	21	1181	227	2596	1246
1985	19	1337	1318	2931	1386
1986	23	2557	1390	4671	1658
1987	22	2809	1549	5792	1717
1988	22	3678	2402	7140	1837
1989	25	2894	2198	7283	1951
1990	25	3451	3197	8002	2075
1991	24	3973	3024	8989	2095
1992	28	4543	3321	10381	2245
1993	32	5140	3655	11785	2318
1994	31	5112	4264	12951	2398
1995	34	4742	5342	12575	2416
1996	41	5024	5840	13581	2412
1997	40	4850	5793	12686	2696
1998	41	3528	5566	10541	2642
1999	43	2819	4127	9331	2700
2000	43	3791	3407	7706	2418
2001	42	5562	2940	9870	2613
2002	30	5155	2968	12257	2158
2003	32	8262	3478	14942	2026
2004	33	8729	6215	14810	2069
2005	32	10676	4902	18845	2050
2006	32	9221	5841	18736	1876
2007	24	9634	6502	20208	1923
2008	24	12095	7643	22666	2016
2009	26	15271	11206	32981	3124
2010	26	14549	7354	33685	2897
2011	26	10143	10645	26250	2340
2012	23	6366	7391	18003	1537
2013	24	3551	4392	10308	1310
2014	24	3827	2865	9860	1880
2015	24	4314	1985	9930	1684
2016	14	4516	2193	10363	1764
2017	14	4321	2134	11053	1225
2018	17	6727	3124	13210	1598
2019	23	9224	2462	16890	2075
2020	27	14961	3132	27197	2685
2021	28	16126	5202	34235	3228

14-8 高考录取情况(2021年)

单位:人

项目	全市	市区	县市	长沙县	浏阳市	宁乡市
报名人数	83748	42911	40837	17663	9803	13371
录取总人数	71655	36582	35073	15295	8778	11000
总录取率(%)	85.56	85.25	85.89	86.59	89.54	82.27
录取总人数中						
本科	37673	23016	14657	5213	5280	4164
专科	33982	13566	20416	10082	3498	6836
录取总人数中						
文科	21024	9541	11483	5867	2764	2852
理科	28172	16284	11888	3719	4435	3734
职高对口	16061	7249	8812	4579	729	3504
音乐						
美术						
体育	1023	276	747	190	264	293
附:保送生(本科)	53	53				
单招生	21256	8210	13046	7824	1174	4048
本科	156	156				
专科	21100	8054	13046	7824	1174	4048

注:1.录取总人数中:体育含文、理体育。
2.录取总人数中不包括保送生和单招生人数。

14-9 大学基本情况(2021年)

单位:人

项目	学校数(所)	招生人数	在校学生数	毕业生数	校本部教职工数	专任教师
大学合计	52	222074	726846	185102	56434	37811
综合大学	14	70378	227483	60196	22174	13751
理工院校	13	51341	163983	44739	10976	7710
农业院校	2	12853	46570	10918	3486	2231
林业院校	1	6668	25455	6167	2299	1490
医药院校	4	18633	63653	13513	4602	3522
师范院校	3	10831	38214	10053	3154	1946
财经院校	9	35859	113670	27431	6495	4947
其他院校	6	15511	47818	12085	3248	2214
成人高校普通本专科						

14-10 成人高等学历教育基本情况(2021年)

单位:人

项目	合计	小计	# 职工大学	# 广播电视大学	# 教育学院	# 管理干部学院	普通高等学校
学校数(所)	4	4	2	1	1		
在校学生数	275315	3074		3074			272241
本年招生数	127632	2215		2215			125417
本年毕业生数	117254	2636	2396	240			114618
教职员工数	257	257		257			
# 专任教师	79	79		79			

14-11 普通中学、小学情况(2021年)

单位:人

项目	学校数(所)	招生人数	毕业生人数	在校学生人数	教职工人数	专任教师人数
普通中学	365	167346	137894	471805	45454	36800
市区	158	95053	75551	268999	26571	20861
县(市)	207	72293	62343	202806	18883	15939
合计中:教育和集体办	310	136544	117073	392657	35674	
民办	50	28653	18846	72991	9225	
其他部门办	5	2149	1975	6157	555	
小学合计	923	142657	100110	761276	39409	43170
市区	393	90384	55556	460451	22798	25760
县(市)	530	52273	44554	300825	16611	17410
合计中:教育和集体办	901	135323	93793	716636	37545	
民办	13	6170	5100	37590	1405	
其他部门办	9	1164	1217	7050	459	

14－12 特殊教育学校情况(2021年)

单位:人

项目	盲、聋、哑学校	工读学校
学校数(所)	4	1
班数(个)	127	3
毕业生数	491	4
招生数	732	35
在校学生数	4254	31
教职工数	459	53
专任教师数	422	46

14－13 幼儿园情况(2021年)

单位:人

项目	园数(所)	班数(个)	在园幼儿数	教职工数	#教师	#保健员
总计	**2453**	**14309**	**428989**	**57619**	**26787**	**15142**
#公办	1097	7236	241013	29230	13835	7669
市区	1234	8698	268069	39278	18286	9759
县(市)	1219	5611	160920	18341	8501	5383
长沙县	362	2111	62221	7277	3502	2053
浏阳市	503	2081	58172	6881	3139	2031
宁乡市	354	1419	40527	4183	1860	1299

14－14 规模以上工业企业 R&D 活动人员情况(2021 年)

项目	有 R&D 活动的单位数(家)	R&D 人员(人)	#全时人员	R&D 人员折合全时当量(人年)
总计	**1929**	**58618**	**44406**	**39901**
按区县(市)分组:				
芙蓉区	38	744	568	455
天心区	24	884	377	607
岳麓区	256	12451	9357	8728
开福区	52	786	612	524
雨花区	45	2259	1720	1786
望城区	221	6845	4738	4235
长沙县	283	12580	9849	8506
浏阳市	663	12497	9824	8903
宁乡市	347	9572	7361	6156
按企业规模分组:				
大型企业	49	21110	16437	14565
中型企业	218	14655	10952	9964
小型企业	1608	22621	16838	15216
微型企业	54	232	179	157
按登记注册类型分组:				
内资企业	1842	47130	35134	31869
国有	9	1056	467	737
集体	4	27	19	8
股份合作	1	10	8	8
联营企业	1	11	9	9
国有独资公司	14	791	553	474
其他有限责任公司	213	9725	7693	6505
股份有限公司	42	5605	3901	3874
私营独资	63	543	389	292
私营合伙	44	340	239	205
私营有限责任公司	1337	22636	16859	15128
私营股份有限公司	113	6357	4971	4603
其他企业	1	29	26	27
港、澳、台商投资企业	39	8190	6885	5691
外商投资企业	48	3298	2387	2340

14－14 续表

项 目	有 R&D 活动的单位数(家)	R&D 人员(人)	#全时人员	R&D 人员折合全时当量(人年)
按工业行业大类分组：				
煤炭开采和洗选业				
石油和天然气开采业				
黑色金属矿采选业	1	69	56	55
有色金属矿采选业	4	50	43	40
非金属矿采选业	9	72	57	41
其他采矿业				
农副食品加工业	104	1504	1090	1023
食品制造业	63	1424	873	950
酒、饮料和精制茶制造业	10	150	124	94
烟草制品业	2	357	86	235
纺织业	13	372	321	184
纺织服装、服饰业	4	172	155	144
皮革、毛皮、羽毛及其制品和制鞋业	3	18	2	11
木材加工及木、竹、藤、棕、草制品业	20	109	65	71
家具制造业	22	199	146	124
造纸及纸制品业	48	528	315	332
印刷和记录媒介复制业	37	776	491	391
文教、工美、体育和娱乐用品制造业	8	106	70	68
石油加工、炼焦及核燃料加工业	8	44	33	34
化学原料及化学制品制造业	329	4275	3065	2661
医药制造业	82	2681	2121	1910
化学纤维制造业				
橡胶和塑料制品业	54	699	522	478
非金属矿物制品业	144	2280	1534	1429
黑色金属冶炼及压延加工业	3	44	31	35
有色金属冶炼及压延加工业	34	1408	1103	720
金属制品业	116	2141	1487	1592
通用设备制造业	186	6195	4382	4148
专用设备制造业	183	8235	6377	5582
汽车制造业	82	3571	2762	2703
铁路、船舶、航空航天和其他运输设备制造业	26	2446	1746	1621
电气机械及器材制造业	108	2852	2205	2008
计算机、通信和其他电子设备制造业	124	12652	10849	8930
仪器仪表制造业	61	1823	1514	1344
其他制造业	4	113	87	92
废弃资源综合利用业	6	159	132	119
金属制品、机械和设备修理业	1	123	77	101
电力、热力的生产和供应业	11	571	220	401
燃气生产和供应业	4	107	55	34
水的生产和供应业	15	293	210	194

14－15 规模以上工业企业按活动类型分 R&D 经费内部支出情况(2021 年)

单位:万元

项　　目	R&D 经费内部支出	基础研究支出	应用研究支出	试验发展支出
总　　计	**1980001**	**7972**	**40111**	**1931919**
按区县(市)分组:				
芙蓉区	13399	114	94	13191
天心区	22591		382	22209
岳麓区	462883	1615	11509	449758
开福区	16481		299	16183
雨花区	70540	3369	1026	66145
望城区	252934	912	7583	244439
长沙县	468086	1818	11477	454791
浏阳市	364563	143	1522	362899
宁乡市	308525		6219	302306
按企业规模分组:				
大型企业	901888	6123	8367	887398
中型企业	488263	926	15777	471560
小型企业	583704	695	15967	567043
微型企业	6146	229		5917
按登记注册类型分组:				
内资企业	1694739	7045	39663	1648031
国有	28064	3369	1166	23528
集体	233			233
股份合作	369			369
联营企业	526			526
国有独资公司	30682		737	29944
其他有限责任公司	424749	206	8606	415937
股份有限公司	283377	2136	1082	280160
私营独资	17604		125	17479
私营合伙	7256			7256
私营有限责任公司	701043	229	17505	683310
私营股份有限公司	200111	1106	10443	188562
其他企业	727			727
港、澳、台商投资企业	141631		148	141484
外商投资企业	143631	927	300	142404

14－15 续表　　单位:万元

项　　目	R&D经费内部支出	基础研究支出	应用研究支出	试验发展支出
按工业行业大类分组:				
煤炭开采和洗选业				
石油和天然气开采业				
黑色金属矿采选业	1579			1579
有色金属矿采选业	1058		223	835
非金属矿采选业	2153			2153
其他采矿业				
农副食品加工业	41852	229	1055	40568
酒、饮料和精制茶制造业	25366	592	611	24164
酒、饮料和精制茶制造业	4123			4123
烟草制品业	11398	3369	1026	7003
纺织业	3150			3150
纺织服装、服饰业	2335			2335
皮革、毛皮、羽毛及其制品和制鞋业	794		118	676
木材加工及木、竹、藤、棕、草制品业	2267			2267
家具制造业	3836			3836
造纸及纸制品业	15539		133	15406
印刷和记录媒介复制业	12120		797	11323
文教、工美、体育和娱乐用品制造业	4481		83	4398
石油加工、炼焦及核燃料加工业	1251			1251
化学原料及化学制品制造业	99470	265	604	98601
医药制造业	72351	242	957	71153
化学纤维制造业				
橡胶和塑料制品业	25621		540	25081
非金属矿物制品业	52762		3121	49641
黑色金属冶炼及压延加工业	599			599
有色金属冶炼及压延加工业	46123		460	45663
金属制品业	101280		2503	98777
通用设备制造业	253844	175	1330	252339
专用设备制造业	390933	2924	6797	381213
汽车制造业	115858		4326	111532
铁路、船舶、航空航天和其他运输设备制造业	141742	177	3259	138306
电气机械及器材制造业	112464		373	112091
计算机、通信和其他电子设备制造业	345609		6729	338880
仪器仪表制造业	46383		4827	41555
其他制造业	4524			4524
废弃资源综合利用业	3758		34	3724
金属制品、机械和设备修理业	2605			2605
电力、热力的生产和供应业	19144		158	18986
燃气生产和供应业	5412			5412
水的生产和供应业	6220		47	6173

14－16 规模以上工业企业按经费来源分R&D经费内部支出情况(2021年)

单位:万元

项目	R&D经费内部支出(万元)	政府资金	企业资金	境外资金	其他
总计	**1980001**	**67000**	**1912342**		**660**
按区县(市)分组:					
芙蓉区	13399	931	12468		
天心区	22591	486	22105		
岳麓区	462883	22140	440083		660
开福区	16481	547	15935		
雨花区	70540	2833	67707		
望城区	252934	14645	238289		
长沙县	468086	16966	451120		
浏阳市	364563	6917	357647		
宁乡市	308525	1536	306989		
按企业规模分组:					
大型企业	901888	35064	866824		
中型企业	488263	13769	473849		645
小型企业	583704	18080	565610		14
微型企业	6146	87	6059		
按登记注册类型分组:					
内资企业	1694739	58880	1635200		660
国有	28064	545	26859		660
集体	233		233		
股份合作	369		369		
联营企业	526		526		
国有独资公司	30682	8551	22130		
其他有限责任公司	424749	13892	410856		
股份有限公司	283377	17622	265756		
私营独资	17604		17604		
私营合伙	7256	36	7219		
私营有限责任公司	701043	12881	688163		
私营股份有限公司	200111	5343	194768		
其他企业	727	10	717		
港、澳、台商投资企业	141631	7689	133942		
外商投资企业	143631	431	143200		

14－16 续表

单位:万元

项目	R&D 经费内部支出（万元）	政府资金	企业资金	境外资金	其他
按工业行业大类分组:					
煤炭开采和洗选业					
石油和天然气开采业					
黑色金属矿采选业	1579		1579		
有色金属矿采选业	1058	6	1052		
非金属矿采选业	2153		2153		
其他采矿业					
酒、饮料和精制茶制造业	41852	808	41043		
食品制造业	25366	56	25311		
酒、饮料和精制茶制造业	4123	2	4121		
烟草制品业	11398		11398		
纺织业	3150	93	3058		
纺织服装、服饰业	2335		2335		
皮革、毛皮、羽毛及其制品和制鞋业	794	6	789		
木材加工及木、竹、藤、棕、草制品业	2267		2267		
家具制造业	3836		3836		
造纸及纸制品业	15539	21	15517		
印刷和记录媒介复制业	12120	98	12022		
文教、工美、体育和娱乐用品制造业	4481		4481		
石油加工、炼焦及核燃料加工业	1251		1251		
化学原料及化学制品制造业	99470	644	98826		
医药制造业	72351	1906	70445		
化学纤维制造业					
橡胶和塑料制品业	25621	284	25336		
非金属矿物制品业	52762	1188	51574		
黑色金属冶炼及压延加工业	599		599		
有色金属冶炼及压延加工业	46123	414	45709		
金属制品业	101280	886	100394		
通用设备制造业	253844	6120	247724		
专用设备制造业	390933	13938	376995		
汽车制造业	115858	1678	114180		
铁路、船舶、航空航天和其他运输设备制造业	141742	16339	125389		14
电气机械及器材制造业	112464	2865	109599		
计算机、通信和其他电子设备制造业	345609	17667	327296		645
仪器仪表制造业	46383	1532	44851		
其他制造业	4524	15	4509		
废弃资源综合利用业	3758	65	3693		
金属制品、机械和设备修理业	2605		2605		
电力、热力的生产和供应业	19144	370	18774		
燃气生产和供应业	5412		5412		
水的生产和供应业	6220		6220		

14－17 规模以上工业企业按支出用途分R&D经费内部支出情况(2021年)

单位:万元

项目	R&D经费内部支出(万元)	经常费支出	#人员劳务费	资产性支出
总计	**1980001**	**1846071**	**592217**	**133931**
按区县(市)分组:				
芙蓉区	13399	12854	5521	545
天心区	22591	16869	3466	5721
岳麓区	462883	437207	168975	25676
开福区	16481	16110	5132	371
雨花区	70540	69189	27474	1351
望城区	252934	234282	48512	18652
长沙县	468086	440124	170351	27962
浏阳市	364563	326365	77935	38198
宁乡市	308525	293071	84852	15454
按企业规模分组:				
大型企业	901888	840523	262614	61366
中型企业	488263	439048	164193	49215
小型企业	583704	560397	164264	23307
微型企业	6146	6103	1147	43
按登记注册类型分组:				
内资企业	1694739	1580135	492186	114604
国有	28064	21518	11888	6545
集体	233	229	79	4
股份合作	369	338	44	31
联营企业	526	504	76	22
国有独资公司	30682	24658	4547	6024
其他有限责任公司	424749	391786	97148	32963
股份有限公司	283377	263785	88664	19592
私营独资	17604	17310	4367	294
私营合伙	7256	6966	1331	290
私营有限责任公司	701043	670365	194863	30679
私营股份有限公司	200111	181969	88669	18142
其他企业	727	709	510	18
港、澳、台商投资企业	141631	138052	65159	3579
外商投资企业	143631	127883	34873	15748

14－17 续表

单位:万元

项　　目	R&D经费内部支出（万元）	经常费支出	#人员劳务费	资产性支出
按工业行业大类分组:				
煤炭开采和洗选业				
石油和天然气开采业				
黑色金属矿采选业	1579	1019	478	560
有色金属矿采选业	1058	882	210	176
非金属矿采选业	2153	1798	186	355
其他采矿业				
农副食品加工业	41852	41131	8613	720
酒、饮料和精制茶制造业	25366	24525	8098	841
酒、饮料和精制茶制造业	4123	3568	1123	555
烟草制品业	11398	11379	9517	19
纺织业	3150	3133	1478	18
纺织服装、服饰业	2335	2335	1259	
皮革、毛皮、羽毛及其制品和制鞋业	794	794	66	
木材加工及木、竹、藤、棕、草制品业	2267	2246	404	21
家具制造业	3836	3773	1012	63
造纸及纸制品业	15539	14591	2934	948
印刷和记录媒介复制业	12120	11567	3447	552
文教、工美、体育和娱乐用品制造业	4481	4116	534	365
石油加工、炼焦及核燃料加工业	1251	1244	409	7
化学原料及化学制品制造业	99470	93509	24868	5961
医药制造业	72351	62592	20758	9760
化学纤维制造业				
橡胶和塑料制品业	25621	24347	4637	1274
非金属矿物制品业	52762	49762	13415	3000
黑色金属冶炼及压延加工业	599	580	242	19
有色金属冶炼及压延加工业	46123	44556	13932	1567
金属制品业	101280	100177	10612	1104
通用设备制造业	253844	246274	67079	7569
专用设备制造业	390933	375580	131365	15354
汽车制造业	115858	112575	29282	3283
铁路、船舶、航空航天和其他运输设备制造业	141742	123289	50017	18453
电气机械及器材制造业	112464	107823	21047	4641
计算机、通信和其他电子设备制造业	345609	299062	132160	46547
仪器仪表制造业	46383	44558	24313	1824
其他制造业	4524	4024	604	499
废弃资源综合利用业	3758	3553	1362	205
金属制品、机械和设备修理业	2605	1981	749	624
电力、热力的生产和供应业	19144	12543	2132	6601
燃气生产和供应业	5412	5355	1576	58
水的生产和供应业	6220	5830	2300	390

14－18 规模以上工业企业科技活动产出情况(2021 年)

项　　目	新产品销售收入(万元)	#出口	专利申请数(件)	拥有发明专利数(件)
总　　计	**32238010**	**4277460**	**16168**	**19552**
按区县(市)分组:				
芙蓉区	79611		141	231
天心区	57489		762	1206
岳麓区	7926762	548446	3729	6172
开福区	136734	15048	326	206
雨花区	1977703	11417	575	810
望城区	1847591	22220	1488	1523
长沙县	5673336	1407807	3868	4465
浏阳市	7625483	2028909	1767	2252
宁乡市	6913301	243613	3512	2687
按企业规模分组:				
大型企业	18053027	3631063	5792	6873
中型企业	7257152	351511	3195	4220
小型企业	6895122	292602	7043	8256
微型企业	32710	2283	138	203
按登记注册类型分组:				
内资企业	25059484	1043750	14544	18207
国有	360733		839	1680
集体	1337		2	
股份合作			14	1
联营企业	10010		10	7
国有独资公司	184971	1780	177	191
其他有限责任公司	6859044	134202	2107	2956
股份有限公司	5573339	385318	2045	3470
私营独资	343917	45469	53	52
私营合伙	142842	10123	41	8
私营有限责任公司	9095277	256931	7350	7083
私营股份有限公司	2486448	209927	1888	2754
其他企业	1568		18	5
港、澳、台商投资企业	3736850	2956423	703	767
外商投资企业	3441676	277287	921	578

14－18 续表

项　　目	新产品销售收入(万元)	#出口	专利申请数(件)	拥有发明专利数(件)
按工业行业大类分组：				
煤炭开采和洗选业				
石油和天然气开采业				
黑色金属矿采选业	15680		4	
有色金属矿采选业	11536	1800	6	21
非金属矿采选业	83		8	1
其他采矿业				
农副食品加工业	609835	126	220	311
食品制造业	333196	3091	258	286
酒、饮料和精制茶制造业	27258	1278	61	81
烟草制品业	343636		147	420
纺织业	321851	4378	108	26
纺织服装、服饰业	40056		35	8
皮革、毛皮、羽毛及其制品和制鞋业	12245		27	30
木材加工及木、竹、藤、棕、草制品业	38109		19	24
家具制造业	87643		65	49
造纸及纸制品业	208998	2374	132	153
印刷和记录媒介复制业	271358	6894	79	122
文教、工美、体育和娱乐用品制造业	90698	432	28	27
石油加工、炼焦及核燃料加工业	5597		18	8
化学原料及化学制品制造业	2376112	214636	678	973
医药制造业	1011941	33182	435	965
化学纤维制造业				
橡胶和塑料制品业	317252	4058	207	297
非金属矿物制品业	499037	3071	516	735
黑色金属冶炼及压延加工业	7470		7	22
有色金属冶炼及压延加工业	1952115	11145	771	695
金属制品业	629512	19721	586	805
通用设备制造业	5535217	428283	2035	3200
专用设备制造业	4067664	392680	3548	3863
汽车制造业	3098513	59525	795	635
铁路、船舶、航空航天和其他运输设备制造业	676906	12824	945	809
电气机械及器材制造业	2496365	36640	751	800
计算机、通信和其他电子设备制造业	6775480	3039404	1756	1977
仪器仪表制造业	273515	1918	505	841
其他制造业	40979		31	110
废弃资源综合利用业	28563		592	63
金属制品、机械和设备修理业	27652		8	2
电力、热力的生产和供应业			704	1083
燃气生产和供应业			11	25
水的生产和供应业	5942		72	85

14－19 规模以上工业企业新产品开发项目情况(2021年)

项　　目	新产品开发项目数(项)	新产品开发经费支出(万元)
总　　计	**11542**	**2559596**
按区县(市)分组:		
芙蓉区	201	18310
天心区	178	17805
岳麓区	2929	646533
开福区	240	34404
雨花区	396	73148
望城区	1250	307733
长沙县	2267	609057
浏阳市	2148	447594
宁乡市	1933	405012
按企业规模分组:		
大型企业	1270	1156987
中型企业	2465	603852
小型企业	7635	787959
微型企业	172	10799
按登记注册类型分组:		
内资企业	10553	2149481
国有	102	18537
集体	5	283
股份合作	10	370
联营企业	1	546
国有独资公司	149	38267
其他有限责任公司	1809	555991
股份有限公司	695	370574
私营独资	95	21934
私营合伙	65	8783
私营有限责任公司	6241	912986
私营股份有限公司	1370	220468
其他企业	11	742
港、澳、台商投资企业	497	206689
外商投资企业	492	203426

14－19 续表

项　　目	新产品开发项目数(项)	新产品开发经费支出(万元)
按工业行业大类分组：		
煤炭开采和洗选业		
石油和天然气开采业		
黑色金属矿采选业	6	1667
有色金属矿采选业	9	1031
非金属矿采选业	14	2787
其他采矿业		
农副食品加工业	424	53165
酒、饮料和精制茶制造业	322	41400
酒、饮料和精制茶制造业	77	10324
烟草制品业	21	4982
纺织业	57	8873
纺织服装、服饰业	25	3685
皮革、毛皮、羽毛及其制品和制鞋业	4	762
木材加工及木、竹、藤、棕、草制品业	27	2634
家具制造业	63	4683
造纸及纸制品业	116	23267
印刷和记录媒介复制业	143	15599
文教、工美、体育和娱乐用品制造业	34	6238
石油加工、炼焦及核燃料加工业	22	1869
化学原料及化学制品制造业	972	143014
医药制造业	836	82597
化学纤维制造业		
橡胶和塑料制品业	215	28752
非金属矿物制品业	504	75192
黑色金属冶炼及压延加工业	13	950
有色金属冶炼及压延加工业	248	89158
金属制品业	523	118731
通用设备制造业	1303	367174
专用设备制造业	1538	468994
汽车制造业	511	150055
铁路、船舶、航空航天和其他运输设备制造业	394	170063
电气机械及器材制造业	698	123604
计算机、通信和其他电子设备制造业	1543	460182
仪器仪表制造业	589	59817
其他制造业	32	6034
废弃资源综合利用业	23	1583
金属制品、机械和设备修理业	20	2629
电力、热力的生产和供应业	118	15894
燃气生产和供应业	34	5561
水的生产和供应业	64	6647

15 文化、体育、卫生

长沙统计年鉴

15－1 历年文化事业发展情况

单位:个

年 份	电影放映单位	#电影院影剧院	艺术表演团体	艺术表演观众人数(万人)	公共图书馆	文化馆
1949	7	7	9		1	1
1950	6		9		1	2
1952	6	6	10		1	3
1955	6		12		1	6
1957	16	7	14		2	8
1960	24		14		3	7
1962	21	10	17		3	8
1965	102	13	19		4	10
1966	151		4		4	10
1970	138		4		4	10
1975	292		13		4	10
1976	370	18	13		5	10
1977	459		13		5	10
1978	484	31	13	351	5	10
1979	503		14		5	11
1980	510	38	14	506	5	11
1981	504	42	14	431	6	11
1982	506	33	14	432	6	11
1983	537	43	14	323	6	11
1984	780	41	14	271	6	11
1985	844	42	14	207	7	11
1986	822	42	14	186	7	11
1987	818	42	14	154	7	11
1988	817	50	12	87	7	11
1989	802	48	12	70	7	11
1990	807	47	12	118.6	7	11
1991	812	46	12	127	7	11
1992	771	48	12	61.9	7	11

15－1 续表 单位:个

年 份	电影放映单 位	# 电影院影剧院	艺术表演团 体	艺术表演观众人数（万人）	公共图书馆	文化馆
1993	657	34	12	55	7	11
1994	641	32	12	125.3	7	11
1995	644	29	12	130.3	7	11
1996	589	30	12	146	7	11
1997	580	31	13	132	7	11
1998	581	32	13	171.1	7	11
1999	485	32	13	167.3	7	11
2000	458	20	13	121	7	11
2001	458	20	13		7	11
2002			12	57	7	10
2003			12	272	7	10
2004			12	210.2	7	10
2005			12	247	12	10
2006			12	115	12	10
2007			12	216.1	12	10
2008			12	357.2	12	10
2009			12	203.7	12	10
2010			12	271.2	12	10
2011			12	193.7	12	10
2012			9	166.1	12	10
2013			9	149.3	12	10
2014			9	152.5	12	10
2015			12	201.8	12	10
2016			12	179.9	12	10
2017			12	170.6	12	10
2018			12	163.5	12	10
2019			12	135.8	12	10
2020			12	101.8	12	10
2021			12	96.8	12	10

注:由于放映市场的变化,电影放映单位无法统计。

15－2 历年出版事业发展情况

年份	书籍		课本（万册）	杂志		报纸	
	种数（种）	总印数（万册）		种数（种）	总印数（万册）	种数（种）	总印数（万册）
1951	113	482		3	43		
1952	112	1626		4	245	17	6786
1954	110	589	1563	1	6	10	4503
1955	143	877	1853	2	52	10	5403
1957	267	975	2844	4	169	11	6530
1958	764	5467	3622	6	371	23	19317
1960	676	1361	5070	7	402	16	33318
1962	186	495	2735	2	150	12	6983
1965	233	2549	4568	2	211	7	17000
1970	132	10717	4242			6	10028
1975	185	7640	8618	4	1535	8	33861
1976	134	8373	5974	8	1643	8	38365
1977	88	7384	6606	8	2101	8	36931
1978	134	1983	12102	13	2680	3	30057
1979	317	4736	10614	26	3592	3	31120
1980	426	8563	11190	30	3182	5	20830
1981	568	13442	13002	41	2343	7	29838
1982	780	16082	13595	56	2189	11	33089
1983	985	15300	13882	61	2160	11	45705
1984	998	15818	14000	85	2836	23	55911
1985	1270	18850	16288	124	5149	35	59431
1986	1274	10532	19132	131	5247	38	53400
1987	1482	14073	18757	137	5931	40	60134
1988	2157	37293	23396	146	6037	31	55743
1989	2157	35055	19728	145	4968	31	37317
1990	1892	32135	21393	144	5144	28	40325

15－2 续表

年份	书籍		课本（万册）	杂志		报纸	
	种数（种）	总印数（万册）		种数（种）	总印数（万册）	种数（种）	总印数（万册）
1991	1969	35086	21392	146	6349	32	47414
1992	2124	36436	20686	149	7700	32	37592
1993	2069	33503	19726	165	7899	36	57677
1994	2249	29597	18693	162	7288	36	47815
1995	2357	33677	20146	178	7636	36	55721
1996	2734	39390	21957	180	7700	33	43698
1997	2893	37512	22139	180	7515	36	48190
1998	3262	36375	22489	171	8695	30	54831
1999	3341	30680	21171	183	12271	31	62613
2000	3156	24844	18342	198	10404	44	62354
2001	2612	24851	18007	203	9867	46	69194
2002	2866	32556	23135	213	10844	46	71169
2003	3123	29554	19222	219	12391	44	87814
2004	3353	12345	18830	192	18958	37	78802
2005	3218	8228	21000	202	10925	38	75309
2006	3221	6832	20838	198	9622	38	78381
2007	2535	8231	22735	181	8143	37	75636
2008	4230	12577	16342	184	8467	36	76080
2009	4421	14084	11820	204	11271	42	100554
2010	6222	18783	12202	201	12540	42	101861
2011	8362	21427	12858	205	12140	40	94019
2012	9237	22052	13831	205	12496	40	102698
2013	10064	23745	11890	204	12804	39	105924
2014	9817	27543	14524	204	13247	39	107582
2015	10697	33843	14645	204	13918	38	105635
2016	11622	37518	14107	203	13757	38	70934
2017	11136	31248	14621	207	11473	38	65592
2018	9292	27026	15880	209	8616	38	59510
2019	9504	32146	16601	207	9272	35	55316
2020	9411	32302	15967	209	9414	33	48754
2021	9777	33954	16939	209	9116	33	45129

注：因新闻出版统计口径变化，从 2007 年开始，一套书只按一本书计算。

15－3 历年市、县属广播事业发展情况

年 份	市台平均日播音时间（时°分′）	市电台覆盖率（%）	县、区广播台、站（个）	市电视台每周播出时间（时°分′）	市电视台覆盖率（%）
1956			1		
1957			3		
1958	8°30′		3		
1960	6°30′		3		
1961	6°30′		3		
1962					
1965			3		
1970			4		
1975			4		
1976			4		
1977			4		
1978			5		
1979			5		
1980	8°30′		5		
1981	11°05′	89.7	5		
1982	11°05′	90	5		
1983	10°00′	46.1	5		
1984	10°30′	63	5		
1985	10°45′	76	5	16°	23.6
1986	11°25′	70	5	22°	23
1987	11°25′	67.1	5	56°	23
1988	11°25′	70	5	35°	50
1989	11°30′		5	56°	80
1990	11°30′		5	56°	90
1991	11°20′		5	56°	90
1992	11°30′	92.7	5	56°	95

15－3 续表

年　　份	市台平均日播音时间（时°分′）	市电台覆盖率（%）	县、区广播台、站（个）	市电视台每周播出时间（时°分′）	市电视台覆盖率（%）
1993	16°30′	95	5	56°	98
1994	16°45′	95	5	56°	98
1995	16°30′	95	5	42°	98
1996	36°30′	96	4	78°	95
1997	49°30′	95	4	125°30′	85.61
1998	36°30′	95	4	174°30′	88.39
1999	36°30′	95	4	238°00′	97.3
2000	37°40′	95	4	206°30′	97.3
2001	43°00′	96.5	4	456°	98.1
2002	54°30′	96.41	4	543°	97.23
2003	60°00′	96.46	4	817°	97.57
2004	64°00′	96.78	4	817°	97.82
2005	88°96′	96.88	4	858°12′	97.88
2006	82°12′	96.91	4	893°56′	97.9
2007	91°30′	96.93	4	916°00′	97.92
2008	139°46′	99.1	4	970°24′	98.48
2009	140°11′	99.14	4	1057°22′	98.49
2010	139°71′	99.14	4	1060°47′	98.49
2011	139°48′	99.3	4	1078°30′	98.61
2012	142°6′	99.3	4	1096°58′	98.62
2013	147°6′	99.32	4	1115°54′	98.68
2014	147°14′	99.41	4	1114°78′	98.89
2015	147°14′	99.41	4	1114°78′	98.91
2016	165°34′	99.41	4	1164°17′	99.04
2017		99.48	4		99.13
2018		99.76	4		99.73
2019		100	4		100
2020		100	4		100
2021		100	4		100

15－4 历年市县训练体育干部、举办运动会情况

单位：人

年 份	训练体育干部			举办运动会（次）	参赛人次
	合 计	# 裁判员	# 社会体育指导员		
1978	815	455	100	46	
1979	538	330		43	17168
1980	1367	385	650	64	19263
1981	1967	1030	424	115	38496
1982	1802	496	768	118	37696
1983	1045	515	252	99	47746
1984	1318	606	192	130	32596
1985	745	160	336	266	66424
1986	1390	425	655	280	74000
1987	2126	599	263	467	92404
1988	1468	579	125	428	69558
1989	2642	764	380	728	164013
1990	1278	800	267	1149	563139
1991	2233	1563	86	2357	503469
1992	1540	1161	22	444	83537
1993	941	277	34	144	57401
1994	938	539		128	79684
1995	2162	352	1387	283	148479
1996	2504	450	1343	384	194981
1997	1292	373	174	152	263015
1998	1401	548	99	219	75255
1999	2480	956	307	206	84579
2000	2165	785	136	163	116958
2001	1959	608	321	149	33203
2002	865	361	150	35	22700
2003	2223	1689	370	14	489300
2004	238	60	75	28	30000
2005	776	76	700	26	12000
2006	547	58	489	200	300000
2007	3285	60	3225	214	320000
2008	5215	65	5150	301	450000
2009	5952	73	5879	334	480000
2010	2136	11	2125		
2011	1058	32	1026		
2012	451	51	400		
2013	1049	49	1000		
2014	2235	55	2180		
2015	6861	191	6670		
2016	1907	31	1876		
2017	2097	39	2058		
2018	3051	31	3020		
2019	1410	65	1345		
2020	2616	1190	1426		
2021	2991	1803	1188		

15－5 历年卫生事业发展情况

年 份	机构数（个）	# 医院、卫生院(个)	床位数（张）	# 医院、卫生院(张)	卫生工作人员(人)	# 卫生技术人员(人)	# 执业医师和执业助理医师
1949	34	14	747		1468	1253	
1952	522	38	1478		4167	2367	
1957	993	41	3312		8412	4645	
1962	992		8081		9171	7880	
1963	986	122	8177		10070	7725	
1965	1035	138	8454	5713	11235	8779	
1966	993	152	9746	6613	11112	7944	
1970	768	192	8165	4437	10451	7857	4130
1972	937	304	9276	7842	15749	11345	4949
1975	1066	313	11760	9705	18694	13854	6637
1976	1131	241	12132	11017	19687	14656	7233
1977	1192	316	12410	9941	20447	15416	7370
1978	1195	248	12976	11036	21583	16068	7247
1979	1205	323	13343	10851	23075	16722	8018
1980	1250	290	13356	11974	24637	18266	8435
1981	1337	284	13842	11179	26031	19044	8947
1982	1348	255	14000	11283	26755	19805	9305
1983	1330	317	14051	11521	27787	20979	9668
1984	1397	317	14385	11728	29053	22031	10286
1985	1403	291	13743	11503	29620	21611	10187
1986	1319	290	14940	12085	30196	22106	10034
1987	1388	285	15287	12640	30542	22813	10519
1988	1312	284	16158	13619	31960	23918	11386
1989	1397	300	17823	14281	32871	24606	11868
1990	1346	297	18349	14766	34190	26307	12423
1991	1258	300	19352	15705	34834	26546	12297
1992	1323	300	19968	16470	35549	27092	12225
1993	1009	303	20681	17031	34894	25543	11296
1994	1215	305	20878	17245	36473	26875	12210
1995	1100	205	21378	17594	37115	27553	12107

15－5 续表

年份	机构数(个)	# 医院、卫生院	床位数(张)	# 医院、卫生院	卫生工作人员(人)	# 卫生技术人员	# 执业医师和执业助理医师
1996	1295	235	20991	17797	37434	27706	11825
1997	1218	246	20751	18240	38107	27966	11526
1998	1281	249	20569	17974	37954	28579	12070
1999	1216	256	21342	18492	38336	28840	12639
2000	1036	263	20590	17281	36225	27460	12345
2001	1086	265	22538	18998	35303	28187	12310
2002	1127	282	22487	20621	34795	27102	11172
2003	1291	282	23405	21024	38415	29909	11655
2004	1440	258	24360	22264	35937	28142	11412
2005	1519	260	27395	25501	37711	28943	12088
2006	1557	252	28845	27240	40681	31180	12692
2007	2259	265	31891	30046	47340	37402	14683
2008	2385	252	35547	31563	50599	40232	15831
2009	2709	265	41603	35909	55564	44888	17153
2010	2655	255	42629	39983	59738	48791	18258
2011	2680	255	47036	42954	66104	53030	19100
2012	4270	254	51285	46382	69011	55978	20268
2013	4690	279	57919	52507	76479	62123	22936
2014	4586	276	63606	57374	81645	66735	24340
2015	4661	284	66036	59927	84857	69634	25599
2016	4605	286	71335	64805	89246	73603	27271
2017	4493	287	73711	66458	93540	77442	29265
2018	4523	331	77253	69913	98486	81548	30793
2019	4633	336	81242	73664	103086	85866	32286
2020	4681	339	83180	76122	106139	87987	32785
2021	4925	334	87161	78796	113084	94633	35435

注:1. 2001 年(含)以前“执业医师和执业助理医师”指标统计口径为“医生”。
2. 2007 年卫生系统新的报表制度将医务室、社区卫生服务中心、社区卫生服务站均统计到“卫生机构”中,故数据增加较大。
3. 2012 年卫生系统新的报表制度将村卫生室、门诊部、诊所(医务室)、专业公共卫生机构、其他医疗卫生机构均统计到“卫生机构”中,故数据增加较大,按 2011 年同口径数据为 2902 个。

15－6 医疗机构诊疗人数(2021年)

类别	医疗机构数（个）	总诊疗人次数（万人次）	#门诊人次数（万次）
总计	**4925**	**6087.09**	**5254.56**
#医院	244	3223.23	2766.88
#卫生院	90	738.13	584.08
#社区卫生服务机构	348	834.11	763.42
社区卫生服务中心	92	706.33	649.39
社区卫生服务站	256	127.78	114.03

15－7 医疗机构入院、出院人数(2021年)

单位：万人

类别	健康检查人数	入院人数	出院人数
总计	**499.16**	**267.67**	**268.77**
#医院	286.30	201.88	203.23
#卫生院	37.27	37.96	37.77
#社区卫生服务机构	103.77	11.72	11.66
社区卫生服务中心	81.63	11.25	11.19
社区卫生服务站	22.14	0.47	0.47

16 区县(市)主要经济和社会指标

16－1 区县(市)年末户籍户数和人口数(2021年)

单位:人

区县(市)	年末总户数(户)	年末总人口	男性	女性	城镇人口	乡村人口
全市	**2523149**	**7600387**	**3752916**	**3847471**	**5389431**	**2210956**
市区合计	1374014	3870861	1873849	1997012	3408940	461921
芙蓉区	143270	429701	206977	222724	429701	
天心区	204017	531030	258350	272680	516547	14483
岳麓区	318527	899289	434567	464722	777681	121608
开福区	209734	541024	258027	282997	525568	15456
雨花区	287472	786917	381669	405248	746286	40631
望城区	210994	682900	334259	348641	413157	269743
县(市)合计	1149135	3729526	1879067	1850459	1980491	1749035
长沙县	287645	833514	410897	422617	500568	332946
浏阳市	413169	1480623	753481	727142	758113	722510
宁乡市	448321	1415389	714689	700700	721810	693579

16－2 历年分区县(市)年末户籍人口

单位:人

区县(市)	2000 年	2001 年	2002 年	2003 年	2004 年	2005 年	2006 年	2007 年	2008 年	2009 年	2010 年
全　　市	**5831894**	**5870933**	**5954592**	**6017624**	**6103844**	**6209248**	**6309958**	**6373561**	**6417367**	**6468350**	**6501248**
市区合计	1754142	1807670	1889773	1962561	2024646	2086476	2146096	2187488	2365801	2391675	2395348
县(市)合计	4077752	4063263	4064819	4055063	4079198	4122772	4163862	4186073	4051566	4076675	4105900
芙蓉区	313987	323035	334844	345817	359797	370498	381843	397760	408441	406271	406641
天心区	356518	369082	386443	401010	417866	422118	429104	421136	412568	407537	400566
岳麓区	314706	326408	353719	376124	386266	395385	416715	431013	617889	625527	627763
开福区	376771	381347	388545	395399	399750	410326	415841	416085	411404	414841	419868
雨花区	392160	407798	426222	444211	460967	488149	502593	521494	515499	537499	540510
望城区	713953	706877	706546	704964	702481	710330	717055	712314	541622	541037	544314
长沙县	735402	735958	734198	734731	737560	745179	755524	764869	775815	781972	788566
浏阳市	1320593	1318343	1318611	1325928	1332120	1345410	1355160	1363979	1380303	1393501	1407104
宁乡市	1307804	1302085	1305464	1289440	1307037	1321853	1336123	1344911	1353826	1360165	1365916

16－2 续表

单位:人

区县(市)	2011 年	2012 年	2013 年	2014 年	2015 年	2016 年	2017 年	2018 年	2019 年	2020 年	2021 年
全　　市	**6566185**	**6606166**	**6628122**	**6714121**	**6803579**	**6959998**	**7087939**	**7288583**	**7382401**	**7472869**	**7600387**
市区合计	2967851	2979005	2992513	3035103	3184995	3283293	3397749	3557549	3643794	3737939	3870861
县(市)合计	3598334	3627161	3635609	3679018	3618584	3676705	3690190	3731034	3738607	3734930	3729526
芙蓉区	409726	408872	406273	403948	403073	399936	403972	424671	426994	428143	429701
天心区	398395	396222	392340	397329	445700	460205	475285	496128	506621	516990	531030
岳麓区	630265	626976	624428	644834	645883	674871	720473	783265	803944	852631	899289
开福区	426620	433334	441605	452168	461884	475865	487524	505571	515391	526292	541024
雨花区	550721	556458	565405	576257	648812	669357	690021	720819	738450	759867	786917
望城区	552124	557143	562462	560567	579643	603059	620474	627095	652394	654016	682900
长沙县	803861	813395	818874	832244	743210	764869	785647	806327	818383	826417	833514
浏阳市	1423524	1436248	1439697	1453246	1469104	1489306	1483717	1493770	1491285	1488160	1480623
宁乡市	1370949	1377518	1377038	1393528	1406270	1422530	1420826	1430937	1428939	1420353	1415389

注:望城区从 2011 年开始撤县设区,数据纳入市区合计。

16－3　区县(市)人口自然变动情况(2021年)

区县(市)	出生人口(人)	死亡人口(人)	自然增长人数(人)	出生率(‰)	死亡率(‰)	自然增长率(‰)
全　市	**64259**	**63682**	**577**	**8.53**	**8.45**	**0.08**
市区合计	36648	27082	9566	9.63	7.12	2.51
芙蓉区	3049	3084	－35	7.11	7.19	－0.08
天心区	4813	3802	1011	9.18	7.26	1.93
岳麓区	9903	4960	4943	11.31	5.66	5.64
开福区	4734	4517	217	8.87	8.46	0.41
雨花区	7239	5194	2045	9.36	6.72	2.64
望城区	6910	5525	1385	10.34	8.27	2.07
县(市)合计	27611	36600	－8989	7.40	9.81	－2.41
长沙县	7359	6552	807	8.87	7.89	0.97
浏阳市	10351	16745	－6394	6.97	11.28	－4.31
宁乡市	9901	13303	－3402	6.98	9.38	－2.40

16－4　区县(市)人口机械增长情况(2021年)

区县(市)	迁入人数(人)	迁出人数(人)	机械增长人数(人)	机械增长率(‰)	自然、机械净增人数(人)	净增率(‰)
全　市	**209403**	**48581**	**160822**	**21.34**	**161399**	**21.42**
市区合计	190011	32620	157391	41.37	166957	43.89
芙蓉区	16985	5439	11546	26.92	11511	26.84
天心区	24041	4246	19795	37.78	20806	39.71
岳麓区	67874	9123	58751	67.07	63694	72.71
开福区	23703	4120	19583	36.70	19800	37.10
雨花区	38448	5953	32495	42.02	34540	44.66
望城区	18960	3739	15221	22.77	16606	24.84
县(市)合计	19392	15961	3431	0.92	－5558	－1.49
长沙县	12437	5988	6449	7.77	7256	8.74
浏阳市	3140	4567	－1427	－0.96	－7821	－5.27
宁乡市	3815	5406	－1591	－1.12	－4993	－3.52

16－5　历年分区县(市)年末常住人口

单位:人

区县(市)	2000 年	2001 年	2002 年	2003 年	2004 年	2005 年	2006 年	2007 年	2008 年	2009 年	2010 年
全　　市	**6138719**	**6200800**	**6268778**	**6283499**	**6290000**	**6393000**	**6465000**	**6529200**	**6585600**	**6642200**	**7040709**
市区合计	2122873	2220025	2273184	2304859	2310860	2372600	2413421	2498341	2682518	2725458	3092034
县(市)合计	4015846	3980775	3995594	3978640	3979140	4020400	4051579	4030859	3903082	3916742	3948675
芙蓉区	390074	410289	417362	417794	419095	431600	440809	447418	460403	460700	523989
天心区	396827	428547	437439	442319	443619	448100	455086	460588	451650	452296	475196
岳麓区	409939	423318	438665	443720	444820	455300	464847	482435	673884	694057	801720
开福区	423645	433394	442120	454530	455530	467600	474851	484299	479420	484405	567140
雨花区	502388	524477	537598	546496	547796	570000	577828	623601	617161	634000	723989
望城区	686349	673420	677953	678439	678539	686000	692760	688188	519050	522200	523650
长沙县	774707	763529	769660	770218	770318	778300	786069	790656	803428	805249	979420
浏阳市	1307572	1303121	1303096	1306304	1306404	1319400	1328470	1310784	1329107	1333923	1279469
宁乡市	1247218	1240705	1244885	1223679	1223879	1236700	1244280	1241231	1251497	1255370	1166136

16－5 续表

单位:人

区县(市)	2011 年	2012 年	2013 年	2014 年	2015 年	2016 年	2017 年	2018 年	2019 年	2020 年	2021 年
全　　市	**7403600**	**7661800**	**7874600**	**8131100**	**8282700**	**8590300**	**9029400**	**9280000**	**9635600**	**10060800**	**10239300**
市区合计	3891900	4086300	4243700	4431900	4689900	4931800	5224400	5393900	5669700	5988300	6139800
县(市)合计	3511700	3575500	3630900	3699200	3592800	3658500	3805000	3886100	3965900	4072500	4099500
芙蓉区	541600	553000	562400	575700	581500	607600	628100	629400	630800	642800	644900
天心区	523200	541300	560200	586400	702100	754200	787300	792400	804200	837200	857400
岳麓区	869600	953200	1000600	1055900	1090600	1184000	1261100	1314400	1426600	1528600	1579800
开福区	595300	617500	637800	657000	672500	702200	721100	752100	783900	821800	850000
雨花区	799800	842900	881400	925000	999200	1011200	1109100	1153700	1197100	1266500	1273000
望城区	562400	578400	601300	631900	644000	672600	717700	751900	827100	891400	934700
长沙县	1050600	1098000	1138200	1196800	1072000	1113600	1233600	1279000	1314500	1376300	1400100
浏阳市	1293400	1300100	1314100	1321300	1332400	1347200	1358100	1382400	1405900	1431200	1430100
宁乡市	1167700	1177400	1178600	1181100	1188400	1197700	1213300	1224700	1245500	1265000	1269300

注:1. 望城区从 2011 年开始撤县设区,数据纳入市区合计。

2. 因区划调整,2015 年长沙县、天心区、雨花区人口数据调整。

3. 2011－2020 年为全国第七次人口普查修订后的数据。

16－6　历年分区县(市)年末常住城镇人口

单位:万人

区县(市)	2010年	2011年	2012年	2013年	2014年	2015年	2016年	2017年	2018年	2019年	2020年	2021年
全　市	476.58	508.05	528.62	555.55	589.09	624.84	666.23	721.07	760.34	794.51	830.98	851.53
芙蓉区	52.40	54.16	55.30	56.24	57.57	58.15	60.76	62.81	62.94	63.08	64.28	64.49
天心区	47.24	52.02	53.81	55.70	58.31	67.85	73.23	77.09	77.78	79.14	82.85	84.95
岳麓区	67.43	73.33	80.42	84.79	90.50	95.86	107.09	115.75	122.99	133.82	143.85	149.29
开福区	55.47	58.16	60.05	61.85	63.54	64.98	67.83	69.65	72.63	75.71	79.38	82.11
雨花区	71.70	79.20	83.51	87.37	91.79	97.41	98.58	108.13	112.48	116.71	123.47	124.12
望城区	24.18	26.10	26.93	31.40	36.41	40.18	44.80	52.96	57.36	64.38	69.86	74.39
长沙县	49.61	54.13	56.60	60.65	68.60	68.41	73.98	85.44	94.44	97.82	102.56	104.52
浏阳市	58.41	60.10	60.65	65.61	68.50	73.13	77.67	82.01	86.36	88.26	88.73	90.08
宁乡市	50.14	50.85	51.35	51.94	53.87	58.87	62.29	67.23	73.36	75.59	76.00	77.58

16－7　历年分区县(市)年末常住人口城镇化率

单位:%

区县(市)	2010年	2011年	2012年	2013年	2014年	2015年	2016年	2017年	2018年	2019年	2020年	2021年
全　市	67.69	68.62	68.99	70.55	72.45	75.44	77.56	79.86	81.93	82.46	82.60	83.16
芙蓉区	100	100	100	100	100	100	100	100	100	100	100	100
天心区	99.41	99.43	99.41	99.43	99.44	96.64	97.10	97.92	98.16	98.41	98.96	99.08
岳麓区	84.11	84.33	84.37	84.74	85.71	87.90	90.45	91.78	93.57	93.80	94.11	94.50
开福区	97.81	97.70	97.25	96.97	96.71	96.62	96.60	96.59	96.57	96.58	96.59	96.60
雨花区	99.03	99.02	99.07	99.13	99.23	97.49	97.49	97.49	97.50	97.49	97.49	97.50
望城区	46.17	46.41	46.56	52.22	57.62	62.39	66.61	73.79	76.29	77.84	78.37	79.59
长沙县	50.65	51.52	51.55	53.29	57.32	63.82	66.43	69.26	73.84	74.42	74.52	74.65
浏阳市	45.65	46.47	46.65	49.93	51.84	54.89	57.65	60.39	62.47	62.78	62.00	62.99
宁乡市	43.00	43.55	43.61	44.07	45.61	49.54	52.01	55.41	59.90	60.69	60.08	61.12

16－8 区县(市)地区生产总值(2021年)

单位:万元

指　　标	芙蓉区	天心区	岳麓区	开福区	雨花区	望城区	长沙县	浏阳市	宁乡市
地区生产总值	12682391	12153670	15020090	11352947	23600206	10028426	20032973	16165620	11670232
农、林、牧、渔业	77	14656	110131	11137	59057	612808	936380	1384522	1396177
工业	502428	1248922	2865774	562659	8554089	3053343	8893749	8054732	4415096
建筑业	1080887	2493455	1419310	1059946	4448657	1223162	1798740	379302	514847
批发和零售业	2041526	1169684	1327434	1745195	1998351	1274925	1376781	1855490	1393043
交通运输、仓储和邮政业	518852	588496	439057	599349	630901	277233	759523	320669	294410
住宿和餐饮业	396177	343839	325101	438842	338590	284854	428196	402077	427390
金融业	2837043	1339568	1085891	1489396	1646315	136561	591601	368458	240309
房地产业	1103645	869085	1268123	683099	1138849	909058	950419	468308	660027
营利性服务业	2562273	2871345	2756612	3310532	3102291	1394278	2336139	1680102	1369523
非营利性服务业	1639482	1214620	3422657	1452793	1683106	862205	1961445	1251962	959410
第一产业	60	14044	106325	10752	57057	566602	885680	1302121	1312943
第二产业	1583316	3742377	4280815	1622605	12987871	4272741	10681142	8409170	4929943
第三产业	11099016	8397249	10632951	9719591	10555279	5189083	8466150	6454329	5427346

16-9　区县(市)地区生产总值增长速度(2021年)

单位:%

指　　标	芙蓉区	天心区	岳麓区	开福区	雨花区	望城区	长沙县	浏阳市	宁乡市
地区生产总值	8.3	7.8	7.8	8.0	7.4	7.2	7.6	7.3	7.3
农、林、牧、渔业	-4.8	-5.4	-3.8	-5.4	5.5	8.6	9.7	9.4	9.4
工业	2.3	5.5	5.0	8.0	7.1	6.5	7.8	6.7	6.9
建筑业	-1.2	3.6	0.3	-3.1	1.6	2.2	0.0	0.2	1.0
批发和零售业	10.0	10.8	7.8	6.3	10.9	14.2	6.0	5.1	10.0
交通运输、仓储和邮政业	8.7	8.6	7.7	8.6	8.0	8.4	7.9	8.0	7.6
住宿和餐饮业	12.0	11.4	11.9	13.6	13.8	11.7	13.7	13.8	11.2
金融业	5.8	5.8	5.8	5.7	5.8	5.8	5.8	5.8	5.8
房地产业	0.7	5.8	16.3	13.7	7.2	2.4	3.7	4.6	-1.4
营利性服务业	16.4	11.8	9.0	10.8	12.5	5.2	11.5	8.6	4.5
非营利性服务业	11.2	9.4	10.0	10.6	10.4	13.4	10.7	11.5	15.2
第一产业	-2.9	-5.4	-3.8	-5.4	5.8	8.7	9.8	9.6	9.5
第二产业	-0.1	4.2	3.4	0.5	5.2	5.2	6.4	6.4	6.2
第三产业	9.5	9.5	9.7	9.4	10.0	8.6	8.8	7.9	7.6

16-10 区县(市)规模以上工业企业主要经济指标(2021年)

单位:万元

区县(市)	资产总计	负债合计	营业收入	利润总额
全　　市	**123771149**	**65333942**	**91109132**	**7462246**
芙蓉区	722002	312641	538740	29657
天心区	10618201	7560636	3716151	139857
岳麓区	35402006	20300444	14509354	1496878
开福区	1782079	1065480	1343029	148404
雨花区	14320867	5265523	13995076	1094938
望城区	9593938	5181030	8221185	509506
长沙县	21696909	11780238	16303611	1031442
浏阳市	15631757	5512876	18497304	1843408
宁乡市	14003390	8355074	13984682	1168157

16-11 区县(市)单位GDP能耗上升或下降

单位:%

年份	全　市	芙蓉区	天心区	岳麓区	开福区	雨花区	望城区	长沙县	浏阳市	宁乡市
2006	-3.89	-4.35	-4.28	-5.28	-5.59	-2.06	-5.54	-4.90	-4.67	-4.41
2007	-4.69	-4.80	-5.04	-5.74	-5.08	-5.69	-4.36	-4.38	-4.23	-4.50
2008	-6.10	-6.29	-6.25	-6.04	-6.03	-6.01	-6.23	-6.32	-5.84	-6.50
2009	-4.53	-5.56	-4.66	-4.42	-4.61	-4.81	-4.52	-4.68	-5.52	-4.50
2010	-2.29	-1.66	-2.21	-2.02	-1.60	-3.19	-1.23	-3.22	-2.28	-3.54
2011	-3.96	-3.77	-3.69	-3.49	-3.36	-3.71	-3.68	-3.93	-4.18	-4.22
2012	-6.04	-5.21	-5.62	-6.21	-5.44	-5.99	-7.80	-6.07	-6.20	-6.46
2013	-4.56	-4.72	-4.79	-4.20	-4.55	-4.88	-4.12	-5.66	-5.93	-5.77
2014	-5.71	-5.49	-5.30	-5.67	-5.39	-5.86	-7.67	-6.03	-6.48	-7.88
2015	-5.77	-4.79	-4.91	-6.91	-5.23	-4.67	-4.20	-4.09	-7.6	-11.94
2016	-4.26	-5.33	-3.35	-6.72	-3.47	-1.30	-2.26	-4.38	-7.74	-5.93
2017	-5.60	-5.70	-5.14	-5.43	-5.54	-5.49	-5.59	-7.11	-6.16	-6.24
2018	-4.77	-4.54	-5.36	-4.72	-5.00	-5.77	-4.32	-5.56	-5.04	-4.71
2019	-4.85	-4.68	-4.83	-4.77	-3.95	-4.78	-5.62	-5.59	-6.43	-5.44
2020	-2.77	-2.85	-2.59	-3.25	-3.56	-0.74	-3.85	-1.85	-4.96	-1.37
2021	-3.30	-3.90	-3.40	-3.20	-3.50	-3.30	-3.40	-3.30	-3.50	-3.60

16－12 区县(市)单位GDP电耗上升或下降

单位:%

年份	全　市	芙蓉区	天心区	岳麓区	开福区	雨花区	望城区	长沙县	浏阳市	宁乡市
2006	-2.14	-9.88	-3.17	-5.35	-8.23	2.94	17.62	-1.04	4.92	-7.83
2007	-4.45	-10.43	-3.02	-3.98	-9.27	-7.76	-7.03	-2.20	7.94	0.24
2008	-5.48	-9.53	-0.70	-9.14	-6.17	6.47	-3.89	-16.97	-15.83	-4.29
2009	-3.05	-4.79	-19.39	-4.39	-15.60	-14.95	-13.97	-27.29	-1.76	2.45
2010	-1.52	-2.41	-4.17	-5.67	-4.81	-1.51	-1.63	-2.85	8.40	-0.78
2011	0.22	-2.56	-1.62	-3.52	-0.96	-0.36	7.49	0.13	10.51	-2.03
2012	-1.46	-5.10	-4.80	-6.61	-4.50	-5.21	6.30	2.77	5.37	-8.84
2013	-2.31	-3.16	-2.92	-2.75	-2.99	-2.69	-6.62	3.60	-5.15	-4.69
2014	-7.58	-8.04	-7.55	-9.06	-8.84	-6.83	-11.63	-2.07	-7.72	-12.71
2015	-1.69	-1.55	-4.00	-2.83	-2.28	-5.07	5.49	7.36	-4.67	-14.59
2020	-2.77	-2.85	-2.59	-3.25	-3.56	-0.74	-3.85	-1.85	-4.96	-1.37
2017	0.23	-3.84	-2.29	-1.04	-4.52	-2.53	-5.84	4.18	7.03	3.36
2018	6.98	5.24	4.61	5.71	4.76	3.76	7.07	8.95	8.94	7.41
2019	0.60	-2.71	-1.70	0.56	3.05	-1.76	12.55	-3.81	-3.06	5.85
2020	-0.01	0.58	-5.83	-1.86	-0.38	0.05	0.80	-6.53	6.58	9.65
2021	9.50	7.10	7.20	18.20	6.30	7.70	14.70	2.30	12.20	10.80

16－13 区县(市)房地产投资主要指标完成情况

区县(市)	房地产开发投资(万元)	商品房销售面积(万 m^2)
全　市	**22361173**	**2605.79**
芙蓉区	1403007	95.72
天心区	1511050	132.91
岳麓区	5777175	674.65
开福区	2883025	228.30
雨花区	3619313	439.39
望城区	1953801	378.68
长沙县	2915132	357.62
浏阳市	764586	127.39
宁乡市	1534084	171.13

16－14　区县(市)财政收入(2021年)

指　　标	全市	市本级	芙蓉区	天心区
地方一般公共预算收入	11883057	4742645	369252	671928
税收收入	8797713	3509518	275603	462123
增值税	2932163	775390	154091	242836
企业所得税	1199864	547091	35635	70284
个人所得税	546265	305510	24362	29635
资源税	7109	6		
城市维护建设税	568364	436159		
房产税	396192	129553	27904	25727
印花税	180004	59699	7105	13217
城镇土地使用税	191278	98611		
土地增值税	1318516	302139	25169	78995
车船税	109100	31895		
耕地占用税	86637	9823	1255	1475
契税	1250187	813241		
烟叶税	6633			
环境保护税	5721	492		
其他税收收入	－320	－91	82	－46
非税收入	3085344	1233127	93649	209805
专项收入	963425	636583	1143	1751
行政事业性收费收入	344423	146482	3199	9033
罚没收入	189544	70414	5172	6009
国有资本经营收入	18707	18677		30
国有资源(资产)有偿使用收入	895276	63321	38901	152364
其他收入	673969	297650	45234	40618
政府性基金预算收入合计	12463088	6122871		－536

单位:万元

岳麓区	开福区	雨花区	望城区	长沙县	浏阳市	宁乡市
674679	666117	801938	860083	1325724	1042573	728118
564848	468414	469817	652708	1031311	803084	560287
247048	215703	231149	243351	409070	229828	183697
138110	62692	71121	52544	87452	69388	65547
37308	34986	30647	8690	34677	21895	18555
			33	92	2371	4607
			33765	46450	26600	25390
25958	22548	31192	23122	62415	22074	25699
14133	8941	16398	12651	23527	12574	11759
			22402	34412	16627	19226
101113	94447	88809	118014	152033	269920	87877
			2743	36398	33067	4997
1350	29311	359	7606	17622	9002	8834
			127501	126508	82451	100486
					3890	2743
			293	604	3397	935
-172	-214	142	-7	51		-65
109831	197703	332121	207375	294413	239489	167831
1607	1390	3389	36093	212050	37974	31445
34660	5906	5265	43155	24511	34748	37464
8970	2903	4382	14588	17058	31405	28643
35258	101678	266999	100526	14493	84760	36976
29336	85826	52086	13013	26301	50602	33303
550	-851	-641	1424138	2319946	991130	1606481

16－15　区县(市)财政支出(2021 年)

单位:万元

指　　标	全市	市本级	芙蓉区	天心区	岳麓区	开福区
一般公共预算支出	15415932	5698496	618134	769797	838552	750331
一般公共服务	1782820	361524	78845	158103	152708	133535
科学技术	687933	352664	10608	13887	32032	24280
交通运输	437544	248641	581	1272	7561	3692
农林水	993371	136009	15591	19309	49999	33602
节能环保	460855	235807	6736	9318	9395	15201
城乡社区	3810896	2083837	193462	265159	155263	220445
文化旅游体育与传媒	192609	93158	2267	4270	5678	2762
教育支出	2559903	694747	108640	140541	213525	119036
卫生健康	839103	188007	34018	39837	58514	46349
商业服务业等	211897	111572	3042	2034	2591	9987
社会保障和就业	1366235	332725	68270	57619	97738	90738
公共安全	735775	445039	10082	14435	15589	12718
其他支出	1336991	414766	85992	44013	37959	37986

16－15 续表

单位:万元

指　　标	雨花区	望城区	长沙县	浏阳市	宁乡市
一般公共预算支出	942743	1176165	1778278	1637498	1205938
一般公共服务	261606	125876	242844	139185	128594
科学技术	12445	34148	139707	43542	24620
交通运输	6912	33571	73335	26773	35206
农林水	32069	125365	189615	233284	158528
节能环保	13364	64094	66500	25249	15191
城乡社区	199404	135503	153517	283934	120372
文化旅游体育与传媒	1948	20527	19337	30796	11866
教育支出	197687	240049	313733	317577	214368
卫生健康	47280	84369	103300	113756	123673
商业服务业等	5608	11158	56927	3906	5072
社会保障和就业	85511	141704	122210	203668	166052
公共安全	19372	45414	85492	46344	41290
其他支出	59537	114387	211761	169484	161106

16－16　区县(市)社会消费品零售总额

单位:万元

年　份	全市	芙蓉区	天心区	岳麓区	开福区	雨花区	望城区	长沙县	浏阳市	宁乡市
2003	5057128	1270555	633040	338459	881412	817150	180061	288431	345839	302181
2004	5943647	1476313	745127	411283	1028856	971598	217274	334322	405041	353833
2005	6912442	1482042	772772	528408	1110198	1305888	242434	461069	501801	507830
2006	8079595	1709166	901755	637662	1274871	1537468	292354	542785	588404	595130
2007	9715761	2011392	1095920	782911	1545687	1851834	358666	653604	705911	709836
2008	11813109	2413867	1322424	969696	1860685	2234927	437546	805544	885143	883278
2009	13573325	2703412	1489120	1187630	2071616	2582495	456075	1053421	1013072	1016485
2010	16220858	2991828	1765838	1475320	2435324	3130759	554907	1427685	1213832	1225365
2011	19505532	3437831	2066179	1802807	2844006	3794804	693292	1950191	1443624	1472798
2012	22231254	3833486	2343046	2131939	3123076	4292964	849474	2330219	1641245	1685805
2013	25284617	4226546	2677534	2503172	3442926	4811682	1050515	2766702	1864457	1941083
2014	28314880	4455917	2959137	2972440	3796756	5141761	1357580	3312598	2104834	2213858
2015	31502425	4746144	3197794	3362951	4107805	5470871	1720418	3866697	2439069	2590676
2016	34819847	5036397	3327238	3844181	4309852	5795012	2270386	4414287	2805323	3017171
2017	38222477	5257349	3637380	4518010	4533848	5848521	2832682	4924422	3177602	3492665
2018	41692424	5442502	3861623	4993855	4816143	6230483	3469575	5333345	3576382	3968517
2019	45894043	5950521	4222145	5485312	5284554	6755284	3988410	5834181	3963984	4409652
2020	44697628	5757399	4086629	5474384	5114062	6616949	3975174	5604041	3824395	4244595
2021	51115732	6586152	4630306	6149437	5840188	7550833	4610420	6434423	4419568	4894404

注:根据第四次全国经济普查结果对2003－2019年区县(市)社会消费品零售总额进行了调整。

17 全国三十五个直辖市、省会和副省级城市主要经济社会指标

长沙统计年鉴

全国三十五个城市主要经济社会指标(2021 年)

城　市	地区生产总值				第一产业增加值			
	绝对值(亿元)	位次	增速(%)	位次	绝对值(亿元)	位次	增速(%)	位次
长　沙	**13270.70**	**13**	**7.5**	**18**	**425.56**	**11**	**9.1**	**1**
郑　州	12691.02	14	4.7	33	181.69	24	2.5	31
太　原	5121.61	27	9.2	3	44.80	32	7.7	7
合　肥	11412.80	16	9.2	3	351.05	14	5.1	21
武　汉	17716.76	8	12.2	1	444.21	10	8.7	2
南　昌	6650.53	24	8.7	5	238.31	21	7.8	4
石家庄	6490.30	25	6.6	23	504.80	8	6.1	13
南　宁	5120.90	28	6.1	29	606.80	4	7.9	3
成　都	19916.98	6	8.6	6	582.79	5	4.8	23
西　安	10688.28	18	4.1	34	308.82	18	6.1	13
贵　阳	4711.04	29	6.6	23	193.44	23	7.8	4
昆　明	7222.50	21	3.7	35	333.12	15	6.9	10
兰　州	3231.29	31	6.1	29	62.52	30	7.4	8
乌鲁木齐	3691.57	30	6.1	29	28.10	34	2.5	31
西　宁	1548.79	35	8.1	14	58.93	31	4.6	25
呼和浩特	3121.43	32	6.5	26	137.14	25	3.8	27
银　川	2262.95	33	6.3	27	83.83	29	6.1	13
沈　阳	7249.68	20	7.0	21	326.34	17	4.2	26
长　春	7103.12	22	6.2	28	523.74	6	5.5	18
哈尔滨	5351.70	26	5.5	32	628.20	3	6.6	12
福　州	11324.48	17	8.4	9	637.03	2	6.0	16
海　口	2057.06	34	11.3	2	85.43	28	4.7	24
南　京	16355.32	9	7.5	18	303.94	20	0.8	34
杭　州	18109.00	7	8.5	7	333.00	16	1.8	33
广　州	28231.97	4	8.1	14	306.41	19	5.5	18
济　南	11432.22	15	7.2	20	408.77	12	7.1	9
北　京	40269.60	2	8.5	7	111.30	26	2.7	29
上　海	43214.85	1	8.1	14	99.97	27	-6.5	35
天　津	15695.05	10	6.6	23	225.41	22	2.7	29
重　庆	27894.02	5	8.3	10	1922.03	1	7.8	4
大　连	7825.90	19	8.2	12	513.30	7	5.8	17
青　岛	14136.46	12	8.3	10	470.06	9	6.7	11
宁　波	14594.90	11	8.2	12	356.10	13	2.8	28
深　圳	30664.85	3	6.7	22	26.59	35	5.1	21
厦　门	7033.89	23	8.1	14	29.06	33	5.3	20

注:空缺数据未收集到,后同。

续表1

城市	第二产业增加值				第三产业增加值			
	绝对值（亿元）	位次	增速（%）	位次	绝对值（亿元）	位次	增速（%）	位次
长沙	**5251.30**	**12**	**5.2**	**25**	**7593.85**	**12**	**8.9**	**10**
郑州	5039.29	14	3.4	31	7470.04	13	5.6	34
太原	2113.09	25	10.2	5	2963.72	28	8.6	12
合肥	4171.21	16	10.6	4	6890.54	16	8.6	12
武汉	6208.34	7	12.1	2	11064.21	8	12.3	1
南昌	3218.10	20	8.3	11	3194.11	27	9.1	6
石家庄	2107.10	26	3.5	30	3878.40	23	8.2	14
南宁	1198.80	29	4.3	27	3315.40	26	6.3	29
成都	6114.34	8	8.2	12	13219.85	6	9.0	7
西安	3585.20	18	0.9	34	6794.26	17	5.7	32
贵阳	1681.34	27	5.4	24	2836.25	29	7.3	22
昆明	2287.71	24	-0.3	35	4601.67	19	5.4	35
兰州	1113.91	30	5.6	23	2054.86	31	6.4	28
乌鲁木齐	1039.76	32	1.2	33	2623.71	30	8.0	16
西宁	518.22	34	10.8	3	971.64	35	7.0	24
呼和浩特	1052.57	31	7.9	14	1931.71	32	6.0	31
银川	1028.32	33	6.0	22	1150.81	34	6.5	27
沈阳	2570.32	23	7.8	15	4353.02	20	6.7	25
长春	2960.47	21	3.9	28	3618.90	24	8.1	15
哈尔滨	1239.20	28	3.2	32	3484.30	25	6.1	30
福州	4289.80	15	7.3	17	6397.66	18	9.3	3
海口	346.75	35	8.0	13	1624.88	33	12.3	1
南京	5902.65	9	7.6	16	10148.73	9	7.6	19
杭州	5489.00	11	8.6	9	12287.00	7	8.7	11
广州	7722.67	4	8.5	10	20202.89	3	8.0	16
济南	3964.06	17	3.6	29	7059.39	15	9.2	4
北京	7268.60	5	23.2	1	32889.60	1	5.7	32
上海	11449.32	1	9.4	7	31665.56	2	7.6	19
天津	5854.27	10	6.5	21	9615.37	10	6.7	25
重庆	11184.94	3	7.3	17	14787.05	5	9.0	7
大连	3301.60	19	9.4	7	4011.00	22	7.5	21
青岛	5070.33	13	6.9	19	8596.07	11	9.2	4
宁波	6997.20	6	9.8	6	7241.60	14	7.1	23
深圳	11338.59	2	4.9	26	19299.67	4	7.8	18
厦门	2882.89	22	6.7	20	4121.94	21	9.0	7

续表 2

城市	规模以上工业增加值		固定资产投资	
	增速(%)	位次	增速(%)	位次
长沙	**7.2**	**27**	**8.2**	**12**
郑州	10.4	15	-6.2	32
太原	15.1	5	7.9	14
合肥	19.6	3	3.5	26
武汉	14.2	7	12.9	1
南昌	11.4	10	11.1	7
石家庄	4.5	32	-5.6	31
南宁	7.5	26	3.1	27
成都	11.4	10	10.0	9
西安	5.7	30	-11.6	35
贵阳	8.0	24	-7.1	33
昆明	7.0	28	-7.8	34
兰州	8.3	21	7.7	15
乌鲁木齐	4.2	33	1.4	28
西宁	21.4	2	6.8	17
呼和浩特	9.5	18	12.3	2
银川	8.6	20	-3.6	30
沈阳	9.7	17	4.1	23
长春	3.2	35	11.6	4
哈尔滨	4.1	34	4.2	22
福州	9.5	18	7.1	16
海口	15.9	4	8.4	11
南京	10.0	16	6.2	18
杭州	10.6	14	9.0	10
广州	7.8	25	11.7	3
济南	5.9	29	11.5	5
北京	31.0	1	4.9	20
上海	11.0	12	8.1	13
天津	8.2	22	4.8	21
重庆	10.7	13	6.1	19
大连	15.0	6	1.2	29
青岛	8.1	23	4.1	23
宁波	11.9	8	11.0	8
深圳	4.7	31	3.7	25
厦门	11.9	8	11.3	6

续表3

城市	社会消费品零售总额				地方一般公共预算收入			
	绝对值（亿元）	位次	增速（%）	位次	绝对值（亿元）	位次	增速（%）	位次
长　　沙	**5111.57**	**14**	**14.4**	**6**	**1188.31**	**14**	**8.0**	**23**
郑　　州	5389.21	11	6.2	30	1223.63	13	0.3	34
太　　原	1873.90	28	13.2	9	423.44	27	11.9	9
合　　肥	5111.68	13	13.2	9	844.22	18	10.7	14
武　　汉	6795.04	8	10.5	16	1578.65	11	28.3	1
南　　昌	2878.74	20	17.4	3	484.84	25	10.0	17
石 家 庄	2501.20	23	5.0	32	681.40	23	7.8	24
南　　宁	2364.17	25	8.4	23	391.77	28	5.2	31
成　　都	9251.80	6	14.0	7	1697.90	10	11.7	10
西　　安	4963.42	15	0.8	35	855.96	17	18.2	2
贵　　阳	2546.69	22	12.9	11	426.68	26	7.2	26
昆　　明	3386.40	19	10.3	17	689.12	22	5.9	27
兰　　州	1757.74	29	7.1	27	276.71	31	12.0	7
乌鲁木齐	1171.86	30	12.3	13	377.93	29	-3.7	35
西　　宁	621.09	34	8.3	25	153.90	35	15.3	3
呼和浩特	1104.74	31	7.0	28	228.92	32	5.4	30
银　　川	788.69	33	2.3	34	171.19	34	8.9	21
沈　　阳	3985.10	18	9.6	21	773.02	19	5.0	32
长　　春	2219.19	26	10.8	15	617.09	24	5.9	27
哈 尔 滨	2380.30	24	7.0	28	365.80	30	7.7	25
福　　州	4549.41	17	7.7	26	749.85	20	11.0	13
海　　口	1056.98	32	26.5	1	208.32	33	12.0	7
南　　京	7899.41	7	9.7	19	1729.52	8	5.6	29
杭　　州	6744.00	9	11.4	14	2387.00	4	14.0	5
广　　州	10122.56	4	9.8	18	1883.18	7	9.4	18
济　　南	5126.10	12	14.7	5	1007.60	15	11.2	12
北　　京	14867.70	2	8.4	23	5932.30	2	8.1	22
上　　海	18079.25	1	13.5	8	7771.80	1	10.3	16
天　　津			5.2	31	2141.04	6	11.3	11
重　　庆	13967.67	3	18.5	2	2285.00	5	9.1	19
大　　连	1909.70	27	4.5	33	737.60	21	5.0	32
青　　岛	5975.40	10	14.8	4	1368.30	12	9.1	19
宁　　波	4649.10	16	9.7	19	1723.10	9	14.1	4
深　　圳	9498.12	5	9.6	21	4257.76	3	10.4	15
厦　　门	2584.07	21	12.7	12	880.96	16	12.4	6

续表 4

城　市	进出口总额(海关口径)				出口额			
	绝对值(亿元)	位次	增速(%)	位次	绝对值(亿元)	位次	增速(%)	位次
长　沙	**2780.28**	**19**	**18.2**	**23**	**1977.46**	**17**	**27.7**	**11**
郑　州	5892.10	13	19.1	22	3552.80	13	20.5	22
太　原	1852.35	21	52.9	3	1153.14	21	59.1	4
合　肥	3324.80	17	28.0	13	2029.17	16	28.4	10
武　汉	3359.40	16	24.0	17	1929.00	19	35.7	6
南　昌	1293.56	25	12.3	31	897.68	23	25.9	14
石家庄	1481.20	23	9.2	33	857.10	24	9.1	33
南　宁	1231.92	26	24.9	16	581.95	25	23.6	17
成　都	8222.00	9	14.8	28	4841.20	8	17.9	24
西　安	4399.96	14	26.5	15	2361.92	14	33.0	7
贵　阳	515.31	28	15.3	27	393.27	27	10.0	32
昆　明	1716.26	22	53.6	2	935.05	22	76.2	3
兰　州	141.80	33	37.8	5	36.80	34	12.7	30
乌鲁木齐	385.45	30	-15.4	35	259.80	28	-9.9	35
西　宁	22.50	35	32.4	9	9.29	35	31.1	9
呼和浩特	159.80	32	8.7	34	80.60	33	11.3	31
银　川	132.07	34	109.7	1	109.47	32	141.8	1
沈　阳	1416.02	24	37.7	6	484.90	26	76.8	2
长　春	1179.77	27	14.8	28	165.93	30	22.4	20
哈尔滨	344.58	31	35.0	7	171.33	29	25.2	16
福　州	3321.50	18	32.6	8	2200.60	15	23.2	19
海　口	476.40	29	28.9	12	110.50	31	0.2	34
南　京	6366.83	12	19.2	21	3989.89	11	17.4	25
杭　州	7369.00	11	23.7	18	4647.00	9	25.9	14
广　州	10825.88	5	13.5	30	6312.17	4	16.4	26
济　南	1944.20	20	40.1	4	1174.10	20	55.6	5
北　京	30438.40	3	30.6	11	6118.50	5	31.2	8
上　海	40610.35	1	16.5	24	15718.67	2	14.6	28
天　津	8567.42	7	16.3	25	3875.61	12	26.1	13
重　庆	8000.59	10	22.8	19	5168.33	6	23.4	18
大　连	4248.50	15	10.3	32	1931.70	18	15.5	27
青　岛	8498.40	8	32.4	9	4921.30	7	27.0	12
宁　波	11926.10	4	21.6	20	7624.30	3	19.0	23
深　圳	35435.57	2	16.2	26	19263.41	1	13.5	29
厦　门	8876.52	6	27.7	14	4307.30	10	20.6	21

续表 5

城市	实际使用外商直接投资				城镇居民人均可支配收入			
	绝对值（亿美元）	位次	增速（%）	位次	绝对值（元）	位次	增速（%）	位次
长　沙	**20.07**	**20**	**88.1**	**2**	**62145**	**9**	**7.2**	**29**
郑　州	48.63	12	4.4	28	45246	24	5.5	35
太　原	1.75	29	69.2	3	41377	34	8.0	16
合　肥	37.48	14	4.3	29	53208	14	10.2	1
武　汉			12.6	16	55297	12	9.8	2
南　昌	43.95	13	8.3	25	50447	21	7.8	19
石家庄	19.30	21	5.2	27	43024	30	6.9	30
南　宁	5.78	26	31.3	7	41394	33	7.4	26
成　都	78.21	8	7.0	26	52633	16	8.3	14
西　安	87.14	5	13.5	14	46931	22	7.4	26
贵　阳	22.97	19	13.6	13	43876	25	8.9	6
昆　明	7.22	25	9.1	24	52523	17	9.4	4
兰　州					43244	29	7.7	23
乌鲁木齐	0.50	31	-54.6	31	46142	23	7.9	18
西　宁					39251	35	6.2	34
呼和浩特	1.60	30			53026	15	6.5	33
银　川					42412	32	7.6	25
沈　阳	8.20	24	15.5	11	50566	19	6.6	32
长　春	4.72	27	11.9	18	43281	28	8.2	15
哈尔滨	3.79	28	10.9	21	42745	31	7.4	26
福　州	12.52	23	15.3	12	53421	13	8.4	13
海　口	25.66	18	49.0	4	43605	26	8.9	6
南　京	50.14	11	11.1	20	73593	6	8.9	6
杭　州	81.70	7	13.5	14	74700	3	8.8	10
广　州	84.23	6	10.0	23	74416	4	8.9	6
济　南	26.60	17	38.1	5	57449	11	7.7	23
北　京	155.60	2	10.3	22	81518	2	7.8	19
上　海	225.51	1	11.5	19	82429	1	7.8	19
天　津	53.53	10	19.9	10	51486	18	8.0	16
重　庆	106.65	4	3.8	30	43502	27	8.7	11
大　连	16.70	22	153.0	1	50531	20	6.7	31
青　岛	61.70	9	28.7	8	60239	10	7.8	19
宁　波	32.70	15	32.7	6	73869	5	8.6	12
深　圳	109.65	3	26.3	9	70847	7	9.2	5
厦　门	28.89	16	12.2	17	67197	8	9.6	3

续表 6

城市	农村居民人均可支配收入				住户存款余额(本外币)			
	绝对值(元)	位次	增速(%)	位次	绝对值(亿元)	位次	增速(%)	位次
长　沙	**38195**	**4**	**9.9**	**26**	**8311.19**	**19**	**9.8**	**22**
郑　州	26790	13	8.1	34	9829.94	14	9.7	24
太　原	21551	22	9.6	28	6566.40	23	11.4	10
合　肥	26856	12	10.6	7	6394.14	25	14.4	1
武　汉	27209	11	13.1	1	11631.53	10	12.4	4
南　昌	22913	18	9.5	30	4776.22	27	10.6	14
石家庄	18676	27	10.2	21	9902.20	13	12.3	6
南　宁	17808	31	10.4	14	4878.80	26	10.5	15
成　都	29126	9	10.2	21	19190.00	6	11.2	12
西　安	17389	32	10.4	14	12097.27	9	9.8	22
贵　阳	20565	24	10.1	24	4025.44	31	10.2	18
昆　明	19507	25	10.1	24	6548.38	24	8.8	31
兰　州	16191	33	10.5	10	4221.73	28	2.8	35
乌鲁木齐	24878	16	9.0	32	4050.20	30	9.4	27
西　宁	14948	34	10.8	5	1901.40	35	10.4	16
呼和浩特	22435	20	9.5	30	2893.10	32	10.3	17
银　川	18170	29	10.6	7	2323.50	33	8.7	32
沈　阳	21662	21	10.5	10	11154.17	11	6.9	34
长　春	18473	28	11.0	4	7756.00	21	11.7	8
哈尔滨	21512	23	9.6	28	8266.20	20	11.8	7
福　州	25201	15	11.2	3	7612.81	22	7.6	33
海　口	19267	26	10.7	6	2242.18	34	9.1	28
南　京	32701	7	10.4	14	10830.65	12	11.6	9
杭　州	42692	2	10.3	19	15818.00	8	9.9	21
广　州	34533	5	10.4	14	23477.54	3	8.9	30
济　南	22580	19	10.5	10	8620.50	18	12.7	3
北　京	33303	6	10.5	10	48744.30	1	9.6	25
上　海	38521	3	10.3	19	42652.55	2	11.3	11
天　津	27955	10	8.8	33	16440.93	7	9.1	28
重　庆	18100	30	10.6	7	22239.89	4	10.0	20
大　连	23763	17	10.2	21	8686.07	17	10.7	13
青　岛	26125	14	10.4	14	9028.24	16	12.4	4
宁　波	42946	1	9.7	27	9387.31	15	10.2	18
深　圳					20532.31	5	9.6	25
厦　门	29894	8	12.3	2	4188.38	29	14.0	2

注:郑州、太原、南宁、呼和浩特、银川、大连、宁波为人民币口径。

续表7

城　市	城市居民消费价格指数	
	上年为100	位次
长　　沙	**101.1**	**19**
郑　　州	101.1	19
太　　原	101.0	23
合　　肥	101.7	3
武　　汉	100.6	28
南　　昌	101.0	23
石 家 庄	100.9	25
南　　宁	101.4	8
成　　都	100.5	30
西　　安	101.7	3
贵　　阳	100.5	30
昆　　明	100.2	35
兰　　州	101.3	11
乌鲁木齐	101.3	11
西　　宁	101.3	11
呼和浩特	100.9	25
银　　川	101.4	8
沈　　阳	101.3	11
长　　春	100.5	30
哈 尔 滨	100.6	28
福　　州	101.9	2
海　　口	100.5	30
南　　京	101.5	5
杭　　州	101.3	11
广　　州	101.1	19
济　　南	101.5	5
北　　京	101.1	19
上　　海	101.2	17
天　　津	101.3	11
重　　庆	100.3	34
大　　连	101.4	8
青　　岛	101.5	5
宁　　波	102.1	1
深　　圳	100.9	25
厦　　门	101.2	17

18 国民经济主要指标解释及计算方法

长沙统计年鉴

国民经济主要指标解释及计算方法

1. 地区生产总值　是指按市场价格计算的一个地区所有常住单位在一定时期内生产活动的最终成果。

2. 三次产业　我国国民经济三次产业的划分如下：

第一产业　农、林、牧、渔业（不含农、林、牧、渔服务业）。

第二产业　是指采矿业（不含开采辅助活动），制造业（不含金属制品、机械和设备修理业），电力、热力、燃气及水生产和供应业，建筑业。

第三产业　即服务业是指除第一产业、第二产业以外的其他行业。包括：批发和零售业，交通运输、仓储和邮政业，住宿和餐饮业，信息传输、软件和信息技术服务业，金融业，房地产业，租赁和商务服务业，科学研究和技术服务业，水利、环境和公共设施管理业，居民服务、修理和其他服务业，教育，卫生和社会工作，文化、体育和娱乐业，公共管理、社会保障和社会组织，国际组织，以及农、林、牧、渔业中的农、林、牧、渔服务业，采矿业中的开采辅助活动，制造业中的金属制品、机械和设备修理业。除上述第一、二产业外的其他行业。

3. 增加值　是指常住单位在生产过程中创造的新增价值和固定资产的转移价值。它反映本单位对社会所作的贡献，社会经济各部门（即第一、第二、第三产业）的增加值之和为地区生产总值。

4. 农林牧渔业总产值　是以货币表现的农林牧渔业的全部产品总量和对农林牧渔业生产活动进行的各种支持性服务活动的价值，它反映一定时期内农林牧渔业生产的总规模和总成果。

5. 农用化肥施用量　指报告期内实际用于农业生产的化肥数量，包括氮肥、磷肥、钾肥及复合肥。施用量要求按实物量和折纯量两种方法计算。

6. 工业总产值　是以货币表现的工业企业生产的产品总量，反映一定时期工业生产的总成果和总规模，1995 年第三次全国工业普查，对其计算方法和包括范围均进行了修订。

7. 轻工业　指提供生活消费品和制作手工工具的工业，是为满足人们的吃、穿、用需要的工业，按其所使用的原料不同，可分为两大类：①以农产品为原料的轻工业，是指直接或间接以农产品为基本原料的轻工业；②以非农产品为原料的轻工业，是指以工业品为原料的轻工业。

8. 重工业　是指生产生产资料的工业，为国民经济各部门提供物质技术基础的工业。按其生产和产品用途，可以分为下列三类：①采掘工业，是指对自然资源的开采；②原材料工业，是指提供国民经济各部门使用的原料、动力和燃料的工业；③制造工业，是指对原材料进行加工制造的工业。

9. 能源消费总量　指一定时期内用于生产和生活的各种能源消费量的总和。包括原煤和原油及其制品、天然气、电力的消费量，可分为三部分，即终端能源消费量、能源加工转换量和损失量。它是观察能源消费水平、构成和增长速度的总量指标。

10. 货（客）运量　指运输业实际运送的货物（旅客）数量。货运按吨计算，客运按人计算。货物不论运输距离长短，货物类别，均按实际重量统计；旅客不论行程远近或票价多少，均按一人一次作为客运量统计。

11. 货物（旅客）周转量　指运输业运送的货物（旅客）数量与其相应运输距离的乘积之总和，通常以吨公里和人公里为计算单位。它是反映运输业生产总成果的重要指标。

12. 邮电业务总量　指以货币表现的邮电部门为用户传递信息和提供其他邮电服务的总量。它综合反映了一定时期邮电工作的总成果，是研究邮电业务量构成和发展趋势的重要指标。

13. 建筑业总产值　是以货币表现的建筑业企业在一定时期内生产的建筑业产品和服务的总和。建筑业总产值包括建筑工程产值、安装工程产值和其他产值三部分内容。

14. 固定资产投资额　是以货币表现的在一定期内建造和购置固定资产的工作量以及与此有关的费用的总和。它是反映固定资产投资规模、速度、比例关系的综合性指标。

15. 新增固定资产　是指已经完成建造和购置过程，并以交付生产或使用单位的固定资产价值。它是反映固定资产投资成果的价值量指标。

16. 房屋施工面积　指报告期内施工的全部房屋建筑面积。包括本期新开工的面积、上期跨入本期继续施工的房屋面积、上期停缓建在本期恢复施工的房屋面积、本期竣工的房屋面积以及本期施工后又停缓建的房屋面积。多层建筑应填各层建筑面积之和。

17. 房屋竣工面积　指在报告期内房屋建筑按照设计要求已全部完工，达到住人和使用条件，经验收鉴定合格或达到竣工验收标准，可正式移交使用的各栋房屋建筑面积的总和。

18. 社会消费品零售总额　指各种经济类型的批发零售贸易业、餐饮业和其他行业对城乡居民和社会集团的消费品零售额总和。这个指标反映通过各种商品流通渠道向居民和社会集团供应的生活消费品来满足他们生活需要，是研究人民生活、社会消费品购买力、货币流通等问题的重要指标。居民的消费品零售额:指销售给城乡居民用于生活消费的商品。社会集团的消费品零售额:指销售给机关、团体、部队、学校企业、事业单位和城市街道居民委员会、农村村民委员会用公款购买的用作非生产、非经营使用的消费品。

19. 商品交易市场成交总额 指市场所有摊位商品交易总额之和。

20. 旅游收入 游客(入境游客和国内游客)在旅游过程中(由游客或游客的代表为游客)支付的一切旅游支出就是国家(省、区、市)的旅游收入。旅游支出应包括(过夜)旅游者和一日游游客在整个游程中行、游、住、食、购、娱,以及为亲友、家人购买纪念品、礼品等方面的旅游支出,不包括为商业目的购物、购买房、地、车、船等资本性或交易性的投资、馈赠亲友的现金及给公共机构的捐赠。旅游收入包括国际旅游(外汇)收入和国内旅游收入。

21. 国际旅游(外汇)收入 入境游客在中国(大陆)境内旅行、游览过程中用于交通、参观游览、住宿、餐饮、购物、娱乐等全部花费。

22. 国内旅游收入 指国内游客在国内旅行、游览过程中用于交通、参观游览、住宿、餐饮、购物、娱乐等全部花费。

23. 利用外资 指我国各级政府、部门、企业和其他经济组织通过对外借款、吸收外商直接投资以及用其他方式筹措的境外现汇、设备、技术等。

24. 外商直接投资 指外国企业和经济组织或个人(包括华侨、港澳台胞以及我国在境外注册的企业)按我国有关政策、法规,用现汇、实物、技术等在我国境内开办外商独资企业、与我国境内的企业或经济组织共同举办中外合资经营企业、合作经营企业或合作开发资源的投资(包括外商投资收益的再投资),以及经政府有关部门批准的项目投资总额内企业从境外借入的资金。

25. 外商直接投资实际到位资金 外商直接投资指外国投资者在我国境内通过设立外商投资企业、与中方投资者共同进行合作开发以及设立外国公司分支机构等方式进行投资,包括外国投资者以现金、实物、技术等作为投资,外商投资收益的再投资,以及在批准的项目投资总额内,企业从境外借入的资金。

26. 进出口总额、海关进出口总额 指实际进出我国国境的货物总金额。包括对外贸易实际进出口货物,来料加工装配进出口货物,国家间、联合国及国际组织无偿援助物资和赠送品,华侨、港澳台同胞和外籍华人捐赠品,租赁期满归承租人所有的租赁货物,进料加工进出口货物,边境地方贸易及边境地区小额贸易进出口货物(边民互市贸易除外),中外合资企业、中外合作经营企业、外商独资经营企业进出口货物和公用物品,到、离岸价格在规定限额以上的进出口货样和广告品(无商业价值、无使用价值和免费提供出口的除外),从保税仓库提取在中国境内销售的进口货物,以及其他进出口货物。进出口总额用以观察一个国家在对外贸易方面的总规模。我国规定出口货物按离岸价格统计,进口货物按到岸价格统计。

27. 居民消费价格指数 是综合反映居民所购买各种消费品和生活服务项目价格变动程度的重要经济指标。通常简记为CPI。在居民消费价格指数中分为八大类,即食品、烟酒及用品、衣着、家庭设备用品及维修服务、医疗保健和个人用品、交通和通信、娱乐教育文化用品及服务、居住。

28. 商品零售价格指数 反映市场各种零售商品(不含服务项目)价格变动的指数。它包括销售给居民和社会集团的生活消费品和办公用品价格,还包括餐饮业商品价格。

29. 年末自来水生产能力 指年末城建部门管理的自来水厂和社会单位自备水源的取水、净水、送水、出厂输水干管等环节的实际生产能力。

30. 年末实有铺装道路长度 指除土路外,路面经过铺装宽度在3.5米以上的道路,包括高级、次高级道路和普通道路。

31. 年末实有公共汽车(电车)辆 指年底可参加营运的全部车辆数,包括年底营运的车辆数和库存查封未参加营运的车辆,不包括非营运车辆,如架线车、油罐车、工程车、货车及其他专用车辆和借入的客运车辆。

32. 城市园林绿地面积 指城市专用绿地、生产绿地、防护绿地、郊区风景名胜区等的全部面积。

33. 城市人口 用自来水普及率、用气普及率指城市人口中的非农业人口用自来水,用煤气(包括人工煤气、液化石油气、天然气用气人口)的普及情况。

34. 工业废水排放总量 指经过企业厂区所有排放口排到企业外部的工业废水量。包括生产废水、外排的直接冷却水、超标排放的矿井地下水、与工业废水混排的厂区生活污水。

35. 工业废水排放达标量 指各项指标全部达到国家或地方排放标准的外排工业废水量,包括经过处理后外排达标的和未经处理外排达标的两部分。

36. 工业废气排放总量 指企业燃料燃烧和生产工艺过程中产生的各种排入空气的含有污染物的气体的总量,以标准状态下亿标立方米表示。

37. 工业粉尘排放量 指企业在生产工艺过程中排放的能在空气中悬浮一定时间的固体颗粒物重量。如钢铁企业的耐火材料粉尘、焦化企业的筛焦系统粉尘、烧结机的粉尘、石灰窑的粉尘、建材企业的水泥粉尘等。不包括电厂排入大气的烟尘。

38. 工业粉尘去除量　指企业在生产工艺过程中产生的废气，经过各种废气治理设施处理后，去除的粉尘重量。

39. 工业固体废物产生量　指企业在生产过程中产生的固体状、半固体状和高浓度液体状废弃物的总量，包括危险废物、冶炼废渣、粉煤灰、炉渣、煤矸石、尾矿、放射性废物和其他废物等；不包括矿山开采的剥离废石和掘进废石（煤矸石和呈酸性或碱性的废石除外）。

40. 文化事业机构　指从事专业文化工作和为专业文化工作服务的单独核算、独立建制的单位。不包括文化主管部门直属单位举办的其他行业和各部门的业务文化组织。

41. 艺术表演团体　指从事戏曲、音乐、舞蹈、杂技等专业艺术表演的，有独立帐户，实行单独核算的团体。不包括半工半艺、半农半艺的业余剧团。

42. 等级裁判员人数　指经考核正式批准授予等级裁判员称号的人数。裁判员等级分为国际裁判、国家级裁判、一级裁判、二级裁判、三级裁判。

43. 医院　指名称为医院，设有固定床位能收容病人住院并能为病人提供医疗、护理服务的医疗机构。包括综合医院、中医医院、中西医结合医院、民族医院、各类专科医院和护理院，不包括专科疾病防治院、妇幼保健院和疗养院。

44. 卫生技术人员　指卫生事业机构支付工资的全部固定职工和合同制职工中现任职务为卫生技术工作人员。包括执业医师、执业助理医师、注册护士、药师（士）、检验技师、影像技师（士）、卫生监督员和见习医（药、护、技）师（士）等卫生专业人员。不包括从事管理工作的卫生技术人员（如院长、副院长、党委书记等）。

45. 执业医师和执业助理医师　指具有医师执业证书及其“级别”为“执业医师和执业助理医师”且实际从事医疗、预防保健工作的人员，不包括实际从事管理工作的执业医师和执业助理医师。执业医师类别分为临床、中医、口腔和公共卫生。

46. 劳动力资源总数　指在劳动年龄内，具有劳动能力，在正常情况下，可能或实际参加社会劳动的人口数。劳动力资源的范围为：劳动年龄内（16 周岁以上），有劳动能力，实际参加社会劳动和未参加社会劳动的人员。劳动力资源也可划分为：经济活动人口和非经济活动人口。

47. 经济活动人口　指在劳动年龄内，有劳动能力，参加或要求参加社会经济活动的人口，包括从业人员和失业人员。

48. 从业人员　指从事一定社会劳动并取得劳动报酬或经营收入的人员。

49. 失业人员　指在劳动年龄内，有劳动能力，在调查期间无工作并以某种方式正在寻找工作的人员。

50. 在岗职工　指在本单位工作并由单位支付工资的人员。以及有工作岗位，但由于学习、病伤、产假等原因暂未工作，仍由单位支付工资的人员。

51. 从业人员工资总额　指各单位在一定时期内直接支付给本单位全部从业人员的劳动报酬总额。包括计时工资、计件工资、奖金、津贴和补贴、加班加点工资、特殊情况下支付的工资，是在岗职工工资总额、劳务派遣人员工资总额和其他从业人员工资总额之和。

52. 可支配收入

老口径（2012 年及以前年份使用）

城市居民人均可支配收入是指居民家庭可用于最终消费支出和其他非义务性支出以及储蓄的总和，即居民家庭可以用来自由支配的收入。它是家庭总收入扣除交纳的所得税、个人交纳的社会保障支出以及调查户的记帐补贴后的收入。

计算公式为：可支配收入 = 家庭总收入 − 交纳的所得税 − 个人交纳的社会保障支出 − 记帐补贴

农村居民人均可支配收入指农村住户获得的经过初次分配与再分配后的收入。可支配收入可用于住户的最终消费、非义务性支出以及储蓄。

计算方法：

农村住户可支配收入 = 农村住户总收入 − 家庭经营费用支出 − 税费支出 − 生产性固定资产折旧 − 财产性支出 − 转移性支出

新口径（2013 年因报表制度改革，人均可支配收入按新口径计算）

可支配收入指调查户在调查期内获得的、可用于最终消费支出和储蓄的总和，即调查户可以用来自由支配的收入。可支配收入既包括现金，也包括实物收入。按照收入的来源，可支配收入包含五项，分别为：工资性收入、经营净收入、财产净收入、转移净收入和自有住房折算净租金。计算公式为：

可支配收入 = 工资性收入 + 经营净收入 + 财产净收入 + 转移净收入 + 自有住房折算净租金

其中：经营净收入 = 经营收入 − 经营费用 − 生产性固定资产折旧 − 生产税净额（生产税 − 生产补贴）

财产净收入 = 财产性收入 − 财产性支出

转移净收入 = 转移性收入 − 转移性支出

53. 消费支出 指住户用于满足家庭日常生活消费需要的全部支出，包括用于消费品的支出和用于服务性消费的支出。根据用途不同，消费支出可划分为食品烟酒、衣着、居住、生活用品及服务、交通通信、教育文化娱乐、医疗保健、其他用品及服务八大类。根据来源不同，消费支出可划分为现金消费支出、实物消费支出（含自产自用、来自单位、来自政府和其他社会组织）。

54. 城乡居民储蓄存款年末余额 包括城镇居民储蓄和农民个人储蓄两部分的年末余额。不包括工矿企业、部队、机关团体等集团存款。

55. 单位 GDP 能耗 指在一定时期内，某地区每创造一万元生产总值（GDP）所耗用的各种能源的总和。目前国家考核的指标是以包含生产和生活的各种能源消费量的总和和形成的 GDP 之间的总量对比。

56. 单位规模工业增加值能耗 指在一定时期内，某地区规模以上工业企业每创造一万元工业增加值所耗用的各种能源的总和。

57. 当年价格 指报告期的实际价格，如工厂的出厂价格，农产品的收购价格、商业的零售价格等。按当年价格计算，是指一些以货币表现的物量指标，如工农业总产值、国民生产总值等，按照当年的实际价格来计算总量。

58. 不变价格 用某一时期的同类产品的平均价格作为固定价格，来计算各个时期的产品价值。目的是消除各时期价格变动的影响，使产品价值在前后时期之间、地区之间、计划与实际之间具有可比性，中华人民共和国成立以来我国分别使用了 1952 年、1957 年、1970 年、1980 年、1990 年、2000 年、2010 年不变价格。

59. 可比价格 指在不同时期的价值指标对比时，扣除了价格变动的因素，以确切表示物量的变化。

60. 平均每年增长速度 在我国计算平均增长速度有两种方法，一种是习惯上经常使用的“水平法”，又称几何平均法，是以间隔期最后一年的水平同基期水平对比来计算平均每年增长（或下降）速度。另一种是“累计法”，又称代数平均法或方程法，是以间隔期内各年水平的总和同基期水平对比来计算平均每年增长（或下降）速度。

公式为：平均增长速度 = 期次最后一期水平/基期水平 ×100% －100%